2021 中国印刷产业 创新发展报告

主编：常晓霞

副主编：王丽杰　刘轶平　任秀颖

THE REPORT
ON CHINA'S PRINTING INDUSTRY
INNOVATION AND DEVELOPMENT(2021)

文化发展出版社
Cultural Development Press

图书在版编目（CIP）数据

2021中国印刷产业创新发展报告 / 常晓霞主编. —北京：文化发展出版社，2021.9
ISBN 978-7-5142-3574-6

Ⅰ．①2… Ⅱ．①常… Ⅲ．①印刷工业－产业发展－研究报告－中国－2021 Ⅳ．①F426.84

中国版本图书馆CIP数据核字(2021)第183830号

2021中国印刷产业创新发展报告

主　　编：常晓霞

责任编辑：李　毅　朱　言	责任校对：岳智勇
责任印制：邓辉明	责任设计：侯　铮

出版发行：文化发展出版社（北京市翠微路2号 邮编：100036）
网　　址：www.wenhuafazhan.com
经　　销：各地新华书店
印　　刷：北京建宏印刷有限公司
开　　本：710mm×1000mm　1/16
字　　数：235千字
印　　张：18
版　　次：2021年10月第1版
印　　次：2021年10月第1次印刷
定　　价：78.00元
ISBN：978-7-5142-3574-6

◆ 如发现任何质量问题请与我社发行部联系。发行部电话：010-88275710

编委会

主　编
常晓霞

副主编
王丽杰　刘轶平　任秀颖

成　员
陈　翠　王　森　王　洋

完成单位
北京科印传媒文化股份有限公司

前　言

　　创新是历史进步的动力，是时代发展的关键。创新的本质在于革故鼎新，提高传统生产要素的效率，创造新的生产要素，形成新的要素组合，为持续发展提供源源不断的内生动力。

　　2012年，党的十八大明确提出"科技创新是提高社会生产力和综合国力的战略支撑，必须摆在国家发展全局的核心位置。要坚持走中国特色自主创新道路，实施创新驱动发展战略"。由此，创新驱动战略上升为国家战略。2015年，党的十八届五中全会提出创新、协调、绿色、开放、共享五大发展理念，创新位居五大发展理念之首。2017年，党的十九大报告指出，创新是引领发展的第一动力，是建设现代化经济体系的战略支撑。2020年10月，党的十九届五中全会召开，会议强调"坚持创新在我国现代化建设全局中的核心地位，把科技自立自强作为国家发展的战略支撑，面向世界科技前沿、面向经济主战场、面向国家重大需求、面向人民生命健康，深入实施科教兴国战略、人才强国战略、创新驱动发展战略，完善国家创新体系，加快建设科技强国"。

　　从党的十八大提出实施创新驱动发展战略，到党的十八届五中全会"把创新发展作为五大发展理念之首"，到十九大强调"创新是引领发展的第一动力"，再到十九届五中全会"战略部署"的演变过程，可以看出科技创新在经济社会发展中的作用日益凸显。

　　视线回归到印刷业。以创新引领产业转型升级，创造发展新优势，是中国印刷业进入21世纪，尤其进入新常态发展阶段后，一条重要的发展主线。为此，北京科印传媒文化股份有限公司（以下简称科印传媒）旗下的《印刷经理人》杂志自2011年开始，连续评选报道"中国印刷业创新10强"。每年被评选出的 10 家创新企业，资源禀赋不同、创新路径各异，但都以极强的学习能力、宽广的战略视野、快速的行动能力、长期的坚持精神，探索产业发展的新技术、新产品、新模式、新平台，为广大同行提供珍贵的学习样板，便于同行借鉴思考。

2018 年，由国家新闻出版署主办的首届中国印刷业创新大会隆重召开。作为政府主导、服务行业创新发展的政策性、前瞻性、引领性、公益性协同创新平台，创新大会以"聚焦智能化""聚焦绿色化""聚焦融合化"等为鲜明主题，每年举办一届，大力推动行业的绿色化、数字化、智能化、融合化发展进程，挖掘出一批创新典型案例，在行业中树立先进榜样，引领印刷业高质量发展。

基于创新引领产业发展的时代性、长期性与重要性，科印传媒计划长期追踪观察印刷产业的创新发展动态与趋向，及时报道印刷企业的创新实践与思考，每年发布《中国印刷产业创新发展报告》。

《2021 中国印刷产业创新发展报告》是年度系列报告的第一本，本书由三部分内容组成。

第一部分为主报告篇。《中国印刷产业创新发展报告》首次发布，报告采用定量分析方法，力求通过指标描述与数据分析，客观反映印刷产业的创新能力及其发展变化，为行业提供一个系统了解和及时跟踪印刷业创新发展状况的窗口。

第二部分为案例篇。本书以编年体例，记录了 2016～2020 年五年间印刷企业的创新实践活动。案例篇中出现的企业，主要由各年的中国印刷业创新大会创新案例企业、创新 10 强企业组成，也有科印传媒旗下媒体日常报道中涌现出的优秀创新代表企业。

第三部分为技术篇。在全产业链和大生态系统视野下，展示印刷设备、器材制造商、服务商如何励精图治，不断创新，共同推动印刷产业转型升级的发展历程。

由于编者能力与水平有限，书中难免存在疏漏和谬误之处，恳请读者指正。

作者
2021 年 8 月于北京

目 录 contents

第一部分
主报告篇 …………………………………………………………… 1
2021 中国印刷产业创新发展报告 …………………………………… 3

第二部分
案例篇 …………………………………………………………… 21

第一章 2016 年 ……………………………………………… 23
奇良海德：工艺为本 创意为纲 ……………………………………… 25
绿爱：糖果 DM 跨界打劫 …………………………………………… 29
吉宏：上市光环下的"朴素范儿" …………………………………… 31
茉织华：唯有前瞻 才有自信 ………………………………………… 34
东南文化：植根数字印刷，创意衍生价值 …………………………… 39
南通名流名片：不断深耕 突出差异 ………………………………… 43

第二章 2017 年 ……………………………………………… 47
老城新传，力嘉传奇 ………………………………………………… 49

兴艺印刷：数字化的正确打开方式 ……………………………………… 53
上海烟印：技术创新提升核心竞争能力 …………………………………… 56
翔港科技：智能制造　向科技创新转型 …………………………………… 59
艾录："智能"启航 …………………………………………………………… 62
"另类"恒泽 …………………………………………………………………… 64
豪格防伪：一家标签印刷企业的"创新范儿" …………………………… 68
鲁信天一：将精致做到极致 ………………………………………………… 72
良图：个性化开拓快印新天地 ……………………………………………… 76
互联网印刷的侠客梦：为用户提供有价值的服务最性感 ……………… 81

第三章　2018年 ……………………………………………………… 85

鹤山雅图仕：智能制造规划与实施 ………………………………………… 87
紫丹印务：一家传统印刷企业转型智能制造的实践 …………………… 96
河南新华印刷集团：智能化建设与展望 ………………………………… 102
虎彩：打造按需出版印刷新模式 ………………………………………… 110
龙成国际：懂技术，更懂艺术 …………………………………………… 114
扬盛：从未停止的开拓者 ………………………………………………… 117
鸿元展印：一家传统标签印企的"非传统"成长 ……………………… 119
杭州金杭：让包装更"增值" …………………………………………… 122
厦门本色："纸间漫步"，一场印刷+设计的大胆实验 ………………… 125
广东中商：炫酷AR，百年印企新革命 …………………………………… 128
云创科技：工业互联网下的印刷解决方案 ……………………………… 131
纸箱王：从"工厂"到"生活家" ……………………………………… 134

第四章　2019年 ……………………………………………………… 139

东莞金杯：绿色化为印企发展赋能 ……………………………………… 141
利特尔：如何实现包装企业绿色化发展 ………………………………… 145

建宏印刷：当按需印刷遇上新零售 ……………………………………… 152
尚唐：围绕"童书"的多元化发展之路 …………………………………… 158
恒鑫：创新PLA ……………………………………………………………… 162
恒晟图文：第三代图文运营模式的开创者 ……………………………… 166
科望的智能化建设之路 …………………………………………………… 170
界龙艺术：大数据下的印刷企业创新发展之路 ………………………… 173
拾柒：文化新连接的开创者 ……………………………………………… 179
山东泰宝：信息化赋能综合防伪 ………………………………………… 183
小彩印：小批量包装定制专家 …………………………………………… 187
盛大印刷：起于合版，岂止于合版 ……………………………………… 191

第五章　2020年 …………………………………………………… 195

盛通：专注出版服务，布局教育未来 …………………………………… 197
雅昌：融科技之力，传艺术之美 ………………………………………… 202
湖南天闻：融合行以致远 ………………………………………………… 207
东风股份：大包装与大消费产业双轮驱动发展 ………………………… 212
世纪开元：互联网＋印刷的深度融合化实践 …………………………… 218
领跑POP，疫情下增长36%，瑞时的创新"密码"是什么？ ………… 223
千鸟互联：印刷包装产业链交易服务平台 ……………………………… 227
合益包装：打通产业链，向印刷综合服务商转型 ……………………… 231
杰锋包装：从纸袋到口罩，一路稳扎稳打，持续向前 ………………… 235
鼎籍数码：融合互联网实现按需印刷服务再升级 ……………………… 240
柏星龙：坚持自主创新，引领包装行业新潮流 ………………………… 243
贤俊龙：用"创新"强化竞争优势 ……………………………………… 247
苏州雅利：超越客户需求，打造高附加值的个性化产品 ……………… 251
新鸿业：合版是技术，更是思维 ………………………………………… 255
美浓集团：创新驱动，勇立潮头 ………………………………………… 260

第三部分
技术篇 ································ 263

印通天下：创新突围，打造商业印刷发展新生态 ············ 265
深圳印智：数字化协同，助力企业持续增长 ················ 267
浩达机械：技术升级，为折叠纸盒生产带来全新可能 ········ 269
精密达：打破壁垒，数字印后系统走上国产"智造"之路 ······ 271

第一部分
主报告篇

自主创新能力是一个国家科技创新能力的重要体现，也是一个产业不断转型升级的关键动力。

时至今日，我们对印刷产业的总体规模、区域变化、市场结构，以及构成产业主体的印刷企业的经营状况等，均有持续的追踪观察与统计报告。但是，印刷企业的创新活动以怎样的进程发展？与其他产业相比，印刷产业的创新实力与创新环境到底如何？我们依然没有整体概念，急需建立起全面、系统、动态的观察体系。

基于此，科印传媒产业研究中心启动了"中国印刷产业创新发展报告"的组稿工作。计划每年发布创新发展报告，通过抽样调查与数据分析，系统描述印刷企业所面临的创新条件，如支撑创新活动的人力要素情况、创新投入情况、创新机构建设情况等，并持续追踪记录创新所产生的效果，如专利发明情况、企业经济效益情况等。

我们希望更多的印刷企业将创新纳入战略视野，借助研发等活动推动技术革新、与市场零距离快速互动，把创新发展作为应对经济下行压力、实现转型发展的核心驱动力，为自身带来发展的"加速度"，也期望创新发展报告能为印刷企业带来广阔的视野，以及学习借鉴的样板。

2021 中国印刷产业创新发展报告

当前，创新驱动发展战略已成为国家战略，也是推动印刷业高质量发展的指导方针。为了及时反映印刷业的创新动向，记录印刷业的创新力演变进程，分析印刷企业创新发展的瓶颈与突破方向，科印传媒产业研究中心自 2021 年开始，将定期发布"中国印刷产业创新发展报告"。

"中国印刷产业创新发展报告"计划每年发布一篇。希望通过这一年度系列报告，为行业提供一个系统了解和及时跟踪印刷业创新发展状况的窗口，共同见证处于重要战略机遇期的印刷产业，如何激发创新创造活力，持续改善科技创新生态，借助创新推动印刷业高质量发展的历史进程。

一、研究方法

中国印刷产业创新发展报告，主体采用定量分析方法，力求通过指标描述和数据分析，客观反映印刷产业的创新能力及其发展变化。

如图 1 所示，印刷产业创新指标体系由创新环境、创新投入、创新成效 3 个一级指标和 10 个二级指标组成，全方位、多维度地反映产业创新发展情况。

创新环境描述印刷企业所面临的创新条件，着重反映支撑创新的人力要素，由大专及以上学历人数占比、中高级职称人数占比 2 项二级指标组成。

创新投入通过创新的人力财力投入情况、创新关键部门建设情况等，反映对创新活动的推动情况。由 R&D（研发经费）占比、人均教育培训费用、拥有独立研发机构企业占比、开展产学研合作企业占比、有创新活动企业占比等 5 项二级指标组成。

```
印刷产业创新指标体系
├── 创新环境
│   ├── 大专及以上学历人数占比
│   └── 中高级职称人数占比
├── 创新投入
│   ├── R&D（研发经费）占比
│   ├── 人均教育培训费用
│   ├── 拥有独立研究机构企业占比
│   ├── 开展产学研合作企业占比
│   └── 有创新活动企业占比
└── 创新成效
    ├── 新产品销售收入占比
    ├── 专利拥有情况
    └── 人均产值
```

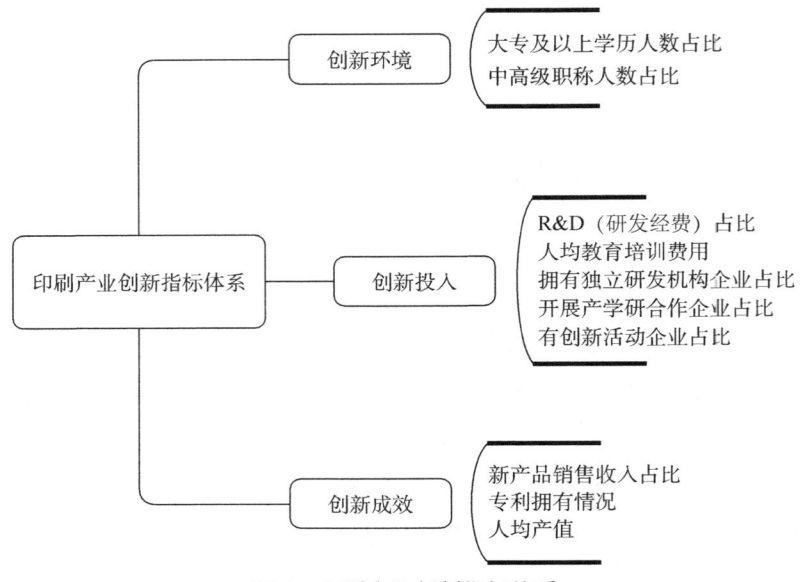

图 1　印刷产业创新指标体系

创新成效反映创新活动所产生的效果和影响，由新产品销售收入占比、专利拥有情况、人均产值 3 项二级指标组成。

中国印刷产业创新发展报告采用抽样调查方法，选定印刷企业进入样本池。为了保证抽样调查的稳定性、连续性与可比性，报告拟定每年与"中国印刷包装企业 100 强"联合行动，收集样本数据。本年度进行的首次调查，共收集有效样本超百个。基于样本企业的规模性与先进性，准确地说，中国印刷产业创新发展报告所反映的并不是印刷行业创新发展的平均水平，而是创新发展的风向标情况，便于全行业把握产业创新发展的动向、了解标杆企业的作为。

同时，报告针对部分二级指标，将同时提供规模以上企业的创新发展状况（数据来自国家统计局，规模以上企业为年销售收入在 2000 万元以上的企业）。报告力求在统计数据可支持的范围内，构建多层次观察与分析体系，尽可能了解印刷业创新发展的全貌。

二、创新环境分析

创新环境，主要反映创新发展所必备的人力要素支撑情况，是印刷企业进行科技创新的重要条件。

1. 大专及以上学历人数占比

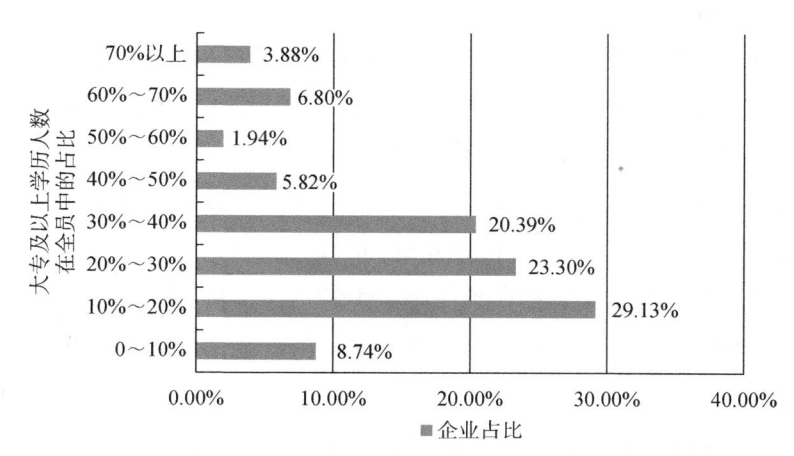

大专及以上学历人数在全员中的占比，可体现企业员工的受教育程度，一定程度上可视为企业的全员综合素质指标。

本次调查中，百余家样本企业的大专及以上学历人数平均占比为26.84%。其中，最高占比为84.38%，最低占比为3.85%。

根据2021年5月公布的第七次全国人口普查数据，全国拥有大专及以上学历人数占比为15.47%。而我们所调查的样本企业中，尚有24%的企业未达到这一水平。整体来说，与很多行业相比，印刷业的员工受教育程度是偏低的。

图2显示，大专及以上学历人数在全员中的占比，超过70%的样本企业集中在10%～40%区间。其中，29.13%的企业大专及以上学历人数占比在10%～20%；23.30%的企业，占比在20%～30%；20.39%的企业占比在30%～40%。而占比超过50%的企业，仅占百余家样本企业的12.62%。尚有8.74%的样本企业，大专及以上学历人数在企业中的占比不足10%。

图2 大专及以上学历人数在全员中的占比

大专及以上学历人数在全员中的占比	企业占比
70%以上	3.88%
60%～70%	6.80%
50%～60%	1.94%
40%～50%	5.82%
30%～40%	20.39%
20%～30%	23.30%
10%～20%	29.13%
0～10%	8.74%

从区域来看，大专及以上学历人数在全员中占比由高到低排序依次为长

三角地区、西部地区、京津冀地区、珠三角地区、中部地区。企业员工受教育程度的高低，与当地整体教育水平、企业招工吸引力等因素有关。长三角地区排位居前，表明长三角四省（市）的人口受教育程度、经济发展程度相对较高；而西部地区排名第二，很重要的原因可能是招工吸引力，相比东部经济发达地区，西部的百强印刷企业在当地受关注度程度更高，也更有可能招到受教育程度较高的员工。

从企业性质来看，大专及以上学历人数在全员中占比由高到低，排序依次为股份有限公司、国有企业、私营企业、外资企业。国有企业排位较靠前，与其重视员工素质提升、入厂门槛较高有关；股份有限公司能居于首位，表明该类企业经历改制，管理规范，对员工素质的要求也越来越高。

从企业的业务类型来看，大专及以上学历人数在全员中占比，出版物印刷企业高于包装印刷企业，表明出版物印刷企业的员工整体素质更胜一筹。

2. 中高级职称人数占比

中高级职称人数在全员中的占比，可体现员工在企业的成长情况，也可反映企业进行科技创新的人员实力，可视为企业的人才成长和创新能力指标。

本次调查中，百余家样本企业的平均占比为2.59%。其中，最高占比为26.27%，最低占比为0%。

图3显示，中高级职称人数在全员中的占比，有1.94%的样本企业未回答；有5.83%的样本企业中无中高级职称人员。在相当多的样本企业中，中高级职称人员屈指可数，27.18%的样本企业中中高级职称人员比例在0%～1%，24.27%的企业中此比例在1%～3%。全部样本企业中，中高级职称人数比例超过5%的企业，刚刚超过20%。

从区域来看，中高级职称人数在企业中的占比，自高而低排序为长三角地区、京津冀地区、西北地区、珠三角地区、中部地区，这一排序与大专及以上学历人数占比在各地区的排序基本一致。长三角的人才集聚情况相对较好，珠三角虽然是印刷重地，但学历人数与职称人数占比均不高，这虽然与珠三角样本企业体量普遍较大、员工人数众多有一定关系，但珠三角企业仍需重视员工整体素质的提高，以及高技术技能人才的培育。

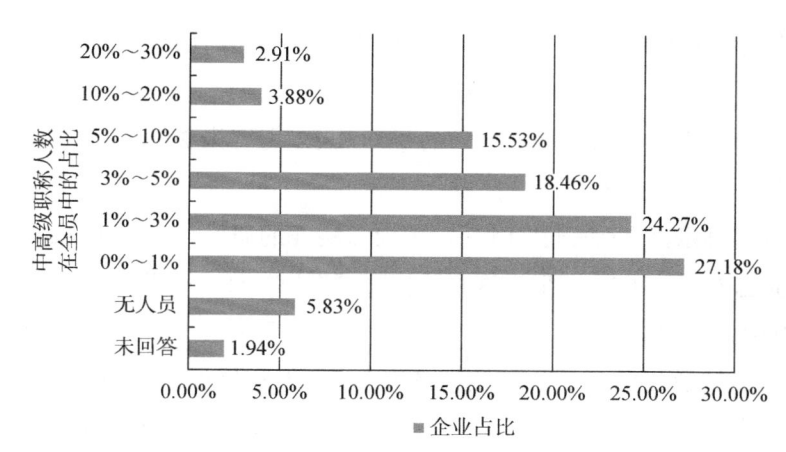

图3 中高级职称人数在全员中的占比

中高级职称人数在全员中的占比：
- 20%~30%：2.91%
- 10%~20%：3.88%
- 5%~10%：15.53%
- 3%~5%：18.46%
- 1%~3%：24.27%
- 0%~1%：27.18%
- 无人员：5.83%
- 未回答：1.94%

从企业性质来看，中高级职称人数在国有企业中的占比，远远高于其他性质企业，如何充分发挥这些高技术人员的作用，是国有企业面临的课题。

从企业业务类型来看，出版物印刷企业中的中高级职称人数占比高于包装印刷企业，表明了出版物印刷企业更重视专业技术人员的培养。

总体而言，与其他制造加工行业相比，印刷行业中技能人员偏少是不争的事实。即使在印刷百强企业中，仍存在部分企业无中高级职称人员的现象，充分说明技能技术人才稀缺的严峻现实。对企业而言，应重视人才培养，系统建立培训与激励机制；对行业而言，应疏通职业技能与专业技术发展管道，完善职称评审、晋升制度，大力发展职业教育培训。这些都是未来发展亟待突破的短板问题，关乎产业创新能力的全面提升。

三、创新投入分析

创新投入，反映了创新的人力财力投入情况、企业创新关键部门的建设情况、企业创新对外合作情况等，多维度描述印刷企业的创新推进程度。

1. R&D 占比

R&D（研发经费）占比用来测度企业创新投入强度。R&D 和人员是重要的创新资源，R&D 活动是企业科技创新中最为核心的部分，因此 R&D 占比是考察企业创新能力的最重要指标。

本次调查中，百余家样本企业的平均 R&D 占比为 2.8%。其中，R&D 占比最高的企业为 10.9%。

有资料显示，"十三五"时期，国内印刷业的研发投入达 152.5 亿元，占印刷工业总产值的 1.2%。根据这个数据可以看出，样本企业的 R&D 投入相对更大，R&D 占比也相对更高，充分显现了科技创新所发挥的支撑和引领作用。

与其他工业行业相比，印刷业的 R&D 投入整体偏低。根据国家统计局 2020 年对规模以上企业的统计，计算机、电气机械、汽车制造业的年 R&D 投入超过 1000 亿元，通用设备、专用设备、黑色金属、化工、医药等制造业的年 R&D 投入也超过了 500 亿元。印刷业在"十四五"时期的蜕变求新、转型升级，需要科技创新助力，也需要在 R&D 经费上加大投入力度。

图 4 显示了样本企业的 R&D 占比分布情况。其中，有 1.94% 的样本企业未做回答；有 18.45% 的样本企业 R&D 占比不到 1%；14.56% 的样本企业 R&D 占比在 1%～2%；9.71% 的样本企业 R&D 占比在 2%～3%；值得注意的是，32.04% 的样本企业 R&D 占比在 3%～4%，是比较集中的企业群；12.62% 的样本企业 R&D 占比在 4%～5%；只有 10.68% 的样本企业 R&D 占比超过 5%。

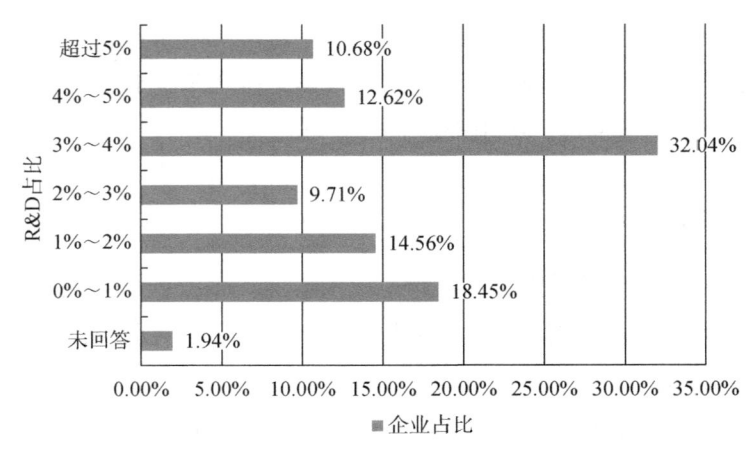

图 4 R&D 占比

从区域来看，珠三角地区样本企业的R&D占比为4%，长三角地区样本企业为3.08%，两地区均高于2.8%的平均值。其他地区的排序是京津冀地区、中部地区、西部地区，三地区均低于平均值。珠三角地区样本企业人员素质指标居后，但研发投入指标居首，成为这一地区企业的显著特征。

从企业性质来看，R&D占比由高到低的排序为股份有限公司、私营企业、外资企业、国有企业。国有企业拥有高素质兼具较多的技术技能人员，但研发投入占比居后，值得关注。

从企业业务领域来看，包装印刷企业的R&D占比高于出版物印刷企业，表明其研发活动更为活跃，研发力度也更大一些。

2. 人均教育培训费用

人均教育培训费用是指企业每年平均为每位员工支出的教育培训费用，用于员工的岗位培训与继续教育，可视为企业员工综合素质提升的考察指标。

本次调查中，百余家样本企业的人均教育培训费用为619元。最高的企业人均教育培训费用超过1万元，但也有企业没有教育培训费用支出。

如图5所示，样本企业中，2.91%的企业无教育培训费用支出，18.45%的企业全年每位员工的人均教育培训费用不足100元，两者之和为21.36%。这意味着，样本企业中，超过20%的企业没有教育培训费用或教育培训费用极少，对员工的岗位培训与继续教育处于缺失状态。38.83%的企业全年每位员工人均的教育培训费用在100～500元。这是样本企业最多的一类，而人均教育培训费用超过1000元的企业，仅占样本企业的27.18%。

从绝对量上看，多数样本企业支出几万或几十万元进行员工教育培训。每年支出100万元以上的企业，不到全部样本的25%。而支出超过500万元进行人才建设的企业凤毛麟角，其中我们看到了创新旗帜型企业——雅昌的身影。

通过相关性分析发现，从地域上看，长三角地区企业的人均教育培训费用最高，珠三角地区企业最低；从业务类型来看，出版物印刷企业远远高于包装印刷企业。但总体来说，教育培训费用投入高低，与企业的发展意识、对人才的重视程度有关，与企业所在地域、行业、自身收入规模等相关度不高，并不是营收高的企业教育培训投入相应就高。

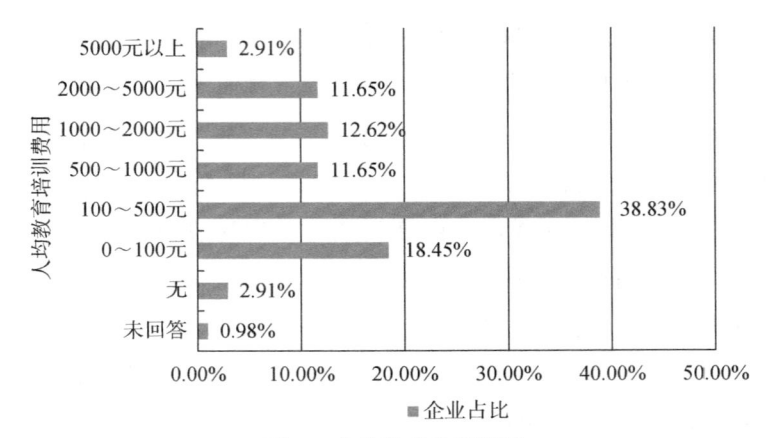

人均教育培训费用	企业占比
5000元以上	2.91%
2000~5000元	11.65%
1000~2000元	12.62%
500~1000元	11.65%
100~500元	38.83%
0~100元	18.45%
无	2.91%
未回答	0.98%

图 5　人均教育培训费用

教育培训费用是成本支出，还是事关企业发展的人力投资？对印刷企业而言，这是尚待厘清的认识问题。而在教育培训费用的使用方面，"重上轻下""内外有别"也是一些企业存在的突出问题。因此，重视职工教育培训费用的支出、建立健全教育培训管理机制、开展更有针对性的培训学习，都是样本企业乃至整个印刷行业需要提上日程、持续建设的工作。

3. 拥有独立研发机构企业占比

企业设立独立开展研发活动的专门机构，是企业持续、稳定开展创新活动的重要保障。该指标从侧面反映了企业持续开展创新活动的能力。

如图 6 所示，样本企业中，有 64.08% 的企业设有独立研发机构。一般而言，企业自主创新能力与企业的规模密切相关，经济实力越强，创新就越活跃。可以推断，印刷产业的科技创新成果，很多出自这些头部企业所设立的研发机构。

样本企业所设立的研发机构，最常见的有技术中心、研发中心，单设人员与编制；部分企业设有多家研发机构，甚至将研发机构设到美国等地，组织协同创新。从研发机构所属级别来看，除了企业级、集团级，部分企业有省级、市级研发机构，个别企业发挥技术引领作用，成立了国家地方联合工程中心。从研究方向来看，材料与工艺为主流研究方向，也有企业成立设计中心、设备研发中心等。此外，一些创新尝试，如劳模创新工作室、校企联合技术中心等，也出现在样本企业中。从地域来看，珠三角地区样本企业设立研发机构的最多，75%的企业设立了独立研发机构，长三角地区紧随其后，其他地区低于平均水平；从业务类型来看，包装印刷企业中设立研发机构比出版物印刷企业中设立研发机构更为普遍。

图6 拥有独立研发机构企业占比

（未设立独立研发机构的企业 35.92%；拥有独立研发机构的企业 64.08%）

4. 开展产学研合作企业占比

合作创新是指企业与其他企业或机构共同开展技术创新活动，以充分获取创新信息，实现创新资源的有效利用。当今世界，合作创新已成为企业开展技术创新活动的重要方式，而产学研结合是其中较为主要的形式之一。

本报告通过设立"开展产学研合作企业占比"指标，重点考察印刷企业创新的开放性与资源利用程度。

本次调查中，完全独立研发的样本企业占比为33.01%；与高校、科研机构合作的企业占比为56.31%；有8.74%的企业通过与高校、科研院所组建创新联合体，紧密其合作关系；同时，还有4.85%的企业采用了其他合作创新形式，如与设备厂商联合研发、与终端用户的技术中心联合研发并组建创新联合体等。

这组数据表明，印刷业的头部企业相当重视合作创新，有三分之二的企业会借助高校、科研院所、设备厂商、终端用户等外部资源，建立长期稳定的产学研合作关系，开展技术、工艺、装备、产品创新，持续全面提升印刷业创新能力。

5. 有创新活动企业占比

有创新活动的企业占比，是用来考察创新活跃度的指标。

如图 7 所示，样本企业中 3.88% 的企业无创新活动，1.94% 的企业未回答。也就是说，94.18% 的样本企业存在各种形式的创新活动。

对比来看，2019 年，全国近 38 万家规模以上（年销售收入 2000 万元以上）工业企业中，有产品或工艺创新活动的企业占比为 49.6%；印刷业规模以上企业中，有产品或工艺创新活动的企业占比为 44.2%。样本企业作为印刷业中的头部企业，其中有 94.18% 的企业存在各种形式的创新活动，无愧于旗舰企业的称号。

本次调查中，创新活动分为技术、工艺、产品、装备、软件和管理、模式创新等项目。图 7 显示，技术创新和工艺创新的占比最高，均为 86.41%；产品创新次之，占比为 72.82%；装备创新占比 33.98%，也有超过三分之一的企业致力于这个方向；软件和管理创新逐渐被印刷企业所重视，27.18% 的企业有所涉及；而模式创新方面，有 26.21% 的企业试图突破。需要说明的是，很多样本企业同时推进多项创新活动。

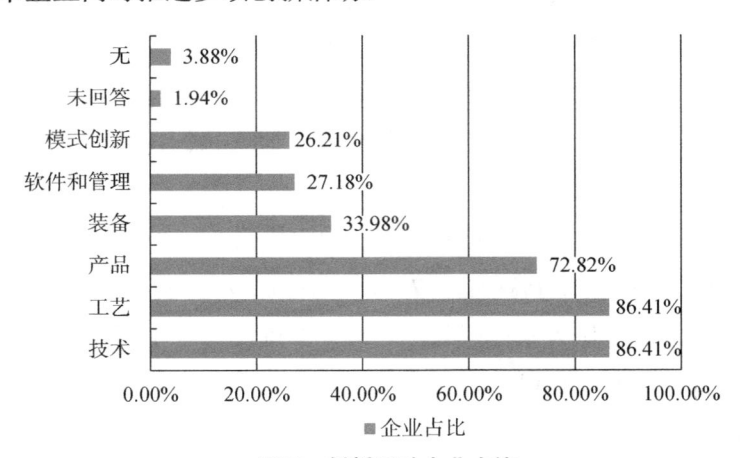

项目	企业占比
无	3.88%
未回答	1.94%
模式创新	26.21%
软件和管理	27.18%
装备	33.98%
产品	72.82%
工艺	86.41%
技术	86.41%

图 7　创新活动企业占比

2019 年，全印刷行业的规模以上企业中，实现工艺创新的企业占比为 26.8%，实现产品创新的企业占比为 25.5%。由此看来，样本企业的创新比例均远远高于此。

四、创新成效分析

创新成效反映创新活动所产生的直接效果和间接影响，是测度创新活动成效的结果性指标。

1. 新产品销售收入占比

新产品销售收入占比是指新产品销售收入与企业全部产品销售收入之比，是反映企业创新成果，即将新产品成功推向市场的指标。该指标用于反映创新对产业结构调整产生的效果。

这里所说新产品，一般是指采用新技术原理、新设计构思研制、生产的全新产品，或在结构、材质、工艺等某一方面比原有产品有明显改进，从而显著提高了产品性能或扩大了使用功能的产品。

今年是首次征集创新发展报告的样本的第一年，虽然新产品的定义说明已发给各家企业，但由于理解不一，也可能由于现有会计体系中尚无新产品的明确科目，各家样本企业报出的数据差异很大，准确性不足。所以首版创新报告，暂不公布此项指标情况，希望未来的样本数据能大大提高此项指标的准确性。

我们在此提供国家统计局统计的规模以上企业的相关数据，便于大家了解总体情况，对标自身差距。2019年，全部工业规模以上企业的新产品销售收入占比为20.05%，印刷业规模以上企业的新产品销售收入占比为18.20%，印刷业略低于各行业的平均水平。

2. 专利拥有情况

专利拥有数量是创新活动中间产出的又一重要成果形式。该指标也是反映研发活动的产出水平和效率的重要指标。

专利包括发明专利、实用新型专利、外观设计专利三种。其中，发明专利是三种专利中唯一涉及实质审查过程的专利类别，需具备新颖性、创造性和实用性才能通过审查授权。因此，发明专利的技术含量最高，创新性最强，是反映专利质量的关键指标，在本报告中也会专门分析。

（1）专利授权量

本年度创新报告中，样本企业平均拥有的专利授权量为87.39件。2019

年全国工业规模以上企业平均拥有的有效发明专利为 3.22 件，印刷业规模以上企业平均拥有的有效发明专利为 1.14 件。样本企业作为印刷行业的头部企业集团军，高度重视专利工作，也取得了突出的成效，为全行业企业树立了标杆。

具体来看，如图 8 所示，样本企业中，未回答企业占比为 1.94%，无专利授权企业占比为 6.80%，两者相加不到 10%，表明样本企业中有不到 10% 的企业仍无专利建设。专利授权数量 1～10 件的企业占比为 10.68%，11～30 件的企业占比为 16.50%，样本企业中超过四分之一的企业在此范畴。需要注意的是，拥有专利授权数量 31～50 件的企业占比为 21.36%，51～100 件的企业占比也为 21.36%，这是企业数最多的两个类别，超过 40% 的企业处于此主流范畴。同时，还有超过两成企业，其拥有的专利授权数量超过 100 件，更有将近 2% 的企业，拥有专利授权数量超过 500 件，成果丰硕。

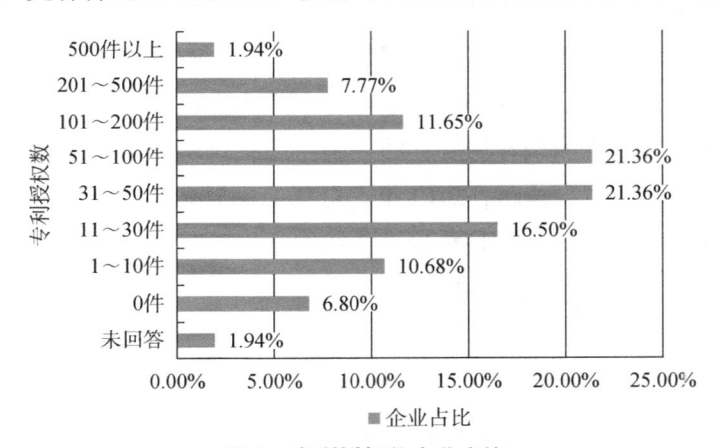

图 8　专利授权数企业占比

从区域来看，样本企业平均拥有的专利授权数量，珠三角地区最高，京津冀地区最低，排序依次为珠三角地区、长三角地区、西部地区、中部地区、京津冀地区。珠三角地区样本企业的平均专利授权数量是京津冀样本企业的 6.8 倍。

从企业性质来看，股份有限公司平均拥有的专利授权数最高，为 222.45 件，远远高于全部样本企业 87.39 件的平均值。其他类型企业均低于平均值，排序依次为私营企业、外资企业、国有企业、有限责任公司。需要注意的是，国有企业虽拥有较高的学历人数与职称人数占比，专利产出却不高。

从企业业务领域来看，包装印刷企业拥有专利授权数量较多；出版物印刷企业中除个别企业外，相当多企业的专利授权量仍在个位数。

（2）发明专利授权量

观察样本企业的专利授权量，其中发明专利占比为15.56%，实用新型专利占比为75.36%，外观设计专利占比为9.08%。由此看来，实用新型专利为样本企业所拥有的最主要专利类别，约四分之三的专利为此类型。

2019年，全国工业规模以上企业的发明专利申请占专利申请总数的37.63%；印刷业规模以上企业的发明专利申请占专利申请总数的24.08%。由此看来，发明专利占比低，是印刷业相较于很多制造行业的特性之一，既与印刷业的原创研发水平相关，也与印刷业的加工、服务属性相关。而本次调研样本企业的发明专利占比为15.55%，低于全行业规模以上企业的平均水平，也是需要注意的一个情况。

据有关资料，"十三五"时期，印刷业每万人从业人口拥有发明专利为12.8件。计算样本企业的相关数据，每万人从业人口拥有发明专利为85.19件，大大高于全行业整体水平。样本企业作为行业科技创新引擎，正在持续发挥作用。

如果以企业为计算单位，本次调查中，样本企业平均拥有的发明专利授权量为13.1件。图9显示了分类情况。未回答企业占比为1.94%；无发明专利的企业，占比为22.33%。发明专利授权数为1～5件的企业，占比最高，达33.01%，约三分之一的样本企业属于此类别。发明专利授权数为6～10件的企业占比为13.59%，11～20件的企业占比为17.49%，约30%的企业集合在这个区间。而发明专利授权数多于20件的企业，占比刚过一成。其中发明专利授权数超过100件的企业占比为2.91%，这些企业，同时也是专利授权数居前的企业，可见企业高度重视研发和专利工作，愿意投入更多资源在技术进步和产品升级上，企业具备持续创新的动能和持续发展的后劲。

2021 中国印刷产业创新发展报告

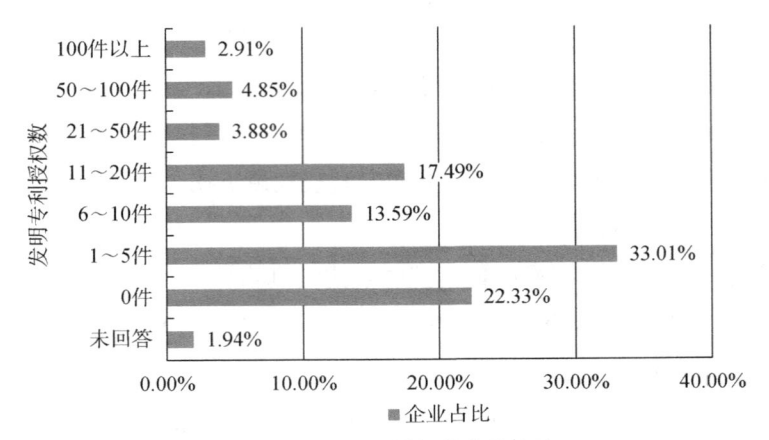

图 9 发明专利授权数企业占比
- 100件以上：2.91%
- 50~100件：4.85%
- 21~50件：3.88%
- 11~20件：17.49%
- 6~10件：13.59%
- 1~5件：33.01%
- 0件：22.33%
- 未回答：1.94%

（3）软件著作权等知识产权拥有量

本次调研同时对样本企业的软件著作权等知识产权拥有情况进行了统计。如图 10 所示，52.43% 的企业无软件著作权等知识产权，但同时也有近一半的企业有意识地进行了相关建设。软件著作权等知识产权数拥有 1～5 件的企业占比为 14.56%，拥有 6～10 件的企业占比为 9.71%，拥有 11～20 件的企业占比为 8.74%，拥有 21～50 件的企业占比为 6.80%。更有 2.91% 的企业，分别拥有 50～100 件和 100 件以上软件著作权等知识产权，这些企业集中在电商平台、票据领军企业和大型包装印刷集团中。

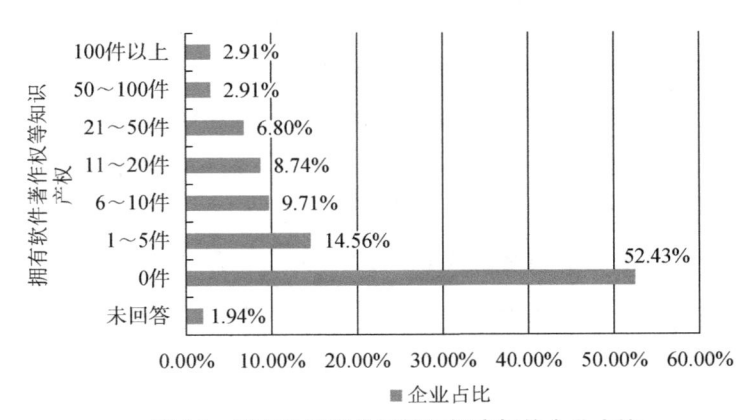

图 10 拥有软件著作权等知识产权的企业占比
- 100件以上：2.91%
- 50~100件：2.91%
- 21~50件：6.80%
- 11~20件：8.74%
- 6~10件：9.71%
- 1~5件：14.56%
- 0件：52.43%
- 未回答：1.94%

3. 人均销售收入

人均销售收入既是反映生产效率的指标，又可以反映企业销售收入与创新能力发展之间相互依存、相互促进的关系，可以用来考察创新活动对企业发展的综合效果。

本次调查中，样本企业的人均销售收入均值为 86.72 万元。对比来看，2020 年，印刷业规模以上企业的人均主营业务收入为 67.61 万元，样本企业的平均水平是规模以上企业的 1.28 倍。

图 11 是样本企业人均销售收入的分布情况。最低值为 27 万元，最高值超过 500 万元。其中，16.50% 的企业人均销售收入在 27 万～50 万元；33.98% 的企业在 50 万～100 万元，在这个区间的企业最多；28.16% 的企业在 100 万～150 万元，也是样本企业集中的区域。人均销售收入为 150 万元以上的企业，占比超过 10%，其中更有 5.83% 的企业达到了 300 万元以上，效率指标堪称标杆。

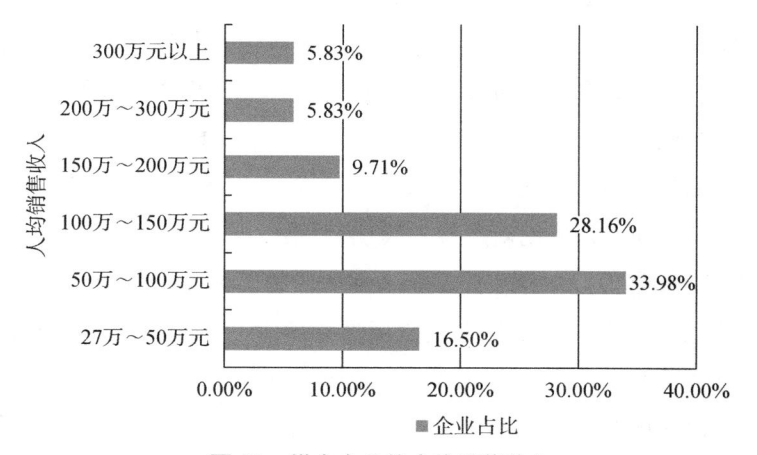

图 11　样本企业的人均销售收入

人均销售收入与企业的业务属性、管理水平、智能化建设程度、创新推动等综合因素相关。我们希望这项指标在每年的跟踪调查中会逐渐提升，以印证印刷业高质量发展的历史进程。

五、结论

首届"中国印刷产业创新发展报告"虽然在样本数据的完整性、准确性等方面有待完善，但 10 个二级指标所构建的创新指标体系，仍多维度、全方位反映了印刷业的创新发展情况。我们得以据此形成基本结论，勾画中国印刷业的创新图景。

1. 与其他制造加工产业相比，印刷业的创新支撑力度偏低，创新产出偏少

整体来说，印刷企业的高学历人数占比偏低，技能技术人员偏少，R&D 投入不足，对企业的创新支撑力度有待提升。印刷企业需要尽快突破创新短板，重视人才培养，加大研发力度，提升创新对企业和产业发展的贡献度。

2. 行业头部企业积极引领，持续发挥科技创新引擎作用

以样本企业为代表的行业头部企业，普遍重视科技创新，配有专业人员和专门机构，R&D 投入相对更大，创新活动活跃，专利成果突出，企业收益居前。为行业树立了标杆，也有力证明了创新对企业发展的带动作用。

3. 印刷企业普遍存在重研发和专利申请，轻基础能力建设的问题

人才是企业创新发展最重要的支撑要素。但在样本企业中，普遍存在教育培训费用偏少、技术技能人才成长空间有限的问题。员工的岗位培训与后续教育缺失，是制约企业创新发展的突出问题。

4. 从地域来看，长三角地区、珠三角地区印刷企业创新动能更为充沛

长三角地区印刷企业更为重视创新要素培育，企业人员素质较高，对员工的培训力度更大，R&D 投入较多，创新成果也相对突出。

珠三角地区印刷企业虽然在人员素质和培训力度上不及长三角地区，但 R&D 占比、研发机构设立、专利授权数量等指标，均居于各地区之首，创新活动更为活跃。

5. 从企业性质来看，股份有限公司领航创新发展，显示出体制机制对推动科技创新的重要作用

私营企业在 R&D 占比、专利授权数量等重要指标上，均排在股份有限公

司之后，位居第二位。表明私营企业在员工素质提升、研发经费等方面愿意投入，努力积蓄发展后劲。

相比之下，国有企业虽然拥有高素质人才、较高的技术技能人才比例，但研发投入、专利产出均排位居后，如何充分激发国有企业的创新动能，需要引起重视。

6. 从业务类别来看，包装印刷企业拥有更丰富的创新实践和研发成果

包装印刷企业更多设有独立研发机构，研发活动更为活跃，R&D投入更大，专利成果也更为丰硕。

相比之下，出版物印刷企业虽然员工整体素质更胜一筹，技术技能人才占比相对较高，但研发活动相对较少，专利产出不多，表明其技术、工艺、产品形态等更为固化。

7. 印刷企业越来越重视协同创新，聚合内外部资源推动创新发展

从外部来讲，印刷企业广泛借用高校、科研机构、设备厂商甚至终端客户等资源，建立长期稳定的用产学研合作关系，助力企业提升创新能力；从内部来讲，一些大型印刷集团构建了多层级、分类别的研发体系，甚至将设计、研发机构设到海外，整合协同全集团创新资源，培养企业发展新动能。

从首届"中国印刷产业创新发展报告"来看，集结了中国最优秀印刷企业的样本群，依然显示印刷企业的自主创新能力有待提高。全行业迫切需要培养一支高素质、接续有力、技术创新能力强的专业技术人才队伍；迫切需要重视研发、加大研发投入；迫切需要开放合作模式，吸纳更多社会资源助力企业协同创新；迫切需要以专利保护、推动印刷企业的创新与升级进程。而在当下重要的战略机遇期，我们有理由相信，中国印刷业的创新进程，将会进入加速发展时期，谱写创新驱动发展的历史新篇章。

第二部分
案例篇

5年时间，55家创新企业。它们的规模不同、业务不同、创新路径不同，但在创新的基本面上，一些方法论是相通的。

产品为王。打造终端产品、塑造自有品牌，成为急于摆脱被动加工地位的印刷企业常选的创新路径。而以文化为创新要素、以创意为突围方向、以个性化定制为产品亮点，成为印刷企业常用常新的创新手法。

服务增值。改变与客户的关系，是印刷企业惯用的又一创新思维。通过放大服务价值，提升企业整体价值，培育独特竞争力，是印刷企业经营智慧的综合体现。

平台制胜。优化、整合内外部资源，构建共同价值体系平台已成印刷企业创新的绝佳路径。销售平台、服务平台、信息平台、用户平台……印刷企业的平台"功夫"五花八门。

链条延伸。对企业内部而言，链条可指整合研发、设计、生产、物流等多个环节的一体化解决方案；对企业外部而言，链条可指打通上下游产业链的资源整合动作。链条延伸可使创新企业的增值点由一个变为多个，效益区也由一维变为多维。

跨界融合。用独到的眼光，寻找产业交融地带的新商业机会。印刷可以与终端产业、现代服务业、IT业等交融碰撞，衍生出新需求、新市场、新产品，并以新商业模式、新服务满足这些需求。

互联网借力。互联网是这个时代热门的创新选择之一，与传统行业的融合创新持续活跃。而印刷电商从"群雄并起"，到头部企业渐出，正走在持续演化、不断优化的发展道路上。

当然，绿色化、数字化、智能化，也是这5年印刷企业全力突破的重要创新方向。在绿色环保上不断精进，在数字连接上不断打通，在智能生产上不断进化升级，更多印刷企业的探索实践、交棒接力，形成涌动的创新浪潮。

第一章 2016年

这一年,经济发展走入新常态,换挡、分化、转型成为印刷产业发展的关键词。

奇良海德：工艺为本 创意为纲

奇良海德又一次受到了客户的称赞。

这一次，奇良海德帮一位建筑设计师实现了"如梦如诗的建筑细节"神还原，打造了一款"2017建筑诗挂历"。

用精雕细刻的钢模和纤维强韧的木浆纸实现击凸效果，木浆纸特有的质感与色彩使建筑意境跃然纸上，这款挂历透露出一种朴素温暖，像清水混凝土般的宁静安详，受到一众"粉丝"的青睐。

但实际上，这款产品差点夭折，原因是设计师要求的"用模压工艺在纸张上击凸出三维实体的效果"，甚至连盲文印刷厂都不愿冒险尝试。

直到他遇见了奇良海德。

一、专注为设计师实现设计

北京奇良海德印刷股份有限公司，大家并不陌生，公司是印刷圈少有的"中国合伙人"，于2015年底登陆新三板，但这几个关键词还并不足以描述这家21岁企业的性格。

"这么多年，奇良海德渐渐形成了一种风格，不管成不成功，先试试看"，不论是总经理朱国良，还是副总经理王海英和柏琦，话语中都传递出这种开放的心态。"别人做不了的，交给奇良海德准没问题。"对于不少人的这个评价，朱国良是这么看的："我认为企业应该有这种精神，尽一切努力满足客户的更高需求，即便这个产品无利可图。这种高要求就像扔入平静湖面的一颗石子，可以激发企业的创造力。"

2016年6月30日，罗辑思维微信公众号首发推荐"单向历（2017年桌历）"，据说首发当日20个小时内全平台销售2万余册。除此之外，这款日历还出现在部分艺人的影片中，成为"刷屏利器""超级 IP"，而它的承印者也有奇良海德。

单向空间对桌历质量有着极高的要求，为了达到让用户摸着舒服、撕得畅快、看着高雅的效果，奇良海德前后经过四五次打样。"在 2016 版的基础上，我们又对 2017 年桌历从胀钉到纸张撕扯做了升级，虽然两者外形无异，但仔细观察，后者品质更好。"奇良海德从不放弃对细节的追求。

在奇良海德，还有一间专门开辟的打样车间，无数订单发源于这里。奇良海德可以不厌其烦地努力帮助客户实现最终想达到的印刷效果，不管最终这个订单是否交给他们来做。比如"建筑诗挂历""左撇子日历"这些设计师个人作品，击凸、镏银等个性化工艺要求高、难度大，从做版、打样到最终成型，奇良海德花费了一个多月的时间。虽然产品最终印量不多，但反响很好，甚至有设计师评价："奇良海德是一家专门解决疑难杂症的公司。"而对于这种具备客户价值且提升自己技术水平的小订单，奇良海德从不拒绝，从来都是敞开胸怀，也从未停止过满足客户需求的脚步。

对于奇良海德何以受到单向空间和众多设计师的青睐，副总经理柏琦有自己的看法："奇良海德可以做到质量、价格、时间的平衡，在规定的交货期内，生产出客户满意的、物美价廉的产品，这是一种综合能力。"当然，这种综合能力的产生，离不开工艺等各方面的不断研发进步。

擅长操作生产线的王海英，最近就在研究如何根据客户需求，把一些只生产某类产品的单机组合成整线，"组合好了可能就是个初级的机器人，不仅能极大提升工作效率，还能将很多看似普通的工艺加以组合，呈现出耳目一新的效果"。奇良海德就是凭借这些特质，解出了客户的一道道难题。

除了自身的不断整合创新，奇良海德还在推动行业标准化的建立。最近让朱国良感到颇为欣慰的，便是听到有 15 家设计师工作室都采用了奇良海德的烫金标准，"虽然这个圈子不大，但是我们还是要积极去推动标准化体系的建立"，跟印刷打了 20 多年交道，朱国良除了希望为客户提供更贴合需求的服务，还希望为印刷业做点实事。

二、做点文创生意

或许是精湛的工艺为奇良海德创建了更大的舞台，2016年，奇良海德生产了不少"时髦单品"：除单向历外，还有2017左撇子日历、《二十四孝图》台历、"福星闪亮"儿童迎春礼盒等，有人不禁问：奇良海德，要做文创生意？

其实早在2012年年底，奇良海德就推出了自创产品——新春祝福大礼包，除了春联、福字、红包这些传统用品，每年大礼包中都会有不干胶、异型月历、书签等创新产品（图1），四年来广受欢迎。"这款产品虽是偶然的产物，但的确给我们带来很大的思考空间。"就在不久前，几家礼品公司还在向奇良海德请求授权。

图1　奇良海德自创产品之"丁酉年新春祝福大礼包"

也许在这之前，朱国良一心想的是踏踏实实做好印刷主业，但现在，他没法不去思考这一新的可能，但是这牵涉到版权问题。"2017单向历正式出版，不少客户看到版权页上奇良海德的名字，纷纷发来合作意向书，这给我很大触动和启发。"朱国良说道。

"新春祝福大礼包"能否走入版权渠道？朱国良希望这个孵化项目会成为奇良海德的一个新尝试，印刷厂从被动的订单生产向主动的产品创新去努力。"可行的话，未来这种自创产品我们计划采取多种销售方式，或者直接面向 C 端（消费者、个人用户）定制销售。"

但问题又来了，台历类文创产品往往具有周期性、时效性，对此，朱国良坦言，"年末台挂历类订单较多，年初、年中可以在旅游、院校服务等方面开拓市场。"不过对于这一规划，朱国良仍然比较谨慎，也许他深知，做文创生意，奇良海德在人才、资源乃至思维上尚不成熟，目前来说与"纸"打交道仍是自己的主业，但努力去做新的尝试也未尝不可，因为创新、求变永远是奇良海德发展的主旋律。

事业越做越大，朱国良的思维也在不断提升。"做企业一定要顺'势'而为，要具备服务意识、产品意识和用户意识。"他不止一次强调。在他看来，奇良海德与客户绝不是简单的订单关系，而是要有深层次的合作，奇良海德可从专业的角度为客户提出更合理的建议，这个建议包括根据用户的需求而非客户的角度去思考问题，生产出更受用户和消费者欢迎的产品。

"下一步要重点发挥中层的力量，为企业里的年轻人搭建发展平台，鼓励他们实现自身价值。"在奇良海德，员工经常会有意想不到的新点子，前段时间一位车间员工的小发明就让主管车间工作的王海英颇为震撼，"员工自己可能是顺手而为，但是的确已经达到了实用新型发明的标准，而且车间里员工的这种小发明太多了"，王海英希望接下来为员工创造更加轻松开放的环境，带领他们"玩起来"，同时培养一批骨干，实现公司内部文化、技术的传承。

奇良海德共有员工 180 余名，管理好这个大家庭，朱国良、王海英和柏琦一直在不断学习，"我们三个任何一个都不能掉队"，朱国良表示。如果说奇良海德的前 20 年的发展是时代的推动，那么接下来的时间，三位合伙人希望用他们的共同努力为客户创造更多元的价值，为员工创造更广阔的舞台。

他们相信，只要勇敢往前走，机会永远有。

（2016 年创新十强，原载于 2016 年 12 期《印刷经理人》杂志）

绿爱：糖果 DM 跨界打劫

2016 年 12 月 3 日，山东绿爱糖果股份有限公司（以下简称绿爱）总部，一场热闹的庆祝盛典正在隆重召开，这一天是绿爱成立 5 周年的日子。

董事长郭建波随即在微信朋友圈发布了一条信息："五年的过往，我们共同见证了绿爱的成长，共同缔造了绿爱的今天，未来的日子里，我们将共同缔造绿爱无坚不摧的钢铁团队，实现主板上市的目标。"

绿爱虽已有五年历史，但真正进入印刷人的视野则是在 2016 年，它成为当之无愧的"霸屏赢家"。在 2016 全国印刷经理人年会上，绿爱提供的个性定制"套套糖"风靡全场。一颗糖果，既可以食用，也可以作为广告新媒体，还可以宣传企业品牌形象，同时帮助企业实现线上线下引流，可谓一举多得。绿爱凭借"糖果＋个性包装＋企业广告＋移动互联"的商业新模式惊艳了整个印刷行业，让不少印刷人以一种新的视角重新审视自己，重新审视整个印刷市场。

"你不敢跨界，就有人跨过来打劫，未来十年，是一个'海盗嘉年华'，各种横空而出的变革者会遍布各个领域。"郭建波认为，不变革，路会越来越难走。现在看来，绿爱勇敢迈出的一步，无疑是大胆的。一家传统食品厂竟然购买中国大陆第一台 HP indigo 20000 数字印刷机，从不懂印刷到上马如此先进的印刷设备，好似有些任性；绿爱无疑又是成功的、有眼光的，从原先专注糖果生产到将主业变为个性定制"套套糖"，并以业绩每月 400%～500% 的速度大幅增长，这一主营业务已经占到绿爱总业绩的 70%。

为进行跨界印刷，绿爱成立了印刷事业部，在满足自身业务需求的同时，还对外承接塑料软包装印制业务和打样业务。集中优势资源，聚焦特定领域，做到"细而精，专而强"，绿爱希望在软包装领域集合更多同行者深化创新。

除此之外，绿爱传媒事业部也即将上线，"绿爱套套糖广告到达率100%，通过朋友圈等的二次传播率达90%，三次传播率近70%，卖糖不如卖广告"，郭建波表示。立志取代名片和单页的绿爱正强势进军广告业，为此，郭建波带领他的团队不断"扫街"，北京、无锡、青岛、厦门都出现了他们的身影，绿爱还专门推出"广告图文店9大专享工具包"，除套套糖、枕头糖外，还包括海报、画册、糖果展架、托盘等，已有不少图文店成为绿爱的"粉丝"。

"我的目标很简单，就是每天至少让1000万国人免费享用高品质健康糖果"，郭建波的这个目标说小也不小，说大也不太大。"山东临沂的消毒餐具市场每天都有10万颗套套糖带着广告进入大小餐厅。"以点窥面，他认为，绿爱的舞台非常大。

"未来，个性化、定制化将成为主流，而数据将成为绿爱的重要支撑。"现在，绿爱套套糖移动互联的精准传播，已经为绿爱积累了丰富的数据资源，帮助其实现"小单、快速、极致"的独特定制模式。

"创新没有固定的模式，本身就是走别人没走过的路"，郭建波正带领绿爱走向一条更广阔的道路！

（2016年创新十强，原载于2016年12期《印刷经理人》杂志）

吉宏：上市光环下的"朴素范儿"

厦门吉宏科技股份有限公司（以下简称吉宏）成立于 2003 年，从有上市想法到最终成功登陆中小板，只花了 6 年时间，这个速度很"互联网"。

公开数据显示，2013～2015 年，吉宏的营业收入分别为 3.87 亿元、3.86 亿元、5.22 亿元；净利润分别为 3633 万元、1908 万元、3738 万元。

很多人觉得吉宏在主板上市的过程很幸运，比业内一些规模更大、名气也更大的企业走得更顺利。吉宏掌门人庄浩如是回应，"我们没有秘诀，也没有捷径，只是做好了最基本、最简单的事情：经营规范、财务稳健、遵守法律、收入利润达标，简单来说就是按照国家规定做了应该做的事"。

2016 中国印刷业创新 10 强评选的民意投票中，吉宏的票数也非常高。主板上市公司在印刷包装行业是稀缺的"尖子生"，吉宏必定受到追捧，人们也认定，它一定有不为人知的创新魔力。

听公司董事长庄浩聊吉宏的发展，我们却有了一些不一样的感受。没有所谓不为人知的创新，在这个没有秘密的时代，创新方法论其实是广为人知的。道理人人都懂，但成功者依然是极少数，区别大概在执行细节层面，也正如她在微信朋友圈里所说，"成功的道路并不拥挤，因为坚持的人不多"。吉宏的发展正是得益于管理层坚强的意志和举重若轻的管理风格。

为国内外大众消费品牌客户提供包装综合解决方案与一站式服务，这是吉宏的市场定位，它采取大客户战略，业务集中度高。当然，高度集中的业务分布，也考验了吉宏的风控能力。"在公司产能不足的情况下，优先服务优质大客户是必然选择。"庄浩对此解释道。一方面是行业整体产能过剩，另一方面是优质产能不足，悖论之中有乾坤。上市之后的吉宏，未来若进一步扩充产能，会捕获到更多服务机会。"吉宏对接的是各细分行业最优秀的品牌商，并且要成为他们最大的供应商。市场抗风险能力，不能仅用客户数量多少来衡量。"庄浩说。

从纸品包装到塑料软包装，从设计、生产到物流，综合解决方案、一站式服务，这些概念不是吉宏独创的，吉宏也并不是唯一的践行者。"业务层面，我还真的给大家讲不出什么新东西，"这是庄浩的真心话，"我们只是做到了——相同的品质，价格能比别人低一点；相同的价格，品质能比别人好一点。"

1996年年底，庄浩在厦门成立了自己的第一家公司——厦门市正奇彩印制版有限公司，直至今日正奇制版仍是厦门制版界的金字招牌。"印品好坏，70%由制版决定。"印前能力是吉宏比大多数同行更具优势的地方，而它的一些大客户，正是从制版公司顺接过来的。

庄浩毕业于北京印刷学院，"学院派"企业在印刷这个行业不多，他们通常都很追求技术的精益求精。比如艺术印刷领域的雅昌集团，高端商务印刷领域的奇良海德。而在快消品普通包装领域，吉宏自信在技术方面可以做到最好。

"我们不怕客户跟样，样张追色从来不是问题。很多客户不太敢中途为包装品更换纸张，担心因此影响包装色彩的稳定，但在吉宏，我们不会让客户有这样的困扰。"庄浩认为，吉宏就是靠过硬、纯粹的技术赢得市场、赢得客户，"没有挑剔的客户，只有服务能力不够的供应商。达不到客户的高标准、严要求，终归是企业自身的问题"。吉宏的每一单业务，都要通过客户的招投标，不靠人情关系，拼的是技术、效率和管理。

采访过程中，庄浩说了一个题外话，是关于《天鹅湖》芭蕾舞剧的创作。伟大的作曲家柴可夫斯基于1876年花费巨大精力谱写完成《天鹅湖》芭蕾舞曲，然而，由于平庸的编导和缺乏经验的乐队指挥，1877年《天鹅湖》首演相当不成功，这事对柴可夫斯基打击很大，一气之下差点再也不写芭蕾舞曲了。直到首演16年后，两位天才的编舞家妙手回春，重新改版、执导《天鹅湖》，才使其大获成功，柴可夫斯基才得以"平反"。

在庄浩看来，客户关于包装需求的描述又何尝不是一部创新设计剧本呢？印刷包装企业要扮演的角色恰恰就是高明的导演，能够把客户的剧本演绎为生动的电影，从而打动终端消费者。协助客户设计剧本，并用最合适的印刷包装方式呈现剧本，这就是吉宏最不可替代的价值。丰富的专业知识与经验，对结构、材料、工艺、技术的深刻理解以及对客户营销广告的深度接触和介入，吉宏所具备的素质是多数广告或设计公司都不具备的，从这个意义上说，吉宏不是从事普通的制造，而是更多地参与到客户的营销当中。

以服务取信客户，决胜市场，这是再朴素不过的原则，然而一旦遭遇非常时期，往往越是简单、朴素的东西，越难坚守。

2016年10月以来，纸张尤其是包装用纸价格一路上涨。吉宏看到有纸商单方面撕毁年度合同，强行调价；看到有的同行拿钱却买不到纸。纸张消耗在吉宏主营业务成本中占比很高，在纸价一路上涨的环境下，吉宏自承压力，坚守契约精神，坚持为客户不停单供货。

"平时大家都能把服务挂在嘴边，但到了关键时刻，还是吉宏最靠得住。也只有这时候才能看出，谁才能够真正提供最好的服务。"客户在这场风波中感慨。经过一个多月的缓冲，吉宏通过与客户协商，最终也获得客户支持，根据成本上涨实情，相应上调了包装品供应价格。原材料价格暴涨暴跌时期，也更能体现企业的实力与判断力，吉宏就是在2008年那波原材料价格暴涨暴跌中通过正确的判断成长起来的，因此2016年10月纸价刚刚抬头，吉宏就在库存方面竭力做好了应对措施。

2016年登陆资本市场后，吉宏建设新的创意与技术研发中心，并针对广告、供应链、互联网、数字定制等多个领域展开一系列战略布局。未来吉宏的发展，也许会进一步超出我们的想象，而我们从吉宏读懂的最重要的一点是，让创新回归本质，让商业回归本质。

（2016年创新十强，原载于2016年12期《印刷经理人》杂志）

茉织华：唯有前瞻　才有自信

相当长的一段时间，票据印刷企业同烟包印刷企业一样被视为行业内的翘楚，因为它们有着如政府机关、银行、事业单位等财大气粗、信用状况良好的高端客户群；每年有着较高的印刷工业产值和令人称羡的产品毛利率、利润率；因为无论是山东东港，还是浙江茉织华、上海伊诺尔、香港联合出版集团下辖的安全印务……一个个都是在国内掷地有声的企业。

但是又有谁知道，这些企业走过的每一步同样如履薄冰、胆战心惊。成功是建立在这些企业当家人具有超前眼光的基础上，有前瞻才有自信，才能让企业之舟在惊涛中自如地一跃而过，躲过骇浪昂首向前。细细回忆地处浙江平湖的茉织华印刷这二十多年来走过的历程，可以让人深深地感悟到这一点，同时意识到创新的力量，这既包括投资主体的创新，也包括生产技术、市场定位的不断创新。

一、茉织华的崛起之路

近几年戴在茉织华头上的桂冠着实不少：国家印刷示范企业，国家高新技术企业，国家秘密载体印制资质甲级单位，银行票据凭证定点印制企业，浙江省国税、地税发票定点印制企业，2015年度浙江省成长型中小企业，2015年度平湖市转型升级十佳单位……可以说，这里的每顶桂冠都是有分量的金字招牌，个个都来之不易。

当然，企业的当家人——管政明也因他的能力与出色工作赢得了同行的尊敬与认可，其在2015年中国印刷技术协会换届后当选为第八届协会副理事长和第五届商业票据印刷分会的理事长。

2016年4月26日，经过审核的茉织华公司登陆新三板（证券代码：835573），这表明公司踏上了新台阶，而所有这一切都是他们扎实努力的成果。

现今的茉织华印刷注册资金为1亿元，实力雄厚。步入新厂区，看到的是建筑面积达3.7万平方米的崭新的现代化厂房，树木郁郁葱葱，厂区环境优雅。工厂二期规划建筑面积2.1万平方米的新建项目也已接近完工。尤其是从底层贯通到4层的立体库现代感十足，从原材料到成品的进出全部采用扫描技术，达到了物流智能化的要求。

生产车间内设有参观通道，现场井井有条，分处于不同楼面的数十条胶印、柔印票据生产线奔腾运转，成品飞速而下，场面蔚为壮观。

2015年，公司销售收入超过2.5亿元，在刊登于2016年第7期《印刷经理人》的"2016中国印刷包装企业销售收入超过2亿元企业名录"中排名第154位。该企业2015年的营收比2008年投资人第一次变动时的1.69亿元增长了48.17%，比2012年第二次变动时的2.05亿元增长了22.55%，须知这一切都发生在市场大变化、企业大变动之时，得来绝非容易。

细观茉织华印刷自1992年成立至今二十多年的发展之路，应该说不管是投资人还是体制都发生了不小的变化。管政明由起步时受聘的职业经理人蜕变为真正的企业投资人与经营者，由身处四线城市的一位优秀技术工人蜕变为全国同行中的领军人物。

第一场蜕变发生在2008年，当时企业的主要投资人将工作重心由纺织、印刷转入其他业务，管政明与另一位副总受让了茉织华印刷的大部分股权，成为该企业的实际控制人；2012年，合作的两人通过换股形式进一步厘清作为子公司的茉织华印刷与作为母公司的茉织华印务两者间的关系，成为产权清晰的两个平等法人，正是从这个时候起，管政明领导茉织华印刷开始了第二次创业转型之路，并建设了属于自己的新工厂，这才有了今天的茉织华印刷。

二、茉织华的业务蜕变

茉织华印刷现在对外介绍的口径是：国内专业规模大、设备先进、资质全面、技术解决能力强的印刷企业集团之一。以商业票据印刷为主体，兼具金融数据打印、包装装潢、塑料包装薄膜、出版物印刷能力，是一家协同发展的综合型企业。网络商城、电子票据和药品包材等创新业务正逐步成长壮大。

茉织华公司起步于 1992 年 9 月，是较早步入票据印刷领域的专业印刷公司，与其同时期起步的还有上海伊诺尔公司，以及现在已经成为上市公司的行业佼佼者——山东东港，成立在其之后。公司的发展历程几乎反映了中国票据印刷市场的变化过程，时而处于喜悦的巅峰，时而又跌至悲惨的谷底，每次市场的变化都让经营者伤透脑筋，费心策划。好在茉织华公司因为领导人的睿智，几乎每次都踩准了继续前进的步点，不但没有被击垮，反而越战越强。

1993 年茉织华公司成为中国邮政集团 EMS 包裹详情单指定供应商；1994 年，中国税制全面改革，改征增值税，公司成为增值税计算机版发票的指定供应商。但 1996 年，国家税务总局决定将这项业务统一收回由中国印钞造币总公司印制、管理。经过协商，作为对前期技术开发工作的回报，中国印钞造币总公司授权茉织华印刷承印支票业务，也正是从此时起，公司正式跨入了金融服务领域，同时成为国家税务总局关税表印制定点企业，由此迎来了企业发展史上的第一个高峰。

1996 年，公司得知国际航空运输协会（IATA）正在亚太地区寻找机票承印商，为了抢得先机，公司毫不犹豫地投入 1000 万美元引进相关印制设备，通过攻关解决了涂炭工艺的产业化应用难题，获得 IATA 授予的定点采购企业资质，由此业务获得爆发式增长。但是不到十年时间，2005 年电子机票的出现导致机票印制业务快速萎缩，开发新业务成了企业生存的唯一希望。

为了保持公司的可持续发展，茉织华始终是新技术的拥趸，以技术领先来支撑市场领先。

1994年茉织华印刷采购了赛天使（后被柯达收购）喷墨印刷机，成为该机在中国的首家用户。经过不断的研发、测试，于1996年成功地把喷墨条码印刷业务推向市场。

2008年的德鲁巴印刷展上，柯达推出VL2000连续纸数字印刷机，新设备不仅分辨率高，纸张适应性强，成本也更具竞争力，公司又在第一时间做出投资决策。于是，公司具备了向客户推出彩色可变账单打印业务的能力，获得客户的青睐。

但是，无时无刻不在变化着的市场要求企业不断调整自己的经营策略，稍有不慎可能就会落入深渊，前功尽弃。随着银行大力推进电子账单，纸质账单逐渐被替代，一波上升行情后面对的又是市场的静寂，企业当家人又殚精竭虑，新一波的票据印刷市场究竟会出现在哪里？

2011年国内开始兴起的电子商务给了票据印刷企业新的发展空间。年增速超过50%的快递业成了公司新的服务对象，2015年公司来自快递业的业务营收接近总营收的一半。当然，在这一过程中公司不断改进生产技术，实现了双排配页、自动上胶、条码在线监测、印刷品在线质量检测，大幅提高了生产效率，正是这些技术改进，让公司具备了抵御产品市场价格下跌风险的能力。

回顾这段市场与企业几起几落的经历，给予我们的启示是：没有永远不变的市场，企业经营者必须时刻有危机感，在工作顺利之时就应该积极地为应对下一项挑战做好准备；企业的自信来自经营者的超前眼光，唯有经营者的思想领先才有可能做到市场领先，唯有做到技术领先才可能做到市场领先；由历史累积起来的企业文化确实是异常宝贵的财富，但优秀的企业并非全部沿袭传统、尊重习惯，必须不间断地有所创新，如此才能给企业带来活力和生机。

三、茉织华的跨界发展

从税务发票到银行的支票账单，从数量庞大的银行存折到数据可变的公用事业账单，从纸质机票到一式多联的快递单业务，市场就是如此云谲波诡，变化多端。如果经营者没有锐意进取的意志，就可能被这一场场变革所击垮，因为市场发生的每次变化都意味着企业设备的更新，技术的攻艰克难。面对变化，难免有人抱怨，但是茉织华没有这样，他们从容应对，始终走在同行的前列，而且走得很稳健、很扎实，富有前瞻性。

今天，当我们还在为"双十一"带来的快递业务量剧增而大声欢呼的时候，管政明预言，不用多久，目前票据印刷企业的主打业务——快递单，因为条形码与二维码的普及也将消失。为此，他早已开始筹划公司的下一项业务。

茉织华给出的答案是：为积极应对票据行业的深度调整，企业将优化产业价值链，加快实施双轮驱动发展战略，一方面立足商业票据生产，依托客户资源，试水信息技术服务，上线了交互式电子账单系统；另一方面向信息平台服务商转型，延伸产业链，全面推进"洋箩筐"移动购物商城建设，目前商城已进入试运行阶段。茉织华的这些变化体现了企业领导先人一步的睿智，体现了在为兄弟企业提供服务的过程中实现自身的价值，成为市场不可或缺的一部分。

有人分析企业成功的前提有三条：理念、行动、坚持。在这里，理念是引领企业顺势改革的基础；行动是让企业发生变化的根本；坚持是获得成功的关键。任何一项变革不可能不遭遇风浪，问题是遭遇风浪后必须顶得住，因为胜利往往就在再坚持一下的努力之中。

（2016年创新十强，原载于2016年12期《印刷经理人》杂志）

东南文化：植根数字印刷，创意衍生价值

"创意设计"，这是南京东南文化交流有限公司（以下简称东南文化）留给圈里人的普遍印象。

数字印刷专家、台湾布莱特数码科技有限公司董事长殷庆璋就曾在其撰写的《互联网时代的数码印刷连锁店》一书中这样点评："围绕个性化定制、柔性化生产主线，（东南文化）以数字技术为基础，充分发挥数字印刷的优势，向文化、创意、设计等产业链上游延伸发展，同时集成、融合印刷设备、介质、工艺技术等内部价值链，深入挖掘并释放数字技术应用潜力，拓展数字印刷的服务领域，开发多元产品，打造专、精、特、新的企业特色，以此探索和实践印刷企业多元增值的路径和方法。"

东南文化的创意有多棒？它出版过有着数字印刷领域"百科全书"之称的《能印》《能快印》，为南京印刷人创意策划的《金陵印迹》也被誉为"南京印刷百科全书"。它还做了一系列叫好又叫座的文创产品，如《个性化工作月历》、"端午香香侬"创意礼盒、个性化驱蚊香囊。

2015年、2016年连续两年，中印协数字印刷分会理事长、中国印刷技术协会副理事长兼秘书长陈彦在"数字印刷在中国"技术高峰论坛上，用东南文化做案例阐释数字印企的转型模式。

2016年10月1日，"老街徽文化主题邮局"的运行，翻开了东南文化发展的新篇章。邮局坐落在安徽省黄山市屯溪区中心地段的屯溪老街，被称为流动的"清明上河图"，是中国保存最完整、最具有南宋和明清建筑风格的古代街市，老街邮局正位于老街主街中部；为创新邮局的经营方式，让老邮局焕发新活力，东南文化获得黄山市邮政公司授权，对老街邮局进行创新改造，打造徽文化主题邮局。

针对老街邮局，东南文化开发了名为"一信一驿"文创品牌产品，将情感、趣味的主题元素与邮政文化深度结合，植入徽文化符号，为在旅途游吟相思相念的游客提供传达心意的平台和特色寄递服务。目前"一信一驿"产品主要包括邮册、邮票、明信片等邮品及邮政相关服务，纸制品、书籍为主的旅游文创产品以及手机定制类生活用品。

"我们希望通过一段时间的探索，充分利用数字印刷技术，创意研发系列化、定制化、标准化的旅游文创产品，我们命名为'文创产品36记'，为全国近万家图文快印店，探索出一条转型之路。"东南文化带头人孙义如是说。

圈里人习惯称孙义为"孙老师"，这不单是因为其大学老师的身份，更在于他思路活，还乐于和行业同人交流分享。师者，所以传道授业解惑也。

同样，孙义也将客户和市场视为"最好的老师""创意的源泉"。2014年至今，东南文化接待同行、数字印刷上下游、学校师生等超过500人。每次见面，无异于一次头脑风暴，大家都坦诚相见，将自己最新的想法拿出来交流分享。

在和同行交流时，孙义最常强调的一点就是数字快印店在具有"加工服务"属性的同时，更应完善"营销"属性。东南文化的爆款产品"个性化工作月历"（图1）正是在这样的思路下推出的。2014年，秉承"想要送点什么"想法的孙义，将目光瞄准了工作月历，提出"让客户记住你一整年""过好日子"的口号，一做就是3年，成为行业现象。

"'个性化工作月历'其实就是一个引子，快印店将它免费送给顾客，一方面是让客户记住东南文化；另一方面更是提醒客户，我们还可以做许多类似产品，进而将其拉回到快印店的日常业务中。"孙义说道。

"个性化工作月历"的确没有让孙义失望。2014年，他送出了300本，至少卖了2000本；2015年，送了1000本，至少卖了10000本；2016年，计划送出2000本的他，仅为直接客户印制"月历类"产品就有超过30万元的营收。还有客户因工作月历吸引到店消费的其他产品，销售额也非常可观。

图1　东南文化《个性化工作月历》产品

强调印刷"营销属性"的孙义，自己也非常注重产品的营销，发微信朋友圈和公众号推送是他主要采用的方式。"在微信朋友圈里，他希望传达两个信息：爱生活，有心情；爱工作，有激情。公众号的内容则是对产品、观点的深入沉淀，一些朋友圈中不好表达的内容稍加整理，以文章形式发布。"

做创意产品，孙义经常被问到这样的问题："你的工作月历不怕人家模仿吗？""我最近做了个好玩的东西，担心一推出来就被人模仿，怎么办？"对于这个问题，孙义的回答总是很简单：持续创新是自己的机会，分享是个人价值的体现。以"个性化月历"为例，孙义不仅免费赠送个性化月历产品，更以低价向同行提供电子模板及商业模式。

不过，孙义也有烦恼，那就是人才问题。订单来了没人做，也算是一种幸福的烦恼吧。

近两年，在许多场合，孙义都曾反复提及刘强东的"甘蔗理论"。后者将消费品行业的价值链分为创意（创意专卖店）、设计、研发、制造、定价、营销、交易、仓储、配送、售后十个环节，每个环节相当于一节"甘蔗"，其中前5个环节归品牌商，后5个环节则归零售商。"一节甘蔗的长短短期内是可以发生变化的，但长期来说是固定的。当进来的品牌过多时竞争变激烈、利润减少，这节甘蔗就变短了，这种情况下行业又要发生并购整合。"

很多人在这里读出了"产业整合"的重要意义，但孙义却有自己的见解。"相比于苏宁、国美等自己做产品研发、搞生产，京东虽然也在努力'吃掉更多的甘蔗节数'、越变越重，却始终没有离开'零售'领域，这才是真正难得的地方。很多人做着做着，就忘了自己到底是做什么的。你不可能把所有的工作都做了，要时刻清楚自己的重点所在。"因此，孙义说，"东南文化在做任何创新之前，始终会考虑一个问题：我要做的这个事情，和数字印刷有什么关系？"做"个性化工作月历"如此，做"老街邮局"亦如是。

从事数字印刷已8年多的孙义，早已爱上了自己的这份事业，因为他觉得这"符合自己本心的爱好"。"生命的过程，就是寻找自己的过程。数字印刷技术是人类文明发展过程中的新阶段，满足大家彰显自我的个性化需求这个发展趋势，跟着趋势，水到渠成，发展自然好。""小有压力，更多动力，积极探索，渐成自我"，这是孙义对自己的评价。

"有些事越做越有意思，从中找到更多乐趣，这就是坚持、聚焦的好处。做数字印刷是，做工作月历是，做文化创意应该也是，让时间来证明吧"。在2017工作月历的扉页，孙义留下了这样一段话。好的创意经得起时间的检验，也更希望随着时间的推进，更多的好创意能够喷薄而出。

（2016年创新十强，原载于2016年12期《印刷经理人》杂志）

南通名流名片：不断深耕 突出差异

南通是江苏省位于长江北的一座地级城市，虽说也算得上是历史名城，但除江浙沪外的其他省市的人未必了解。南通名流名片公司（以下简称名流名片）于1993年诞生在这样一座有着深厚文化底蕴的城市里。

这几年，在名片印刷圈里，南通名流名片公司已经声名鹊起，知晓者众。名流名片凭借的不是价格低廉，而是每一张名片都各具特色，令人过目不忘。如果说名片的作用就是让人对初识的对象留下清晰而深刻的印象，便于今后交流，那名流名片就做到了这一点。

公司的当家人孙振对名片有着颇为深入的研究，他精于新产品的开发设计，选择合适的纸张，采用最令人印象深刻的加工工艺，击凸、轧凹、镂空、烫金烫银、异型名片，应有尽有（图1）。毫无疑问，出自孙振之手的名片确实有让人眼前一亮的魅力，令人不由得感叹小小的名片居然也能成为具有文化内涵的高技术产品，因此名片业务为企业带来不菲的效益。

据知情者透露，名流名片的生产设备并没有特别先进，因为适用的就是最好的，而越是先进的设备也就意味着投资越大，对小产品来说回收投资反倒是不小的压力。

对于名片，在一般人看来就是日常交流需要的普通产品，小制作，小收入。但孙振完全不这样看，他认为名片是一家企业或个人的对外形象，反映的是一个企业或一个人的文化素养。不相识的客户往往是通过一张名片在记忆中留下最初的印象，因此，名片在这最初的交往中就起到无声传递相关信息的作用，接待方可以因为名片不具特色而纯粹作为礼节性交往顺手就丢在一边，这样，名片就没有起到它应该起的作用。相反，与众不同，与企业性质、特性相伴的名片，或许会因其别致而被客户细细欣赏，甚至放在一个最易抽取的位置，一旦有需要就会第一个想到名片上的对象。为此，围绕着名片印刷，孙振还专门写过两本专著——《名片壹仟》和《名流·名片》，与同行们分享他的经验，这在业内显然也是为数不多的。

图 1　分别采用击凸、烫金、轧凹的特色名片

或许这一切与孙振原本是一名教师有关。他勤于思考，乐于在小天地中通过辛勤耕耘得到收获。对他来说，看到一张张富有新意的产品首先是一种精神享受，而后才是为企业创造出效益。所以，对自己企业新开发的产品，孙振并不保守，他乐意将这些带有新意的产品拿到网上与众人分享，而且详细注明该产品所采用的纸张，所选用的工艺，希望更多的企业也能跟进，创意开发出更多让人心仪的产品。如此做并非是孙振不重视知识产权保护。任何人都知道要开发一个新品并非易事，往往要绞尽脑汁，而成败却在须臾之间。关键是他对自己企业采用的生产工艺有充分的自信，因为有些内在的东西并非一眼可以看穿，一学就能成功，要想成为工匠是需要千锤百炼、岁月积累的。

或许这一切也与孙振曾经在相当长的一段时间里做过特种纸的销售代理有关。深谙各种特种纸性能的他常常在会议上信手拈来，侃侃而谈：需要击凸的名片应该使用木浆成分较高、长纤维的纸张，因为击凸后纸张会有明显拉伸，若纤维短，击凸后的边缘就容易爆口，影响产品的美观度。在烫金烫银上他同样有着不少心得，只要是谈及专业，他往往脱口而出，娓娓道来。

走差异化道路，坚持深耕，做与众不同的名片是孙振在这一领域耕耘的基本理念之一。

如果是普通名片，现在 100 张一盒的名片不到 10 元都可以买到 2 盒，但孙振不希望做这种缺乏内涵的产品，于是他在艺术纸上做挖掘，令公司的名片有别于他人。换句话说，如果消费者只是追求价格最低，那完全不用找名流名片，可以从其他渠道寻找生产企业。反之，如果你要做有特质的名片，那你确实得找孙振，他能根据你企业的特点帮你精心设计，做出最佳方案，在这方面他已经有了二十多年的积累。尽管曲高和寡，但他企业的名片俨然已成为同类产品中的"奢侈品"，优质就得优价，量虽同做普通名片的不能比，但盈利水平可能同样非一般产品所能比。这就是快消品与奢侈品不同的定价原则在名片制作领域的效应。

吸引网店加盟，用他人的销售渠道，达到加盟双方间共赢的效果是孙振崇尚的营销手段，也是名流名片在这一领域耕耘的又一基本理念。

名片是社会需求十分庞大，但进入门槛不高，只要做印刷就可以进入的行当，这个特性意味着专业的名片印刷公司若想凭一己之力在国内开设众多连锁门店，那需要大量投入与日常管理。选择加盟的方式，让社会上众多从事名片印刷或销售纸类产品的企业自愿加入到名流名片的销售渠道，也就意味着把特种名片的印刷业务迅速扩张到了诸多地区，与营销商分享特种名片销售中获得的利润自然是题中之意。名流名片这一通过加盟形式扩大市场的做法还曾在 2004 年被中央电视台生活频道报道过。

"做中国最好的名片"是孙振的愿望，也是激励他持续研发的动力。如果在他起步时，名片还是一项受到众多中小印刷企业重视的基本生产业务，那现在除了通过合版印刷、竭力在降低生产成本上做文章的企业外，很少还有人在这一领域深耕不辍。正因为此，孙振乐于在这一特定领域深耕的精神，"做中国最好的名片"的追求就值得我们肃然起敬，值得我们所有的印刷企业学习。名流名片坚持在某一点上不懈耕耘的精神使他成为这方面的专家，在这一特定领域比别人更有发言权。

乐于深耕是孙振的特点，时至今日，尽管名流名片在名片的设计与制作上已经为业内人士和广大消费者所知，但已经年过花甲的他还没有解甲归田的想法，他感觉自己精力依然旺盛。他也并没有抱着名片这一单一产品就此停顿，相反，根据市场发展需要，他又继续在邀请函等与名片精制工艺相关的领域中继续深耕，而且有了令人刮目的产品。

祝福孙振领导的名流名片能够在艺术名片与关联产品的印刷、加工上取得更多令人瞩目的成绩，一张小小的名片同样可以"让印刷成为荣耀"。

（2016年创新十强，原载于2016年12期《印刷经理人》杂志）

第二章　2017 年

这一年，印刷业遭遇"绿色风暴"，而"狂飙"的纸价，又进一步将印刷企业推向竞争生死场。

老城新传，力嘉传奇

七年，时钟来回，日历翻过。

七年前，力嘉工业城破旧立新，全面向深圳国际创意印刷文化产业园转型升级。

七年后，一座新的力嘉城池又在东莞拔地而起——2017年11月18日，力嘉环保包装印刷产业园开园揭幕仪式暨力嘉国际集团创立47周年庆典活动在"中国环保包装名镇"——东莞市桥头镇举行（图1）。

图1 力嘉环保包装印刷产业园开园揭幕仪式暨力嘉创立47周年庆典

11月18日，马伟武与近千位业内同人共同见证了力嘉翻开历史性的崭新篇章。这位创始人、力嘉的精神领袖已经年逾古稀，岁月在他身上并未留下痕迹，他的万丈雄心一如最初。1970年，马伟武在中国香港特别行政区一个几十平方米的小阁楼创办"力嘉纸品"，他坚信自己即使起步于陋室，也一定会缔造一家伟大的企业。如今，马伟武心中的信念更进一步，他要聚合产业力量，让印刷成为荣耀。

一、从 0 到 1，环保智造园区

从奠基到正式开园，力嘉环保包装印刷产业园仅历时三年。

建园造城，力嘉人驾轻就熟、经验丰富。2010 年开启的深圳国际创意印刷文化产业园创立了成功范本。力嘉文创园区这些年来也一直是业内焦点所在，吸引众多同人参访、取经。

文创园区以印刷为内核，主打文化与创意，以新元素跨界融合改变印刷产业生态。所不同的是，新诞生的环保包装园区，更突出强调实体概念，提振实业信心。以环保、智造为风尚，引领产业变革，重塑印刷包装品牌形象。

11 月 18 日，前来参加开园仪式、共襄盛举的八方来宾，欣然目睹了力嘉新园区的宏伟蓝图。

斥资 6.8 亿元，坐落东莞市桥头镇，力嘉彰示大气魄，区域选择凸显战略格局。桥头镇地处南部沿海发达经济带，位于惠、莞、深、港经济走廊中心。周边有莞深、博深、潮莞、广惠高速公路环绕，番莞高速即将动工，商业物流方便迅捷。尤其值得一提的是，2012 年，桥头镇被中国包装联合会授予"中国环保包装名镇"称号。该镇制定《东莞市桥头镇环保包装产业发展规划（2015～2020）》，正大力引进国内外环保包装产业大项目，打造印刷包装特色支柱产业。

作为东莞市政府唯一认定的环保包装印刷综合性项目，力嘉新园区分两期开发建设，一期园区占地 160 亩，总建筑面积 16.5 万平方米，整体规划涵盖包装印刷、包装设计、艺术设计、创业孵化、标准制定、职业培训、产学研一体化、印刷设备耗材展览展示交易，彻底打通全产业链。

力嘉是拥有近 50 年历史的知名老牌港资企业，其深圳生产基地正全部搬迁至东莞新园区。"最智能化的工厂、最优化的管理运营、最优良的产品与服务。"这是马伟武的目标。

除打造自身环保、智能工厂，建立示范效应外，力嘉正尽最大努力，吸引更多印刷包装同行企业加入园区，抱团发展。"环保、智能引领未来产业发展，力嘉环保包装印刷产业园要实现企业、园区、行业、地方经济多赢发展。"马伟武如是说。园区目前对外提供5栋高标准厂房，共计6万平方米面积出租，为入驻企业量身打造生产区、办公区、会议区、展示区等，配套提供员工公寓、食堂、生活及体育娱乐设施。

二、平台力量，倍增效应

如果只是为入驻企业提供厂房，纯粹做工业地产出租，那是比较低的层面，力嘉进一步思考的是，如何整合服务功能，丰富园区生态，为入园企业创造更多发展空间。按照马伟武的想法，力嘉一定要强调平台理念，构建生态系统，实现倍增效应。

"印刷企业之间的较量，拼到最后，其实硬件装备上的差异会非常小，差就差在综合组织协调和对社会环境的适应能力上。"而这正是力嘉要帮助园区企业突破的地方。力嘉力促桥头镇政府在产业园设立综合服务中心，为入园企业免费提供一站式办证服务，以及专业的法律咨询、税收咨询、融资信贷、高层次人才扶持对接等服务。力嘉也配备了专业班子，尽力帮助在平台安家的企业应对各种棘手难题。以环保为例，目前园区内设置了格林新能源系统及污水处理系统，园区四大中心也被东莞科技局授牌，包括环保包装印刷技术研究中心、环保包装文化创意设计中心、环保包装成果转化及孵化中心、环保包装产品交易展示中心。

伴随着"互联网＋印刷"的火热发展，许多企业希望借助互联网工具，开启线下线上双通道订单模式，争取业务来源最大化。力嘉的创印网经过多年发展，已成长为创意设计印刷资源平台与创意印刷服务平台，为传统印刷企业"触网"带来绝佳机会，"打破传统束缚，借力网络推广，开发全球订单"。

11月18日，近千位与会来宾全方位参观力嘉环保包装印刷产业园，对力嘉各项软实力赞不绝口。园区内的力嘉（东莞）包装印刷博物馆，融古典与现代风格于一体，收藏展品近三百件，由中国印刷博物馆协助提供。馆内集中展示了蔡伦造纸、毕昇活字印刷术、王选激光照排技术等藏品，重点诠释了造纸术与印刷术诞生与发展的悠久历史文化。

苹果树创客空间为面积 2000 平方米的开放性办公空间，设有多样化创客办公区位、数码中心、咖啡厅、阅读角等，数码中心引进全球高端数码印刷设备，可将设计师的想法实时转化成落地产品，力嘉也将在创客空间选取好的创意与产品进行孵化。

力嘉园区，不仅仅是一个物理园区，还要成为名副其实的业界交流平台。新技术的发布会、研讨会，行业协会、商会的常规会议，国际性的学术会议、论坛等都可以在这里召开，一年 365 天不落幕，为同行朋友们提供一个固定的聚会场所，这是马伟武的初衷。交流所转化的价值最终也将惠及园区内的每一家企业。

打造鲜活、立体的园区，力嘉未来扮演的角色会越来越多，比如聚合印刷设备销售、展示、培训、贮存、维修、办公的多功能展销角色；统一采购、分摊综合成本的生产辅助平台角色；帮助企业解决资金等各种社会资源的孵化器角色；促进企业提高销售、实现电子商务和信息自动化管理的企业顾问角色；帮助企业获得人才补给、帮助劳动者找到职业发展空间的人力资源服务角色……力嘉开创产业园区建设全新模式。

凡是过往，皆为序章。快 50 岁的力嘉永远站在新的创业、创新起点上，期待它谱写下一个精彩传奇。

（2017 年创新十强，原载于 2017 年 12 期《印刷经理人》杂志）

兴艺印刷：数字化的正确打开方式

广东江门，两山隔江，相对如门，在这里，制造企业星罗棋布。

作为江门五邑地区规模最大、设备最先进、第一家实现数字化印刷的民营企业，广东兴艺数字印刷股份有限公司（以下简称兴艺印刷）的生产车间正在利用数字化生产线，应对全线飘红的客户订单。

提起兴艺印刷，可能业内鲜有人知晓。然而这家低调的企业，却在二十余年间，把印刷包装玩出了万千花样，从一个不到20人的小作坊变成连续三年营业额保持30%以上增长、服务于众多世界500强企业、产品与口碑俱佳的明星级企业。

在总经理黄真看来，推动公司发展的主要是一种名为"数字化"的力量。"大树枝繁叶茂，源自根基深厚。传统制造业转型升级，不仅要横向谋未来，还必须纵向挖掘效益。'数字'二字并非代表印刷方式，它真正的含义不仅代表了兴艺人对未来方向的构思，即实现印刷从标准到流程到经营管理模式的数字化，更要成为兴艺印刷不断制胜进取的有力武器。"为此，这家地地道道的胶印包装印刷企业，更是在企业名字中着重突出了"数字"二字。

不久前，麦肯锡全球研究院（MGI）发布的最新报告《数字时代的中国：打造具有全球竞争力的新经济》称，数字化浪潮已经到来，预计到2030年，或为行业转变并创造10%～45%不等的总收入，并提升中国企业的全球竞争力。

数字化将改变世界，但前提是需要找到正确的打开方式。很显然，兴艺人已然深谙其道。

兴艺印刷在色彩管理方面早已走在行业前沿，不仅能够实现数码打样模拟专色，还能够在白板纸上实现增色。如今，作为行业内为数不多的具有数字化色彩控制系统的传统印刷企业，兴艺印刷正在努力打破一条传统印刷厂的"不成文规定"——印厂打样完成后，客户要签样。这本是印厂规范印刷颜色标准的普通流程，但在兴艺印刷则被认为是件"不太正常"的事。

"客户签样，责任被转移到客户方，客户的权益如何受到保护？怎样令客户的客户满意？"从黄真抛出的问题中，不难看出客户在兴艺人心中的地位。"鉴于色彩管理系统不能做到完全的'所见即所得'，这时如果有一套标准能通过数字化的方式告诉我色彩是合格的，那它的可信度将大大提高。"黄真说道。为此，兴艺印刷推出了数字化控制系统，将印前和印刷工序实现数据化，不仅提高了色彩准确度，增加了客户的满意程度，还帮助公司提高了生产效率，带来了更多的附加值。

不仅如此，兴艺印刷还希望在生产流程上打造"透明厨房"。"无论我们在多豪华的包间吃饭，都更加希望了解饭菜的制作过程。饭菜没到时，我们最想知道的是它做到哪一步了。如果包间里有一个屏幕，能让我们看到整个后台所有炒菜、购买、配送的过程，我们就更安心了。"黄真以此类比，希望兴艺印刷能够实现订单从客户下单到每个生产环节的透明化、可视化。

有了目标，兴艺印刷便开始一步步布局，从购买软件，到组建自己的 IT 部门，再到与软件企业合作共同开发定制版本的企业系统，最终兴艺印刷将自己的管理思想与数字化信息技术完美结合，形成了自己的数字化管理系统。

通过对每个环节的跟踪监控，确保公司产品能够高质量且准确无误送达指定客户，必要时还可通过为客户提供有效的建议避免出现订单暴增导致的不稳定情况，如此一来，客户的信任度和满意度大大提高了。此外，数字化管理系统还可以为公司提供分析依据，"比如公司这个月盈利是哪些客户、哪些订单，甚至是哪些产品贡献的，订单的盈利情况如何，均可通过数字化方式了然于胸"。

兴艺印刷的管理似乎也更加高效。如今兴艺印刷工厂内已经没有文员，曾经的手写报表、上传 EXCEL 表计算工资也早已被系统自动生成所有工资后台数据所替代。依托于信息化平台的透明的数据管理，工厂 Wi-Fi 全覆盖的兴艺印刷建立起整个工厂的闭环，一部手机管一个工厂已不只是说说而已，兴艺印刷的任何一位工作人员通过一部联网的手机都可随时清楚地知道下一步的产品流向，所有计件工资数字化，并和绩效考核有机结合，所有数据均从系统上输入和输出，实现了动态性和实时性。

数字化为技术变革引入创新基因，而对数字化转型的探索离不开兴艺印刷对技术创新和研发的高度重视。兴艺印刷的董事长黄健权就是一个十足的"技术迷"，骨子里热爱技术的他对技术工艺的追求可以说是到了痴迷的地步，对公司的技术研发创新更是全力支持。据统计，2016 年兴艺印刷的研发资金投入总量高达 675.11 万元，占 2016 年销售额的 4.37%。2017 年的研发资金投入更是超过了 1000 万元。

持续不断的技术创新和数字化转型探索不仅令兴艺印刷在研究成果转化方面成绩斐然，随着科研成果不断转化成生产力，这些有益的实践还为企业带来了实实在在的效益。2017 年在人员保持不变的情况下，公司产值增加 30%。在材料价格较为波动的环境下，兴艺印刷 2017 年营业额同期增长 36% 左右，净利润大幅增加，同时内部团队也成功应对了高速增长带来的挑战。这些成绩的取得，数字化功不可没。

2017 年，兴艺印刷迎来了获批登陆新三板的好消息。对此，黄真保持了一贯的"淡定"，"登陆新三板并不是我们的目标，而是通过新三板规范公司管理，完善制度，优化流程。希望通过资本市场的学习实现更高的发展"。或许正像其所说，对于兴艺印刷，这只是一个开始。相信未来他们也将继续怀着这样"朴素"的心态，立足敬业，踏踏实实，走好兴艺印刷的每一步。

（2017 年创新十强，原载于 2017 年 12 期《印刷经理人》杂志）

上海烟印：技术创新提升核心竞争能力

上海烟草包装印刷有限公司（以下简称上海烟印）成立于1929年，原为英美烟草公司投资建立的"英美烟草企业华盛路印刷厂"，1955年更名为上海烟草工业印刷厂，2008年更名改制为上海烟草包装印刷有限公司，现为上海烟草集团配套生产企业。

上海烟印长期从事以卷烟商标为主的包装印刷生产，是国内最早专业生产烟标的印刷企业，而后为了把握市场机遇、练好内功，上海烟印又相继开拓了诸多社会知名品牌包装产品的印刷生产业务，在业内享有盛名。经过80多年的发展，上海烟印已建设成为功能齐全、技术领先的现代化大型包装印刷联合企业，并凭借企业核心的设计、研发、生产能力，被上海市高新技术企业委员会认定为"上海市高新技术企业"，企业技术中心被上海市授予"市级技术中心"，被国家烟草专卖局认定为"行业级企业技术中心"。

随着时代的进步，印刷行业在加速发展的趋势下已迈向了绿色化、数字化、智能化，新兴技术层出不穷，新的商业模式不断涌现，新的政策法规接踵而至，这些日新月异的变化无不冲击着传统印刷产业的发展。如何更好地适应行业发展新形势、新要求？如何在改革发展的浪潮中站稳脚跟，赢得一席之地？正所谓识大势者赢得先机，上海烟印作为一家传统的国有印刷企业，面对行业当前的发展形势，审时度势、找准定位、创新思变，通过不断加快企业技术创新体系、服务营销体系和精益管理体系的建设，推动企业创新转型、加速发展。

加速技术创新体系建设，提升核心竞争能力。上海烟印加快完善企业创新体系建设，发挥创新对集团品牌发展和企业市场转型的双重支撑作用。在创意设计上，导入精益设计理念，提升系统设计能力；优化产品设计项目运行模式，满足烟标、社会产品及企业自有品牌"恋香喜遇"婚庆伴手礼产品的设计需求；通过建立对外合作机制，扩大对社会创意资源的利用，不断丰富自身设计储备；通过建立烟标产品工艺成熟度评价方法，持续提升产品的印刷适性。在工艺技术上，加强包装印刷技术信息管理，建立前沿技术应用分析转化机制；大力推进与供应方的战略合作，开展前沿技术的复制应用和原创性技术研发，提升新材料、新工艺、新技术的研发速度和成果质量；契合行业发展主旋律，不断深化绿色印刷技术研究，促进节能减排。在产品安全性研究上，持续推进卷烟包装印刷标准研究室的建设，努力达到CNAS化学实验室认可要求；构建产品质量安全标准体系框架，不断优化原辅材料的检测方法，提升产品质量安全系数。

升级服务营销管理内涵，提升市场开拓能力。上海烟印积极应对市场变化，结合市场需求和企业自身优势，聚焦多元发展的定位，深入拓展业外市场，实现了目标客户的精准定位，优化了企业的业务结构；实时跟踪烟标市场需求，开展设计和工艺技术方案推介，加大了省外中烟市场的拓展力度；创建了以礼品纸包装为载体的自有品牌"恋香喜遇"，通过深化目标市场需求分析，形成了品牌发展规划，并建立了多渠道的营销模式，逐步打开目标市场大门，获取新的经济增长点。

推进精益管理体系建设，提升综合运营能力。上海烟印大力推进以成本管理为核心的精益管理体系建设，将精益管理工作渗透到企业运营的各个环节。通过推进精益生产管理，深化精益管控项目建设，打造智能模拟排产系统，优化了企业生产计划管理；强化生产资源预警预测，实施周期产能布局调控，促进了企业的均衡生产；建立供应商互联网络信息平台，实现了生产资源一体化信息管控；挖潜生产大数据价值，实现了对设备综合效率损失点的分析改进应用。通过推进精益质量管理，健全产品质量分析改进机制，优化产品质量风险的控制方法；推进外发加工单位同质化管理，建立主要原材料供方授权检验方案，提高供方质量的保障能力。通过推进精益设备管理，完成了主要生产设备的技术升级；深化TnPM精益维护和设备全要素管理，建立了主要生产专用设备点检可视化手册、深度清洁标准和维修模型，充分发挥了设备的保障作用。

　　创新发展乃当前大势所趋，是主动应势而动，还是被动顺势而为，取决于企业的创新意识和实践能力。上海烟印把行业形势压力转化为创新实践的动力，不断提升企业管理能力，练好内功，使企业在创新转型的道路上走得更稳健，更有底气。

　　（2017年创新十强，原载于2017年12期《印刷经理人》杂志）

翔港科技：智能制造　向科技创新转型

2017年10月16日，上海翔港包装科技股份有限公司（以下简称翔港科技）（证券代码：603499）在上海证券交易所隆重举行首发A股挂牌上市仪式。翔港科技主营业务为彩盒、标签等相关包装印刷产品的研发、生产和销售，主要为日化、食品生产企业提供一体化的包装印刷服务。

如今在激烈竞争中，传统制造业旧模式已走到尽头，制造升级、转型发展才是企业重夺竞争、支撑经济持续发展新路径。未来企业的发展核心是智能制造，以智能制造为核心的时代已经来临，推进智能制造，是企业发展的必由之路。翔港科技作为一家制造企业，如何在激烈的市场竞争环境下提高企业的竞争力，其通过两个方面的转型实现。

一、积极推进企业内部信息化与工业化融合，实现"智能制造"

秉承着"包装让生活更美好"的企业使命，公司通过内部流程升级改造来提高生产服务品质和企业竞争能力。翔港科技将智能的物流装备、先进的工业机器人技术、智能物流执行系统WES引入公司，完成公司内部流程的改造。

1. 可"变形"的堆垛机

灵动型指式货叉堆垛机，该堆垛机可以通过控制系统自动调整货叉实现库房快速、兼容多种尺寸货物存取需求。该立体仓库可以同时兼容多种尺寸托盘，节省空间并极大提高存取货效率。

2. 物流搬运车

物流搬运车能够根据每台印刷机的生产需求，将自动仓库中取下来的纸张运送到对应的印刷平台。

3. 机器人智能分拣码垛系统

机器人智能码垛系统通过信息识别，自动读取产品、产品尺寸、产品重量等相关信息，根据当前产品或订单生产情况，动态调整码垛通道实现产品智能分拣，相对应通道生产最优化的码垛方案，通过视觉系统进行辅助校验，实现灵活的动态分拣与码垛需要。

基于物联网模式架构的现代化生产车间内，先进的生产设备与柔性物流系统无缝对接，有效减少人工作业。通过 M2M 技术的应用，实现快速高效的物料运转，生产效率大幅提高。通过 WES 智能物流执行系统，有效解决工厂内部信息孤岛，实现内部物流系统和资源智能调控，各生产作业区物流有序运转，减少物流业务中断时间，避免物流盲区，产品全过程追溯可控，订单履行更加透明，工厂更加敏捷、高效。

二、互联网＋包装，通过互联网技术与包装的结合，实现产品附加值的提高

翔港科技将二维码与包装结合，开发智能包装追溯系统平台。

智能包装追溯系统平台是利用本单位在自身生产过程中形成的可变二维码技术，进一步结合相关技术在其他行业和领域的多元化和拓展性应用，包括如下几个模块。

1. 生产管理：产品在生产线末端进行分类别打码，然后通过读取设备将产品的二维码信息录入系统，通过产生虚拟托盘号将箱与垛进行关联，方便出入库。

2. 仓库管理：箱与垛已经关联，入库时只需扫描垛上的一个二维码便可将整垛信息入库，同时在出库时扫描一个二维码可将整垛信息出库。

3. 经销商管理：直接对地区的经销商管理，在出库时将经销商信息绑定到相应的二维码上。

4. 系统管理：后台系统可以进行人员管理、产品出库单管理、经销商管理、查询管理。

通过整个系统，公司可以有效地管理产品，统计各区域销售数量，有利

于定向地了解消费者需求。

该系统平台将帮助企业更实时、高效、准确、可靠实现供应链、生产过程、销售过程和质量的监督管理。该系统平台结合最新的二维码自动识别技术、序列号管理思想、条码设备（条码打印机、条码阅读器、数据采集器等）及大数据、物联网技术将有效地收集管理对象在生产和物流作业环节的相关信息数据，跟踪管理对象在其生命周期中流转运动的全过程，使企业能够实现对采、销、生产中物资的追踪监控、产品质量追溯、销售窜货追踪、仓库自动化管理、生产现场管理和质量管理等目标。

"互联网+包装"使包装具有了互联网属性，这样智能包装就能够更好地帮助企业提升形象、提高品牌价值（图1）。同时，企业能够充分利用包装的信息价值。通过企业的创新转型，企业的效率有了明显的提高、产品质量有了明显提升、企业成本有了明显的下降，从而提高了企业的效益。

图 1 翔港科技的智能包装产品

翔港科技成功挂牌上市，为翔港提供了更广阔的发展平台和机遇，公司以此为契机，不断提升自身的智能化、信息化、自动化水平，通过坚持不懈的努力，为股东、客户及公司员工创造更大的价值，为国家和民族工业发展贡献更大的力量。

（2017年创新十强，原载于2017年12期《印刷经理人》杂志）

艾录："智能"启航

上海艾录包装股份有限公司（以下简称艾录股份）成立于 2006 年，为高新技术企业。艾录股份专注为世界 500 强企业和国内优质客户提供最专业的"一体化包装整体解决方案"，已发展成为纸袋包装细分行业的领军企业。公司致力于粉体机器人智能灌装系统设备以及配套使用的节能环保纸包装产品、高分子新型材料包装产品的研发、设计、制作、服务。

艾录股份以纸包装产品的生产为依托，根据客户需求提供包装产品研发、设计、包装方案优化等多方位的包装整体解决方案。主要产品为智能灌装系统、环保纸袋、高端塑料制品。作为行业优秀企业，产品生产技术在国内外处于领先水平，公司始终重视技术研发和产品的创新，近几年技术研发投入逐步加大，截至 2017 年 6 月 30 日，已经获得技术专利 72 项，其中发明专利 12 项，被评为上海名牌、上海市著名商标等。

智能包装基于互联网和大数据技术，改造包装生产系统及关注客户个性化需求，将大规模生产制造转变为大规模产品定制。来自不同行业的不同用户可以进行个性化定制，工厂根据用户需求进行精准生产。可利用云端存储、云计算、大数据分析等技术，带领产品进入智能化生产。下单完成后，用户可通过订单号，用电脑、手机 App 等实时观看定制产品的在线生产过程，随时掌握产品执行动态，实现了全流程可视化。追踪到智能验货等自动化流程，提升产品的附加价值，从而构建新型商业模式。在包装产品个性化、高端化需求推动下，艾录股份对生产流水线系统进行全面升级改造，所有的关键设备都是从德国 W&H 进口的，几百人可以完成原需几千人才能完成的工作量，工厂内的高效生产场景就是例证。公司积极倡导生产过程信息化、集约化管控，全力推进工厂物联网；通过云平台，对原料进行管理；通过交互式下单与智能制造管理，对订单与生产进行管理；通过智能仓储与智慧物流配送服务，对车辆运输进行管理，提高包装效率。

艾录股份通过智能工厂的建设将减少公司的原纸库存，减少备货量，加快成品的出货速度，从而大量节约流动资金，实现资源生产率最大化。此外，智能化生产还能在生产期间对资源和能源消耗进行持续优化，减少污染物排放量，从而实现整体价值优化。

大数据背后是行业标准化的跟进，行业标准、企业标准、生产工艺标准、原材料标准、产品规格标准、产品印刷标准等直接影响行业的发展，企业效益、产品质量受到影响，间接的社会经济损失无法预计。近年来，艾录股份以 ISO9001、ISO14001、OHSAS18000、HACCP 食品安全管理体系为基础，建立了以卓越绩效管理模式为框架，整合质量管理、环境管理、职业健康安全等，采用多种方法进行改进与创新，提升了企业的绩效和核心竞争力。

艾录股份高度重视团队建设，全面部署高精尖人才，始终秉承着人才优先战略和"积极打造人才高地"的核心理念。实施创新型人才推进计划，加强人才培养，提升人才整体素质。只有注重员工技能与价值上的提升，才能真正促进员工与企业携手相伴共同成长。

未来，艾录股份将大力实施智能化改造和制造业与互联网融合发展计划，以全面推进智能制造为主攻方向，以智能工厂建设为重点，围绕"设备互联、数据互换、过程互动、产业互融"等，加快智能化改造。

2011 年，艾录股份通过大胆引进德国自动化制袋大型流水线，结合大量研发投入，成功转型经营模式，并通过示范作用，带动行业整体进步和积极转型；2014 年 8 月艾录股份成功挂牌新三板，并成为数千家新三板企业中的明星企业；2015 年 4 月，成功收购智能化机器人灌装系统设备公司，实现了包装设备制造和纸袋制造的完美结合，彻底解决了包装行业的缺点，成为中国唯一的"一体化包装整体解决方案"供应商；2016 年 8 月艾录三期智慧工厂正式落成，进一步实现以"工业 4.0"为战略核心的智能包装格局。

（2017 年创新十强，原载于 2017 年 12 期《印刷经理人》杂志）

"另类"恒泽

在国内标签印刷领域，有这样一家另类企业。

它不走低价竞争路线，更愿意尝试一条"别人不愿走的路"，每年因创新而增加的成本高出同类企业 20%～30%；它与品牌商走得很近，在近两年夺人眼球、获得爆炸式流量和口碑的味全每日 C 定制包装，就有它的营销智慧在其中；它将惠普 Indigo 设备在彩色印刷领域运用得风生水起，惠普公司 Indigo/PWP 数字印刷中国及中国香港特别行政区总经理李鹏曾评价它是"提供了新的方法论，不要用低价去匍匐于客户，要用很牛的创意去征服你的客户，再和你的客户一起去征服这个时代的年轻人"。

它，就是上海恒泽印务有限公司（以下简称恒泽印务）。

探究这一创新样本的成功秘籍，我们准备了几个小问题，请公司总经理李勇解答。

一、如何解读恒泽印务的"独树一帜"？

在李勇看来，主要是理念差异。

恒泽印务成立于 2001 年，公司创立伊始就定位高端，70% 左右的订单来自日本、美国等地。这些客户帮助恒泽完成了对标签行业的"启蒙教育"，让这家企业对标签有了更为超前的理解。这种影响一直持续到今天，而且也将一直持续下去。

标签是有"保质期"的。在与日本客户合作中，李勇了解到，日本的快消品讲究"货架效应"，而影响"货架效应"的关键因素则是产品包装。如果产品放在货架 7 天没有卖掉，就要更换包装重新上架。这样也就不难理解，为什么日本所有的超市，哪怕是最小的便利店，商品都可以用琳琅满目来形容。

将标签做成艺术品，可行吗？"中国的标签，时常像说明书一样枯燥；但是日本的标签上，却不会有很多说明文字。他们还曾经将中国古老的传统民间艺术窗花应用到洗发水标签上去。"李勇感叹。

李勇一直感念客户对自己的影响。"我的客户跟我讲过一句话，客户和供应商的关系，不仅是甲方和乙方的关系。供应商都是客户培养出来的，客户的消费习惯也是被供应商培养出来的。要珍视那些愿意把你放在供应链中的客户，因为他视你为永久伙伴。"

古诗有云，"曾经沧海难为水，除却巫山不是云"，李勇对于恒泽印务的发展规划的确立似乎也与此类似。在优质客户的引导与合作中，在见识到、参与到精品的生产后，恒泽印务形成了自己的发展理念——向高端看齐，以最快的速度回应市场，向最多创新迈进，也要做得"不那么一样"。

二、包装创新，企业所欲也；成本控制，亦企业所欲也。恒泽印务如何说服品牌供应商，愿意为包装创新买单呢？

"成本，不是这么算的。只比价格、不比性能，这种做法意义不大。"李勇说道。

如今，印刷包装作为产品外衣，成为品牌与消费者之间最不可或缺、最重要的连接触点。包装是产品的流量与数据入口，它是内容表达，是情感载体，它的作用过去并没有得到应有的重视。利用印刷技术放大印刷品在创意、创新方面的腾挪空间，放大印刷品在新时代前所未有的"连接"价值，让品牌商愿意为这样的价值买单，确是大势所趋。

"品牌客户最关心的，不是包装价格贵贱与否，而是包装后能给品牌带来什么。如果成本能够带来收益，那么这些成本的花费就是值得的。比如说大家熟知的味全，2017年，味全在没有调整产品、没有增加营销费用的情况下，仅通过包装创新这一个方法，就实现了40%的销量增长。如果能够获得这样的收益，企业何乐而不为呢？"

相反，李勇认为，如果先提高价格，无形中就会将产品局限起来，所有的内容要在这个定价中做，产品质量等关键要素或许会大打折扣。

所以，恒泽印务从来没有刻意去说服客户为包装创新买单。公司将样品打出，免费提供给客户，征求其尝试意愿。报价往往是最后一步，"我们会在报价单上明确写出，材质是什么，油墨是什么，工时要多少。这个价格我报得踏实，客户看得也踏实"。

三、根深才能叶茂，支撑恒泽印务创新活力四射的重要力量有哪些？

品质与服务，被李勇视为恒泽印务翱翔标签市场的"两翼"。

为确保产品质量，公司在软硬件投入上都不遗余力。恒泽印务拥有多台世界领先的印前、印刷生产设备，并能完成胶印、凸印、柔印、丝印及数码印刷等多种印刷方式，重视环保，积极推行绿色印刷，通过ISO国家质量体系、UL、SGS、QS等多项认证。公司每个月还会针对生产人员组织两次培训，培训期间脱产，由主管领导对员工的现场讲解，小到车间的清洁卫生，大到专业技术，方方面面都有涉及。

李勇说自己从未将恒泽印务当作"制造工厂"来经营，他致力于将其打造成"服务型企业"。因为他坚信，不论从事哪个行业、哪个领域，企业都必须要有服务精神。因此，在恒泽印务，客户所有的要求，合理的全力满足，不合理的尽量满足。

2014年，恒泽印务一批发往美国、价值10万美元的大订单遭到客户投诉。当客户焦急地第一时间从美国赶到恒泽工厂时，却震惊地发现，第二批货已经在机器上生产，当天晚上即可再次发货。"我们很少让客户挑毛病。出了错，首先不会去沟通如何处理问题产品，或者剖析责任归属，而是马上生产一批新货保证供应。"事实上，这批订单的问题根源，是胶水不过关造成的标签与瓶体脱离，但李勇说，"在我的心中，我的客户有着至高无上的地位，解决问题最关键"。

如今39岁的李勇，从事标签印刷已将近20年。基本全年无休的他，自称"将全部青春贡献给了这个行业"。恒泽印务的成绩也是有目共睹。加上后勤人员，一共只有49人的企业，一年的营业额达到7000万~8000万元，这样143万~163万元的年人均产值，在行业里也是响当当的。

李勇喜欢看书，爱思考，经常能在阅读中发现一些创新应用的好点子，因而也乐此不疲。2017 年，恒泽又持续开发了味全包装的新产品，引入 AR 技术，还为保险公司制定个性化保单，与母婴品牌合作推广新包装。虽然一个完美的产品，一定是经过了很漫长的开发与尝试，甚至最终成功者寥寥，但颠覆传统，应该是我们每一位印刷人的努力方向。

（2017 年创新十强，原载于 2017 年 12 期《印刷经理人》杂志）

豪格防伪：一家标签印刷企业的"创新范儿"

岁末年初，一套"会变色""能隐身"的中国建设银行"狗年压岁金"进入人们视野。这套为小朋友专门定制的黄金压岁钱上面印有在银幕上非常火爆的动画电影《爱宠大机密》中的四只小狗——麦克、啾啾、大毛、李傲。压岁金上烟花绚烂，五彩斑斓；用太阳光或紫光灯照一照，小狗的衣服就会变色；白天吸收了强光，夜晚黑暗环境中，还能发现隐藏的小狗和灯笼；由猫眼工艺打造的门镜式效果，让小朋友们可以探索压岁金上的秘密，不但好看而且好玩。

实现"狗年压岁金"梦幻起舞的，是标签印刷领域知名的温州豪格防伪科技有限公司（以下简称豪格防伪），这也是豪格防伪与中国建设银行连续第三年合作。从第一年的激光全息定位工艺，到第二年的温变防伪工艺，再到如今的光变工艺，压岁金销量逐年上升，豪格防伪技术也在持续迭代。

年年不同，岁岁创新，在豪格防伪创始人张献藏看来，这就是公司一路走来坚持的主旋律。

一、新产品，开发！再开发！

张献藏是浙江省苍南县金乡人，在创立豪格防伪之前，他曾先后办过设计工作室和印刷厂，商海沉浮中，也深刻感受到传统印刷业同质化竞争之烈和价格战之苦。

2011年，张献藏启用两年前注册的"豪格防伪"企业名称，引进数字印刷机等设备，在彼时刚刚萌芽的可变数据防伪标签市场惊险起跳，获得了成功，成为该领域少数先行者之一。

张献藏将新产品开发视为豪格防伪创新的主力，称其为"企业生存发展的核心战略之一""企业发展源源不绝的动力"。而纵观豪格防伪的产品创新，一方面依托于过硬的技术工艺，另一方面则依赖于对市场需求的敏锐把握。

这家公司现有 HP Indigo 数字印刷机、间歇式胶印机、多功能组合轮转柔印机、双色丝印机、卫星式轮转机等多种印刷设备二十余台，并带有多种印后装饰工艺。将不同防伪工艺排列组合的"组合印刷"，堪称豪格防伪的秘密武器。

2015 年 9 月 29 日，张献藏站上"2014 世界标签大奖优中选优"颁奖活动领奖台。公司印制的古越龙山防伪标签荣获 2014 年世界标签大奖赛"组合印刷类"大奖。该标签结合凸印、柔印和数字印刷，运用纽索团花、防伪暗记、手感防伪和彩色可变二维码与隐形可变码对应，再加纳米颗粒防伪，背面揭开留底对应正面的号码，结合后道印刷工艺，具有个性化多重防伪的独特性，不易被复制与仿冒。可以说，以其为代表的豪格防伪工艺和设计水平，达到了世界一流水准。

更为重要的是，豪格防伪的创新并不盲目。在张献藏看来，只有基于市场需求的创新才有效。

此前，豪格防伪研发人员发现，传统扫码查询以文字显示防伪信息的方式不适应快节奏的现代生活。为此，他们研发出一款二维码语音防伪标签，利用智能手机扫描二维码，既可以得到文字信息，又能够听到语音播报，新奇有趣。为增加产品亮点，豪格防伪又将二维码升级为彩色视觉码、揭开留底塑膜防伪标签，同时根据客户需求增加光栅隐形防伪、全息刮开式等工艺及 AR 技术应用（图 1），防止标签二次使用。这些组合防伪标签，既叫好又叫座，在深受市场欢迎的同时，也得到了业界的认可，云南白药、白云边、泸州老窖等企业均采用这一新产品。

有主动出击，也有理性放弃。2013～2014 年，豪格防伪注册了 12 种产品专利，经过几年市场洗礼和技术更新，缩减至"多层可变防伪标签""塑膜可变防伪标签""三层揭开留底式防伪标签""纳米可变全息防伪标签"等 9 种，部分销量不"靓"的产品专利被予以放弃。

图 1　豪格隐形防伪标签应用

持续的技术更新和产品迭代，让豪格防伪跻身于国内一流防伪标签企业之列。也正是如此，豪格防伪才得以与国际防伪标签巨头 CCL 公司同分一杯羹，共同为云南白药生产防伪标签。另外，卡夫、蒙牛、光明、国家电网、百事可乐、工商银行、农业银行、中粮集团等都成为豪格防伪的客户。

二、巧借外力，合作！再合作！

在豪格防伪近年众多亮眼的产品中，防伪溯源标签无疑是最闪耀的一个。这一产品的成功问世，则是豪格防伪跨界合作借用创新外力的结果。

防伪溯源标签背后是互联网大数据技术。豪格防伪架设专业网站，帮助客户建立防伪数据库，以便于终端用户查询真伪，并投入大量资金建立自有服务器平台，以确保客户数据安全。

说到数据平台的顺利建立，还要得益于张献藏此前的一次跨界投资行为。因为机缘巧合，他在几年前曾经资助过几个执着于数据平台研发的自主创业大学生，他们在江西九江的公司几经挫折，终于成为该领域的黑马，异军突起。而今，这家数据公司成为豪格防伪跨界合作的伙伴，一起从零做起，奋力探索，终成现有格局。

虽然大数据标签是一片宽广的市场，但印刷企业进行数字化转型普遍面临的人才难觅、团队难建问题。豪格防伪通过跨界合作，引入外部创新力量，很好地解决了这个难题，顺利开启了拥抱互联网之旅。

2017年，上海豪格防伪技术有限公司成立，再次扩大了豪格防伪的市场版图和业界影响力。如今，豪格防伪设在温州的老厂和上海的新厂，仍专注于可变数据防伪标签和智能标签生产；参股的九江公司则从事软件开发和技术研发，专门开发用于营销和防伪等用途的数据系统平台。有了互联网大数据公司的技术赋能，防伪标签的功能更为强大，终端客户所需要的防伪、溯源、智能物流和大数据营销等服务，从系统开发到标签印刷，都可以在豪格防伪得到一条龙式的全方位服务。

持续的技术更新和产品迭代，让豪格防伪在市场上如鱼得水，牢牢抓住客户的心。出身设计专业的张献藏有一些完美主义，做任何事都喜欢追求极致。据说针对客户提供的一个样品，豪格防伪常常至少给出五个不同方案，张献藏说自己是"把产品当成作品来做"。这位温州市印刷行业"名师名家"、高级印刷工艺师，在工作上追求极致，精益求精，用时下流行的话讲，他自带工匠精神体质。作为企业的掌舵人，他将这种可贵的精神带入企业，让其成为企业创新的推动力，对每一种工艺精雕细琢，对每一个细节一丝不苟，对每一片未知领域积极探索，最终实现产品的提升、改进乃至再创造。

张献藏的目标很明确，"我们不求在企业规模上做多大，但是一定要做专做精，把豪格防伪做成中国防伪标签的标杆企业！"成为"标杆"不易，但显然，努力摆脱价格红海、以创新打造产品差异的豪格防伪，已然找到了属于自己的发展路径，未来可期。

（2017年创新十强，原载于2017年12期《印刷经理人》杂志）

鲁信天一：将精致做到极致

在新一轮国企改革提质增效成为潮流的当今，鲜有人知道，其实早在十多年前，山东鲁信天一印务有限公司（以下简称鲁信天一）董事长朱立和便已是国企改革的先锋。

成立于1995年的鲁信天一是山东省鲁信投资控股集团的控股企业，主要从事医药包装盒及说明书的印刷加工业务，一直以专业、质量稳定在业内著称。经过十多年的改革，公司年销售额从2004年的7000余万元逐渐增长为现在的3亿元。在董事长朱立和看来，公司取得的成绩离不开"精致"二字，不仅要在公司内部做到精细化管理，在专业领域也要精耕细作。

一、善管理，薪酬激励提效率

以现代企业管理理论为指导，结合国企传统的管理精髓，朱立和在鲁信天一设置了一套独特的用人及考评体系，它是日后被评为山东省企业管理现代化创新成果一等奖的创新制度，同时也是公司每一个员工工作动力的来源。这套体系，就是朱立和引以为傲的"劳动积分竞赛和绩效考核激励体系"。

遇事推诿、执行力差是运转速度慢的公司的通病，实施这套管理体系之前的鲁信天一也受这些"病痛"折磨。去病得除根，接手鲁信天一的朱立和希望从根源上解决效率低下问题。将"一切围绕生产、销售服务，以产品工艺路线为主干"作为准则，以"销售是龙头，生产是龙尾"作为理念，"劳动积分竞赛和绩效考核激励体系"明确各部门在工艺路径中的责任，同时也确保前端为后端创造基本条件，后端保证前端的要求。

销售公司和印刷车间成为精细化改革的排头兵，从2004年12月最早开始实施这套管理体系。在部门考核上，按工艺链进行，以横向考核为主，纵向考核为辅的考核方式。不同于以往上级考核下级、一刀切的考核模式，改革后的鲁信天一，各个部门互相考核；以部门为区分，将考核指标量化到具体环节上。当每一个人都按分工处于考核和被考核的链条中，当工作效率与绩效挂钩时，员工的工作主动性和及时性也大大提高，部门之间相互推诿的现象也大大减少了。

调动员工积极性的另一把金钥匙是实行"劳动积分竞赛"，实行月积年累和争星挂钩，日积月累同工资挂钩。"制度设计的初衷绝对不是约束人、为难人，而是要激发人性中的善，挖掘人的潜能。"

动态、量化、相对公平、团队精神、突出自我管理是员工考核的五个主要方面，也是朱立和这一观点的具体落实。做到激励要及时有效，每月、每季度都可重新洗牌的"动态"；科学、客观、可视的"量化"；兼顾效率的"公平"；集体协作意识，一荣俱荣，一损俱损的"团队精神"；跳出思维局限，实现自我突破，不断创新的"突出自我管理"。当五个指标聚合而成一个拳头时，朱立和心中打击懈怠拖延、激发员工能动性的系列组合拳才能拳拳击中，也才能强而有力。

"在这里，员工没有身份之分，人人平等。岗位与特长吻合，分配看贡献，提拔看综合素质水平。不管员工来自何方，只要进了公司大门，大家就在同一起跑线上，为了实现梦想而展现自己的人生。"鲁信天一的星级员工光荣榜上，镌刻着这样一段话。

当员工将公司作为实现梦想的地方时，那也正是朱立和与他的鲁信天一实现自己企业梦想的时刻。

二、注专业，行业深耕做最优

如果说先进的管理理念让鲁信天一成为行业细分市场的佼佼者，那么坚持专业化则为鲁信天一的飞翔提供了持久的动力。"专业，天一的核心竞争力！"作为药品包装印刷领域的领航企业的领头人，在行业细分领域深耕细作，将精致做到极致是朱立和一直信奉的准则。

药品说明书不同于其他普通包装，通常载有药品情况说明的重要信息，关乎生命安全，因此对于文字的准确性和印刷质量要求都非常高。鲁信天一较为重要的业务板块之一就是药品说明书印刷。经过 20 余年的发展，凭借专业性强、质量稳定的特点，同时能够满足最先进药品的机包线过机速度的要求，鲁信天一拥有了领先于行业水平的王牌保障。

"当企业什么都能做的时候，它有什么是可以做到最好的？做到最好，比什么都做更有竞争力。"聚焦药包印刷市场，鲁信天一集中优势兵力，在新技术、新工艺、新材料的应用方面不断超前；把资源用在刀刃上，围绕专业化药包大方向，在印前、印刷、印后流程上，对生产设备、检测设备进行大规模投资，确保企业在专业领域拥有最先进的生产力（图1）。

图 1　鲁信天一生产车间掠影

当智能制造成为主流趋势时，嗅觉敏锐的朱立和在 2016 年便为鲁信天一的印后糊盒安上了"智能机器的臂膀"，采用自动物流线；当硬件设备仍为大部分印刷企业的重要投资时，拥有互联网思维的朱立和早已带领鲁信天一走上了信息化道路，推行全流程 ERP 覆盖，为鲁信天一智慧印厂建设打下了坚实基础。

目前，公司生产、仓储建筑面积达 2.5 万平方米，采用全封闭空调调温加湿作业；药品说明书均使用德国海德堡 SM 102 对开双色 1+1 胶印机印刷，印刷质量相当精准，印刷工人的操作也非常娴熟。在保证质量的同时，鲁信天一的年生产能力已达到 26 亿只彩盒，并在持续增长中不断满足人们日益增长的、对医药产品包装的需求。

专业、理念，看起来简单的两个词语，却是对企业最大的考验。鲁信天一将精致做到了极致，未来，在精细化管理与专业化深耕的推动下，我们期待一个更加雅致细腻的鲁信天一。

（2017 年创新十强，原载于 2017 年 12 期《印刷经理人》杂志）

良图：个性化开拓快印新天地

2017年5月，在中国惠普大幅面打印机事业部组织举办的"汇聚精彩普写未来"客户交流峰会上，一向敢言的张育林再次"开炮"。他痛批"薄利多销""价格＝成本＋利润""客户要最便宜的"等营销理念，认为赢得客户信任、俘获用户早已不是压缩成本、让利优惠的传统途径所能实现的，并提出产品多样性和个性化定制才是吸引客户消费的不二法宝。

张育林，北京良图数码快印有限公司（以下简称良图）总经理。由他领衔的良图，成立于2001年，最初为一家广告公司，2003年进军数码快印行业。设计专业出身，加之良图在广告领域的三年积淀，启发张育林更多站在策划、公关、营销、市场的视角，将创意与最先进的印刷技术结合，依托个性化定制，开拓快印行业新天地。

一、双重进化

在张育林看来，快印行业进化发展，首先是"产品要进化"。写真喷绘、包装装潢、展架、灯箱、礼品定制、艺术品复制、相册、冰箱贴、车贴、家庭装饰、布艺等传统产品已经无法满足人们日益多样的个性化需求。

产品进化，要进化成什么样？还是那句话，个性、多样。

打开良图数码快印的微信公众号，点开"个性印制""百家印"等模块，一系列格调高雅、富有创意、妙趣横生的文创产品映入眼帘，令人目不暇接。凡·高系列产品、毕加索宝珠笔、花鸟国画艺术复制品、夜中的精灵-LILI发光书、图案随心定制的手机壳、精细打磨的陶瓷马克杯……这些富有文艺气息的创新产品，都在刺激并培养着客户对个性化定制的需求。

而今，互联网时代消费升级，也为快印定制市场带来了更多可能。互联网时代衍生的快印新物种，是社群经济下承载 IP 的营销产品，这一新物种有三个特征：不差钱、格调高、定制。"为什么包装比里面的产品还贵？因为包装承载了 IP，具备了媒体和传播的属性。"基于这一理念，2017 年，良图推出了小狗吸尘器创意包装和"热力红"红色礼盒等"爆款"。

小狗吸尘器创意包装。2017 年 3 月，一款高颜值吸尘器在微博上蹿红，品牌商小狗电器携手策划方时尚芭莎，全力推广为年轻族群量身定制的无线手持吸尘器。有趣的是，在很大程度上，助力此款吸尘器引爆社交媒体圈的是其包装，很多人第一眼就被印着一只既萌又帅的小狗的礼盒圈粉，其微博下方的评论区随处可见"买买买"的字样。

"热力红"红色礼盒。2017 年 6 月，一款名为"热力红"、内置国外高档口红和国内某款最新时尚拍照手机的红色礼盒，再度印证了这个道理。映入人们眼帘的首先是"热力红"这三个极具视觉冲击力的艺术手写体。"手机＋化妆品"，奇异却毫无违和感的跨界组合，彰显时尚，又不失奢华，这样一款性价比颇高的礼盒，迅速激起了年轻人尤其是女性火热的购买欲望。此次营销，不仅让这款时尚手机在格调上更上一层楼，也让大牌口红再次拓展了客户范围，两大品牌商联手实现共赢。在 2017 年全国印刷经理人年会上，张育林以"热力红"为例，进行了理念分享。

抓住了"互联网时代衍生的幸福"，前不久良图还推出了针对新人的情侣衫、抱枕等一系列的个性化定制产品，为新人们呈现了一个独一无二的新婚体验。

除了进化产品，张育林认为，快印行业的销售方式也要迭代。在 2017 中国数字印刷主题公园上，他在演讲中提道："人们会习惯性地在与自己有关的任何物品上留下自己的印记，抒发自己的情怀、表达自己的主张、彰显自己的与众不同等，也就是'印'的存在感。'到此一游'的消费模式，会深入百姓生活的方方面面，这块市场在中国还是一片空白。"张育林将这种消费模式的特征概括为四点：①属于冲动型消费，所以消费方式必须方便、快速；②参与体验式消费，倾向于面对面服务、现场加工；③属于心理消费而非物质消费，可考虑提供社区式服务；④产品的多样化，需要有更多的选择、创造高频消费。

关于个性化定制的前景，也有不少人持悲观看法。"个性化产品叫好不叫座""个性化定制不是刚需""个性化定制并非高频"等声音不绝于耳。但张育林认为，"我们是有个性化需求的，但缺乏个性化服务意识，个性化市场需要大家一起'养'"。

二、双重保障

在业内，良图有着良好的口碑，许多客户品牌商慕名而来，选择与良图合作。究其根本，不仅是因为它能够深度理解客户在品牌创意上提出的各种需求，同时也源于它在产品创意设计过程中的主动参与，以及对品质的精益求精。

张育林曾经分享过这样一个例子。2016年，良图应邀为金立手机发布会制作一款邀请函。因为品牌代言人是一位知名导演，而召开发布会的时间点又恰逢他的新作上映，所以客户提供的设计原图，便是想要贴合这样一个与电影有关的场景，让每一位手持此函的到场嘉宾，能近距离地融入电影所营造的独特艺术氛围中。

起初，负责这项业务的是良图的一名主管，商议报价后，按照客户设计的雏形，良图在两天内就给出了样品，将一星期后才提交样品的竞争对手远远甩在了身后。然而，张育林在浏览过样品后，提出了一个看似无用的建议。"现实中的场记板是一端固定、另一端灵活，打开时会有咔嚓声，而客户设计的初稿在形式上与这个还是有一定差距的，我觉得客户可能没有考虑到，不如我们再设计一款给他们作为参考吧。"

听了建议后的主管并未理解张育林的良苦用心，主管认为，既然顾客是这么要求的，大家按部就班即可，不需要有更多的额外发挥，况且张育林给出的这款设计方案在工艺上实现起来也颇具几分挑战性，尝试几次后，主管便就此不了了之。张育林很是不解，不得不亲自上阵，当着主管的面，找来场记板的实物图制作了一款，让主管心服口服（图1）。可谁料好事多磨，当这款逼真的场记板邀请函交付到客户手里时,对方却并没有采纳,依旧照着计划选用了原定的那款。

图1 良图为金立手机发布会制作的场记板邀请函

然而,转折出现在交付后的第二日。据说客户那边的老板出差回来,看到桌上摆放的这款用心的改良版邀请函,十分满意,当即致电要求增加2000个定制。

如上例子不胜枚举。虽然这样很辛苦,但良图甘之如饴,因为他们希望印刷企业不再只是那个处于底层的加工商角色，而是可以凭借专业智慧，刷出让品牌商、设计师们刮目相看的存在感。

当然，好的创意最终落地、深入人心，还要有品质的保驾护航。张育林曾以时装设计师和裁缝比喻客户和良图：设计师关注点在主题与前端是否时尚、先锋和炫酷；裁缝作为匠人，则专注于物料、纹饰和纽扣等能将创意落到实处的细节处理。而材质、工艺方面，恰恰是良图的强项。为了配合客户的需求，良图会进行设备的调整、软件的升级，同时以深耕细作的态度，打磨出最佳的效果。例如，某次按照设计师的想法，需要在不同材质上呈现出相同的色调，良图的员工们耐心地调试了一遍又一遍，最终圆满地实现了客户要求的色彩方案。

良图人这种主动参与、精益求精的"工匠精神"让人肃然起敬，这种深到骨子里的信念，也引领着他们不断向精品发起冲击，助力客户的大胆创意落地生根、大放异彩。

张育林对个性化的关注其实持续已久。早在2010年召开的中国国际公共关系大会上，他就曾高瞻远瞩地做出"'个性化营销'之旋风不久将席卷中国，届时数字印刷在市场营销领域将大显身手"的论断。7年来，张育林矢志不移。看着如今个性化产品的日益丰富，他说："创新的步子可以再迈得大一点！"这是期待，更是方向。

（2017年创新十强，原载于2017年12期《印刷经理人》杂志）

互联网印刷的侠客梦：为用户提供有价值的服务最性感

软件背景出身、从事印刷 20 多年的名片天下创始人钱贵昱对"互联网＋印刷"有他倔强的追求。

"互联网从来都不是万灵药，它要么是技术、要么是渠道，只有通过互联网为用户提供服务、创造价值，印刷业才算是真正赶上了互联网的潮流。"钱贵昱如是说。

一、印刷侠：用互联网为用户创造价值的侠客梦

名片天下是钱贵昱最早创立的品牌，也是业内一提到钱贵昱便能想到的品牌。2017 年 9 月，名片天下品牌正式升级为印刷侠。

升级后的印刷侠，除了为用户提供全品类印刷与定制服务，也为企业用户提供印刷品解决方案，帮助企业提升效率和降低成本。同时通过互联网及工业 4.0 的服务模式，解决印刷品订购过程中的管理问题，特别是频繁的、复杂的、大规模小批量定制等问题。

过去，很多人提起钱贵昱，可能只是单纯地想到他会印刷名片。实际上，从 2009 年开始，钱贵昱的团队已经开始为大型集团客户提供复杂的互联网印刷解决方案了。这些年，他们已经累计开发数百个针对客户不同需求的复杂的互联网印刷解决方案。

印刷侠承载着钱贵昱对行业更深远的战略眼光，他想做的互联网印刷，是用软件和互联网为用户创造价值。具体说，就是帮用户解决印刷服务过程中的各种复杂问题：大规模小批量印刷、复杂交付、大范围分布式交付、文件大批量自动生成……

钱贵昱认为，过去在传统印刷厂看来很多"高大上"的 IT 技术，其实只是解决了印刷品订购某一个环节的问题。如今，随着互联网的深入，用户需求已经发生了巨大变化，用互联网技术解决全流程的订购与管理，已经成为大势所趋。

钱贵昱说，印刷侠这些年创新与实践的，就是将印刷品的全流程订购与管理，从接单到文件生成，自动生产、智能分拣到物流配送，甚至到数据分析，财务核算，都用互联网手段实现自动化。

如今，印刷侠已经为数百家大型集团公司提供各种复杂的互联网印刷解决方案。这其中包括最早的企业客户——中信银行；包括拥有全国数千家门店的链家地产；包括通过移动互联网服务 40 万美容顾问的玫琳凯；包括在微信企业号提供订购服务，让微信用户随时随地下单收货；包括同时为数万名马拉松运动员提供不同产品的单一定制；包括为京东集团在 OA 系统植入印刷品订购管理系统；还包括在易企秀 H5 上为用户提供一键印刷服务、在今目标提供移动端植入等。

印刷侠的能力，也吸引到了国内最大的几家互联网公司，通过为其提供系统服务解决方案，帮助其提升价值及效率。如今，除大批量订单外，印刷侠每天都会有几十万个小批量订单在交付。

二、自个网：印刷行业的 PGC 模式

自个网是侠客梦的率先尝试，也是针对 C 端消费者的个性化专业生产内容（Professionally Generated Content，PGC）定制。

互联网时代内容为王，人人都是内容的创造者。但钱贵昱认识到，用户创造内容的能力毕竟有限，自家宝宝 DIY 的画作固然好看，但也只能是自赏；要满足所有消费者对个性化的需求，需要专业的设计师来供稿。这也便是互联网印刷领域中的从用户生产内容（User Generated Content，UGC）模式到 PGC 模式的转变与升级。

颠覆以往个性化定制的理念，带着圆梦设计师的想法，分析了用户的购买体验，钱贵昱连同李阵（现任自个网 CEO）带领团队在 2015 年 11 月成立

自个网。自个网汇集了 3 万多名优秀的设计师，每天，设计师们根据不同客户的需求特点进行设计出稿，然后自个网根据订单把装饰图案进行批量定制服务。钱贵昱说，他想为设计师和客户们搭建一个平台，为他们提供各种信息化的解决方案。传图、在线编辑、生成各种虚拟效果图甚至定价、对账、结算、配送等功能，这些阻碍设计师变现步伐以及消耗客户时间的事情都由自个网承包。

强大的工业 4.0 供应链以及顶尖的柔性制造生产工艺，帮助自个网为用户提供高品质的单件以及批量定制服务；完善的线上 B2B2C 模式，使得为用户提供完整的电商解决方案、帮助设计师便捷开店成为可能；丰富的平台设计师资源，促使为个性化定制需求提供设计众包服务的理想落地。钱贵昱团队的服务化理念让设计师做一个单纯的设计师，而客户也能够简单高效地获取他们所需成为了现实。

三、印起来：搭建平台共享互联网经济的红利

在走出了印刷行业的新路之后，软件背景出身的钱贵昱希望抓住互联网的神经，让更多同行分享互联网带来的福利。印起来平台就是将部分能力释放给同行，然后把同行的生产交付能力整合起来，去为小客户或大客户服务的行业级共享平台。

在 2017 年 3 月第五届中国印刷电子商务年会上，名片天下发布了全新战略平台——印起来。作为面向行业上下游的印刷 B2B 电商平台，印起来通过"印刷＋互联网＋工业 4.0"模式，连接印刷品供给方和印刷品需求方（图文快印广告店、纯印刷电商平台、企业等），打造专业的印刷品交易和服务平台。

在未连接到互联网的时代，是印刷厂到广告公司、广告公司到直接客户三者的环环相扣，广告公司把为客户设计的文件交给印刷厂，把价钱、时间谈好，等待印刷厂印刷，印刷厂再将成品发给广告公司。然而，当一家公司需要在一个星期内在全国几千个网点同时发布宣传攻势，那么广告公司可能需要同时对接几百个供应商，要在很短的时间内从客户处接到数据再生成文件内容，短的时间内很难满足客户的需求。

印起来解决的就是印刷厂到小广告公司之间的交易诉求。对于需求方而言，印起来对接的几万家小型广告公司和名片店，为他们提供软件，帮他们解决很多商品的下单、传文件、对账、送货、结算工作，从而实现了行业两端的对接。用印起来自主研发的生成软件、模板，生成客户需要的复杂物料，帮助客户节省了大量的人力物力。

印起来不仅满足了客户的需求，更为印刷企业带来了互联网经济时代的红利。印起来将印刷厂与小广告公司整合，在全国各地拓展供应商，通过强大的供应能力为大公司提供复杂分布式的交付。如果有客户下单，通过接单系统自动进入到印刷工厂，接单、排产、交付、打单、分拣、对账，甚至物流和支付，印起来都有完整的解决方案。对于印刷品的供给方而言，原先没有机会或者有机会而没有印刷能力接的订单，在印起来搭建的渠道以及提供的技术服务的支持下，拓展了客户源，也共享了互联网经济的红利。

无论是实现对 B 端商业定制的印刷侠，还是针对 C 端消费者个性化 PGC 定制的自个网，抑或是打造行业级的印起来共享平台，都是不断接招客户的复杂需求，通过软件技术加精益制造真正实现利用互联网为用户创造价值。也许，这就是钱贵昱互联网印刷的侠客梦。

（2017 年创新十强，原载于 2017 年 12 期《印刷经理人》杂志）

第三章　2018 年

这一年，中国经济开始从高速增长阶段转向高质量发展阶段。"新窗口期"的动能转换，聚焦到绿色化、数字化、智能化、融合化等新方向。

鹤山雅图仕：智能制造规划与实施

说起鹤山雅图仕印刷有限公司（以下简称雅图仕），我们不得不先介绍利奥纸品印刷集团。利奥纸品印刷集团成立于1982年，总部设在中国香港，至今已走过39个春秋，而旗下的生产基地雅图仕则建立于1991年，坐落于广东省鹤山市，总面积达60余万平方米。

雅图仕有着丰富多样的产品。除了市面上各种各样的图书，还有纸质的礼品、文具、游戏套装和一些高端包装，目前雅图仕的业务遍及全球。

一、面对重重挑战又该何去何从

随着市场竞争加剧，消费水平升级，原材料价格上涨，以及消费需求的变革，小批量多款式的产品比比皆是，这就导致企业的劳动力成本持续上涨，企业经营成本不断增加。

那么在这种情况下，企业该如何生存及发展呢？答案就是聚焦智能化。

1. 构建智能制造发展蓝图

其实早在十几年前，雅图仕就已经开始布局和实践智能化建设。在2014年，雅图仕继续进行产业转型升级，由传统制造向智能制造迈进。由此，在德国工业4.0战略蓝图的启发下，雅图仕人规划出了一个具有雅图仕特色的发展蓝图（图1）。

雅图仕把日本丰田的精益生产管理作为智能化推进的基础，然后在自动化、标准化的基础上赋予数字化、网络化、信息化，再利用雅图仕的整个制造系统进行升级。在精益生产管理的指导下，雅图仕所有的经营活动都是以客户为中心，为客户提供高品质、低成本、准交货和足安全的产品及服务，为客户创造价值和利润，实现和谐双赢，从而驱动企业的可持续发展。

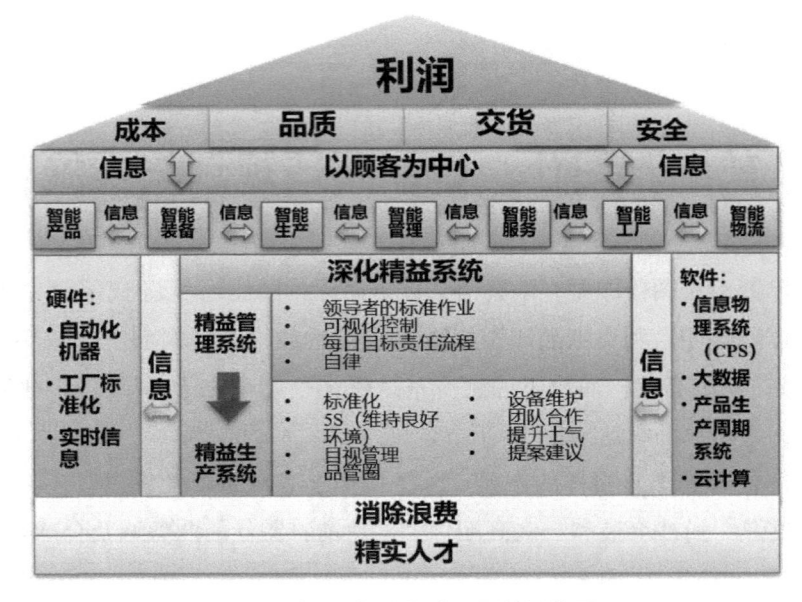

图 1　雅图仕智能制造发展规划蓝图

2. 利奥人的梦工厂

中国人都有个中国梦，雅图仕人还有另外一个梦，就是雅图仕的梦工厂——Factory Next。

梦工厂旨在把日本的精益生产和美国的敏捷制造作为雅图仕的生产模式，然后再赋予其信息化和数字化，从智能物流开始，一步一步向智能生产、智能工厂推进，最后扩展到雅图仕整个产业链，为客户提供智能的服务以及产品，从而实现企业的可持续发展。

当然，为了实现梦工厂智能制造，雅图仕除了要做到生产流程的标准化及自动化，还要实现设备数据互联，从而实现生产过程中实时数据的反馈和监控。实际上，除了自动排期，还要充分发挥人的智慧和创造力，因此雅图仕把人才作为支撑梦工厂发展的三大支柱之一。

3. 智能升级路线

雅图仕的智能化转型升级起步于物流改善。从 2005 年开始启动到 2006 年，雅图仕已经开始采用 RFID 传感技术做成品管理；2007 年引进了精益生产；2008年创建了智能仓库，实现产品入库、产品库位自动分配上架、出库装卸付运一条龙的智能化管理；2011年，雅图仕把工业化和信息化两化融合的战略目标写进了公司的施政报告；2013年，雅图仕开始推广和深化自动化；2015年，引进了排期系统（APS），当年委派七位同事到德国学习工业4.0；2016年，在连续流的基础上导入柔性生产线；2017年，机械手广泛应用，并进行了无人车间的探究；2018年，启动了ERP2.0的升级，同时构建"精益生产+敏捷制造"的精敏生产模式。

雅图仕的目标是在2019年实现第一阶段的数字化转型，到2020年实现梦工厂的基本构建。

众所周知，雅图仕在十几年的发展历程中，通过一系列的改善升级，成功地将28000名员工缩减到13000名左右。雅图仕每年用于非标设备的研发投资多达数千万元，但其实在过去五年，雅图仕在整个信息化智能化建设方面，已经累计投资高达9亿元，随之而实现的产能和效率提升已经超过45%。

4.精益生产

再来探讨一下精益、自动化、智能化这三者的关系。精益生产的两大支柱就是准时化（JIT）和自动化，同时，精益要求的标准化又是自动化的必要前提，而自动化只有在被赋予信息化、网络化和数字化，实现从人、设备到产品的万物相连后，才可能成功升级到智能化，精益是智能化的基础，自动化是智能化的过程。

既然精益是基础，那么打好基础就非常关键。就像一句俗话：不要输在起跑线上。所以利奥人、雅图仕人也不想输在起跑线上。雅图仕从2007年便开始精益生产的导入，到2018年已经实践11年了。外界很多人都说雅图仕的精益做得很好，但其实还有很大的改善空间。

可以用三个阶段来描述雅图仕的精益生产：自2007年精益引入开始，雅图仕先后派了一百多人到日本丰田学习精益，同时请了一位日本的精益顾问到工厂进行现场指导，推进改善，时间长达五年。在这期间有成功，也有失败，还走过很多的弯路，甚至也曾一度迷惘。于是，2012年雅图仕开始了第二阶段的精益重组和再生，2013年深化推广自动化，搭建连续流，2016年导入柔性生产线，直到2017年雅图仕实现人机协作，探究无人工厂的时候，才真正摸索出一条具有雅图仕特色的精益生产之路。2018年，雅图仕又进入了另一个重要阶段，雅图仕与大野耐一（日本丰田生产方式的创始人，生产管理的教父）的弟子携手合作进行精益升级，希望通过精益助推雅图仕智能梦工厂的搭建。

5. 智能物流

刚才讲到雅图仕的智能化建设起步于物流，所以雅图仕搭建了物流信息平台。通过该平台，雅图仕把前端客户的工程数据进行分析，规划出工艺路线图，再设计生产计划。然后融合厂区布局、产线规划，把生产过程中所用到的原材料、半成品、成品、模具以及设备，在事业部内部、跨事业部、供应商之间进行有效的串联，由此避免了一个个信息孤岛的形成。

二、智能生产的实践

1. 自动化连续流

上面讲到智能生产的过渡阶段就是自动化。那么从自动化生产线搭建到自动化的深化，到目前连续流和柔性生产线的构建，再到人机协作，最后到无人工厂的探索，这一切的成功关键点源于策略的制定。

制定好的策略又分为三个方向。第一，以业务为导向。所有的智能生产计划，必须以业务发展为方向，根据产品的组合来配置设备及搭建生产线。第二，在智能生产与人工生产融合的过程中，需要大胆地转变观念。从高层、中层到基层，都要勇敢地做到"断舍离"，抛弃固有的生产思维、生产流程甚至生产模式，重新构建从人、资源到设备的优化配置。第三，为了确保设备的先进性和可持续性，必须要研发、设计与生产同时进行，实现装备一代、研制一代和预研一代。

策略制定之后就要建组织。那么智能生产要求雅图仕的组织成员一定要配备工业工程师、产品工程师、机械工程师及系统工程师，而且要确定相应的职责。

以产品工程师为例，要以 DFM 理念为核心，从产品结构、材料、流程、工艺等方面进行研究、测试和验证，以支撑设备的开发工作。大家都知道印刷行业多数是做 OEM 生产、做代工的，很多产品的设计来源于客户，而客户的创意设计可能天马行空，设计的产品也可能千奇百怪。但是雅图仕的产品生产线相对固定，即使有一定的柔性，也并不是每一样都可以完全配合。为了实现设计与生产的匹配最大化，雅图仕希望能够走进客户设计前端，引导客户根据生产线配置来做可制造的设计，但是又不能约束和限制客户的设计。因此，雅图仕开发了系列创意工具书，将产品的结构、工艺汇聚在书中，该工具书雅图仕连续做了十年，每年都会制作一套，送给客户供其选择，从书中选择的创意搭配便是可制造可落地的。

定下策略，建好组织，就要精准实施，这需要分步骤来开展。首先对客户的产品进行分析，对产品工艺路线进行设计，再根据厂房的布局细分到生产线的规划。随着智能化的推进，机械设备越来越多，用工的结构也会发生变化，因为普工的用量会慢慢降低，而技工的需求却越来越多。因此要培养普工向技工转变过渡，做好人才储备，才能配合智能化的转型升级。

2. 多品种小批量应对方案

现在消费的需求越来越个性化，而且订单量小、品种多逐渐成为一种常态。面对这种市场需求，雅图仕启动柔性生产线，用机械手实行人机协作。一机多任务、一线多产品的模式使生产效率提升，生产灵活度增加。

3. 简易自动化导入

说起自动化，很多人的脑海里浮现出的可能是一些"高大上"的机器人，高精尖的设备，但真的是这样吗？根据精益生产理念，它强调的自动化是低成本、简单实用、充分发挥人的智慧与创造力、实行人机协作去提升生产效率，这就是雅图仕讲的简易自动化。

简易自动化有很多优势。研发制作周期短、更新换代成本低，这是最重要的两点，对企业智能生产的推进有很大的帮助。所以走简易自动化的道路将是雅图仕未来发展的重点。

除了标准设备，与供应商联合研发定制非标设备之外，雅图仕将大规模应用简易自动化。根据重量、杠杆等简单的物理原理，像拼积木一样，拼装简单实用的工作台、装料车等来辅助生产。既可提升工作效率，又能降低劳动强度。

三、智能工厂的建设

1. 信息化建设

信息化建设是雅图仕智能工厂的基础。在雅图仕的信息化建设整体宏观关系中阐释了这样的工作原理（图2）：把客户需求、产品资料等信息输入APS排期系统。雅图仕特别在这过程中间加了一个数据转换中心（也叫数据仓库），所有的数据的进出都会经过这座"仓库"，以便将收集起来的数据用于日后的大数据分析和策略制定。

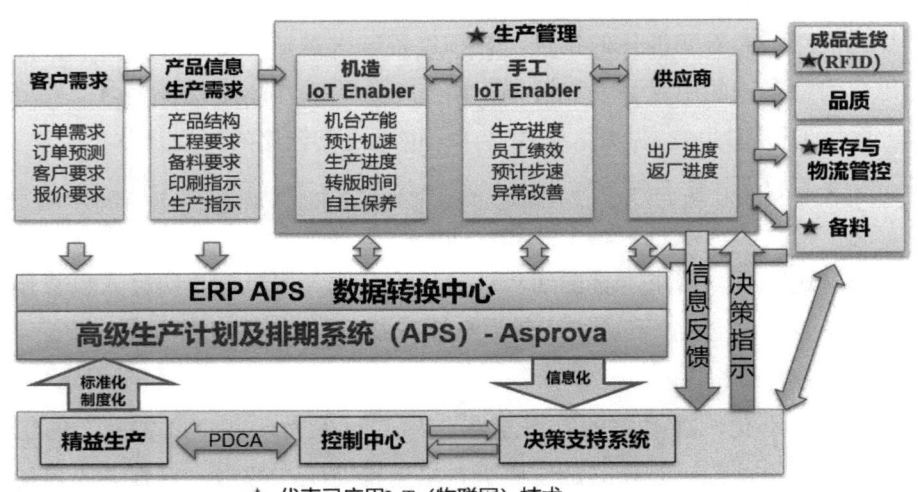

图2 雅图仕信息化建设宏观体系

客户需求进入排期系统之后，根据产品特点制订生产计划，然后传到生产执行系统（MES），再选择相应的机台或手工线生产制作，最后输出成品付运。生产过程中，系统也会进行实时数据的反馈与监控。当生产发生异常时，系统会将问题反馈到信息控制中心，经现场分析后给出决策指示，回传给生产系统进行现场改善。当然排期系统也会相应地做出调整，同时，按照精益生产管理，有效的改善方案还需形成标准化和制度化，以便完善生产管理体系。整个思路就是要做到工业化与信息化的两化融合，运用信息和数据贯穿整个内部供应链。

2. 室内定位应用

对设备资源及半成品的管理，雅图仕应用了室内定位系统，简单地讲就是类似 GPS 系统，但雅图仕用的是蓝牙，这套系统是与香港理工大学联合开发的。装上发射器的设备及半成品与布满厂区的接收器实时连接，这样就避免了过去在高峰期很多设备和半成品无法及时找到的情形。包括这些设备去过哪些地方，它的路径也能够全部模拟出来，就像雅图仕的智能电话可以将机主所有路径全部追踪定位锁定。

3. 能源管理

随着产业转型升级，智能改造步步推进，机台设备越来越多，节能降耗，则显得尤为重要，于是雅图仕开发了能源监测管理系统，实时采集各监测点的能耗和运行状况，进行分类，分项和分区的统计分析，优化能耗管理，一步一步向零废料工厂的目标迈进。

雅图仕的主题色是蓝色和黄色，而蓝色与黄色相融就变成了一个与印刷息息相关的颜色——绿色。认知环保责任，营造美好未来，这就是雅图仕的绿色 DNA，这也是雅图仕在过去的十几年中，能够获得 18 个环保类奖项的原因。

也就在 2018 年 9 月 3 日，利奥集团获得香港品质局颁发的绿色金融认证和 3.5 亿港元的绿色融资。这个绿色融资计划是 2018 年 1 月由中国香港特别行政区政府制订并推出，用于促进大湾区和一带一路经济发展和区域合作的战略工具。目前中国香港特别行政区一共四家企业获得该绿色融资，雅图仕是其中唯一的私人企业。

4. 信息安全

信息获取越方便，安全隐患就越大，因此不能忽视信息安全的重要性。雅图仕除了运用科技的手段及严密的过程管理去提升信息安全外，还特别重视对人的培训和教育，以便提升员工的意识和素质。因此，雅图仕将人、过程、科技三方结合，确保信息与秩序安全无误。

5. 信息应用及分析

在智能工厂中，信息应用及分析这一模块主要分为两条主线：一是生产计划上的管理，二是现场管理执行及改善。两条主线与生产控制系统进行实时数据交互，收集到生产中出现的异常和不合理信息，需要立即做出反应和改善，并建立管控机制。有的改善周期较短，有的改善周期较长，因为它会涉及整体流程、制度或是标准的改善优化。所以，除了现场实时改善之外，雅图仕还要从计划、标准、制度出发，对生产计划管理进行完善。同时，这两条主线之间也需要进行计划和执行的成效比对和差异分析，然后调整计划，改善执行，不断优化，螺旋上行。

另外，为了提升目视化管理，雅图仕还自主研发了生产管理仪表盘，以便提供高度目视化仪表板及分析图表，利用大量生产管理维度的信息让管理者能够全面掌握问题根源并做实时改善，提高生产管理的效率。

四、探索两化融合

1. 无人车间

雅图仕对自动化生产线、智能运输、实时定位、实时生产信息链接、远程监控、M2M 协作、智能货仓进行了无人操作的尝试，实现设备之间相互协作。管理人员持平板电脑在任何位置都能远程监控生产现场。这一步为梦工厂的建设打下了坚实的基础。

2. AI 测试项目

在两化融合的实践阶段，雅图仕正在进行另外一个 AI 项目的测试。针对烫金工序，应用摄像头影像捕捉技术，把现场的机台设备运作情况、操作人员运作情况拍摄下来，传输到后台云端进行数据分析：为什么操作人员总是重复这个动作？这个动作是否必要？这个动作是否有价值？为什么这里频繁出现故障？将这些信息收集起来进行大数据分析后，不仅可以为该工种拟定专业的作业标准，还能够为今后的生产做出有效的预警。

五、启示

第一，高层不仅要有高瞻远瞩的长远战略规划，还要做到适时的亲力亲为。没有高层的亲自参与，只把工作任务推给下属去做是不现实的。

第二，精益生产是智能制造的基石。因此必须从精益做起，智能制造精益先行。

第三，标准化。没有标准化，就不要谈自动化，更不要谈智能化。

第四，智能化建设必须与自身业务发展相匹配。你要知道未来做什么，接着才要去思考匹配什么设备、搭建什么生产线。

第五，柔性连续流生产线的构建。针对目前消费者个性化需求的常态化趋势，雅图仕必须搭建柔性生产线以顺应市场的转变，实现快速转换。

第六，智能信息平台的搭建，这是尤为重要的一点。信息平台的搭建能够突破一个又一个的信息孤岛，使其有效串联并发挥功效。

第七，团队合作。无论做什么事都离不开团队，没有一个人能凭借一己之力做出智能工厂，实现工业化和信息化的两化融合，因此团队必须齐心协力。

第八，启发人的智慧和创造力。设备再重要再厉害，没有人的智慧永远难成功运行，所以充分发挥人的智慧和创造力，始终都是非常重要的一点。

（2018年创新大会优秀企业案例，载于2018年9期《印刷经理人》杂志）

紫丹印务：一家传统印刷企业转型智能制造的实践

上海紫丹印务有限公司（以下简称紫丹印务）是由上海紫江企业集团股份有限公司全资控股的一家专业纸包装印刷公司。近年来，紫丹印务不断开拓创新，积极推进企业智能化转型，取得了不错的探索成绩。

一、实施智能制造的一些做法

1. 紫丹印务是怎样走上智能化之路的

起初，紫丹印务并没有一个明确的智能化建设方向，但是在企业发展过程中，紫丹印务发现了越来越多的痛点需要面对和解决。

（1）业务信息传递不通畅，工作效率低下。印刷行业兼具一些服务业的特性，有很多信息需要传递，但是订单、施工单等信息经常会因为传递不顺畅等原因，导致工作效率低下。

（2）客户交期能否满足，心中无数。当销售人员接到客户订单以后，需要在什么时间完成，什么时候交付给客户，心中并没有准确的答案，这样就影响企业客户服务水平的提升。

（3）生产准备不充分，出现遗漏。正如之前所说，印刷行业具有很强的服务业特性。客户订单也就面临很多的定制化需求，材料、纸张、油墨、辅料等都具有很强的不确定性，只有接到订单才能确定。当订单数量极多时，只依靠人工操作，就极易发生遗漏的状况。

（4）生产过程不连续，停顿太多。由于生产准备不充分、没有很好的信息化管理等原因，也容易造成生产过程不连续，停顿太多。

（5）设备自动化程度不高，用人多。随着人工成本日益增高，如何用更自动化的设备来替代人工是企业需要思考的一大问题。

（6）业务流程不够自动化，对人依赖大。无论是生产部门还是管理部门都需要大量的人工，比如打样生产前需要编制的工艺单、生产工艺、设计工艺路线等都需要人工操作，同时这些环节对于人员素质还有较高要求，既要有一定技术实力，还要有丰富的经验。

（7）种类多批量小，生产切换时间长。如今客户定制化需求日渐提高，市场上的小批量、个性化订单也在不断增多，这就导致了企业在生产模式切换上所花费的时间变得更长。

（8）不能采用 B2C 或 C2M 模式。一些商业印刷企业可以做到网上接单、自动印前处理，同时进行排产，最后甚至实现自动物流。但是对于多品种小批量的印刷包装企业来说，传统的 B2C 或 C2M 模式很难实现。

2. 建设信息化引擎——ERP

紫丹印务在 ERP 系统应用开发路上已经走过 15 个年头，对 ERP 也有了深刻的认知。ERP 发挥信息化引擎在推动实施智能制造过程中，有四个节点非常关键。

第一个节点是 BOM 功能完善。BOM 功能是否完善，与智能化发展的延伸是密切相关的。

第二个节点是 MRP 能力全面。MRP 是计算物料需求的算法，而印刷行业的订单是多样化的，需要 MRP 具备全面性，拥有能满足各种不同需求物料的算法。

第三个节点是客户化（可塑性）强。ERP 要能够根据我们企业自身特点进行优化，所以对于 ERP 系统来说，要有很强的可塑造性。

第四个节点是产品定义工具多。我们的最终服务体现在产品上，如何将客户需求准确描述出来显得尤为重要。在此，我们做了一张紫丹印务智能制造方案流程图，供读者参考（图1）。

过去传统的产品描述方式是针对人的，而现在要求智能制造需要机器系统能看懂产品描述，因此如何让机器系统能看懂产品描述是非常重要的。

3. 实现印前流程自动化

每家印刷企业都离不开印前这一重要环节。为了贯通销售、工艺、图文的工作流程实现印前流程自动化，紫丹印务将印件数据进行了数据化和格式化的处理，继而更好地实现客户定稿后图文处理的自动化。

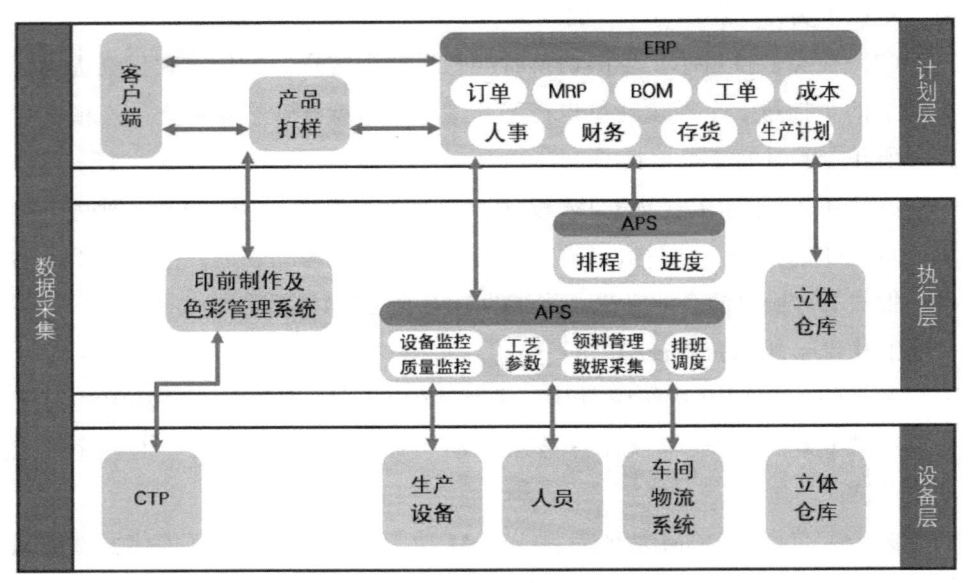

图 1　紫丹印务智能制造方案流程

4. 打造连接枢纽——MES

MES 系统是智能制造中不可或缺的一部分。在创建 MES 系统过程中，紫丹印务发现拥有模块化的系统架构是十分必要的。

在创建 MES 系统过程中，接口要标准化。因为设备层人员与 MES 系统编程人员是两组人员，但又不能各自为战，两组人员既要有分工，也要有合作，所以标准化接口最有利于两组人员对接。

系统与工人的交互是难点。智能制造是一个过程，目前来讲，仍然需要工人和系统进行交互，因此创建 MES 系统要考虑与人的交互性，尽量避免人为出错。

5. 实现互联互通

有了 ERP 系统和 MES 系统，还必须具备能够进行数据交互的硬件制造设备，才能实现智能制造，所以希望设备厂商能够对企业开放数据接口。如果设备厂商实在不愿意提供设备运行数据接口，包括已有的现成设备，那么印刷企业只能自己根据需要在设备特定机构上通过加装传感器来采集数据。

除此之外，生产过程的数据记录得越详细越好，也就是所谓的数据颗粒度越小越好，这些数据更多的是为未来做铺垫。

另外，还需要考虑设备的离线工作能力。当构建了互联互通的系统以后，系统越复杂，存在的问题就可能越多。一旦有地方出了问题，整个工作流程就会停滞，因此要考虑设备的离线工作能力。

6. 全部业务流程转移到线上

业务数据格式化。目前，紫丹印务正在把所有的业务数据进行格式化，未来要让系统和设备能够识别数据。此外，我们希望能够通过颗粒度很小的大数据采集，为未来协同工作奠定基础。

二、案例分享

案例一：智能安灯系统

安灯系统起源于日本丰田汽车公司，主要用于实现车间现场的目视管理，本意是让生产线保持连续性。

紫丹印务学习丰田的管理模式，希望在离散型的工厂也尽可能保证生产不中断。因此，我们在糊盒工序进行了安灯系统的试点，在每条生产线上都安装了一个显示屏，显示很多自动采集的生产数据。我们将采集到的数据进行分析，做到实时暴露问题，鞭策员工和管理者，尽量不让生产中断。

随后，我们又将安灯系统延伸到机修车间，实现了在线实时提报问题，让员工第一时间了解哪台设备故障、维修时间等信息，同样保证尽量不让生产中断。

那么，智能化体现在什么地方？一是所有数据都是系统自动采集的；二是系统自主报告，根据不同的情况分别报告不同的人员；三是处理过程自动留下记录，无论是管理者还是员工都会有惰性，但是系统不会，它会留下所有的数据记录；四是制约作用，当员工不作为时，系统会自动发出警告。

案例二：成品装箱智能物流线

紫丹印务在智能升级过程中不断探索，并尝试打造了成品装箱智能物流线，整个物流线分为四个部分：空纸箱分配、自动打印张贴标签、自动多形式封箱、自动码栈板。

紫丹印务车间一共有六条糊盒机的生产线，意味着每时每刻都能生产六个不同种类的产品，而成品装箱智能物流线可以实现不同品种产品的共线输送，自动将空箱分配到每一条对应的糊盒机生产线上。

那么，智能化体现在什么地方？无须人工输入所生产的产品、纸箱尺寸、封箱方式、箱贴信息、码垛类型等信息。

成品装箱智能物流线正是基于 ERP 系统的搭建、MES 系统的搭建、能够进行数据交互的硬件制造设备以及产品定义非常全面精准才能实现的。

三、对智能制造的几点思考

1. 实施智能制造的目的是什么

答案很简单，为了减少人员，降低成本，高效率的柔性制造，最终实现 C2M。

高效率的柔性制造是我们梦寐以求的事情。其实传统的印刷企业本身就是柔性制造，印刷企业需要根据客户的需求量身定制产品。但是印刷企业的柔性付出了巨大的代价，效率是极其低下的。我们实现智能制造是希望能实现高效率的柔性制造，并非传统印刷企业的柔性制造。相信随着智能制造技术的不断发展，智能系统越来越强大，包装印刷行业一定能够实现 C2M。

2. 智能制造能买来吗

答案一定是要买的，不买不现实。印刷企业是传统产业，比如 ERP 就没有企业可以自己编程，有的企业说是可以自己编程，其实并非是真正意义上的 ERP。真正的 ERP 国际上做得好的企业数量也不多。

但是只购买也不行，还需要考虑如何落地，怎么根据行业特性进行客户化，同时还要能够不断地迭代升级，建立自主优化能力。

持续改善是必由之路。智能制造是一个持续改善的过程，对于具有离散型、典型个性化定制特征的传统印刷包装企业来说，要坚定地走向智能制造。

3.智能制造不能脱离精益生产

精益生产是前提。智能制造需要大量的投入，不能一蹴而就，如果做不好精益生产，智能制造只是一个愿景而已。

精益生产是保障。众所周知，日本的精益生产非常出色，其中一个重要的环节是设备保全。一个企业的生产，如果没有设备保全，肯定是行不通的。对于庞大而复杂的智能制造系统亦然。

精益生产有新生命。如果我们可以将智能化、信息化技术嫁接到精益生产，精益生产就又有了新的生命，前面的案例便是很好的诠释，大家也可以沿着这个思路大胆地畅想。

精益生产是思想、是灵魂。如果没有精益生产的思想作为指导，我相信打造的智能制造系统必然是不可靠的，是不具备操作性的。因此，我们需要将精益生产作为思想、作为灵魂指导我们实施智能制造。

（2018 年创新大会优秀企业案例，载于 2018 年 9 期
《印刷经理人》杂志）

河南新华印刷集团：智能化建设与展望

河南新华印刷集团（以下简称河南新华）建厂六十多年，主营业务为教材、教辅、图书期刊、报纸画册、商业广告等产品的专业印刷。2017 年资产总额 4.6 亿元、总营业收入 2.21 亿元，被国家新闻出版署授予"书刊印刷优秀质量企业金奖""全国新闻出版系统先进集体"，首批荣获"全国诚信印刷企业"和"国家印刷示范企业"称号。

一、智能化建设目标

河南新华智能化发展的历史，可以追溯到 1985 年引进日本三菱全张四色印刷机，当时这一举动，开创了河南及周边地区大幅面彩色印刷的先河，也是河南新华向印刷自动化迈出的第一步；1999 年，引进美国四班生产管理系统，这是 ERP 系统的前身，是河南新华向信息化迈出的第一步；2001 年，实现了互联网文件传输，网络化建设迈出了第一步……

2014 年，郑州市政府加快城市升级改造，要求印刷企业外迁，河南新华提出，借助外迁的良好机遇，在原有信息化、网络化、自动化建设的基础上，加快智能化发展步伐。这也是河南新华第一次把智能化发展提上议事日程。国家《印刷业"十三五"时期发展规划》，明确提出要推动我国印刷业加快"绿色化、数字化、智能化、融合化"发展，实现由印刷大国向印刷强国的初步转变。这一要求，更加坚定了河南新华进行智能化发展的决心。为此提出"加快技术创新、推动智能发展、实现转型升级、打造新华品牌"的发展思路。

二、智能化建设进展与成效

多年来，河南新华在产业发展过程中，始终关注印刷行业发展动态，不断加强新技术开发与应用，走出了一条信息化、自动化、网络化、智能化发展之路。

1. *不断加强信息化建设*

提升企业信息化管理水平是提高企业现代化管理的有效手段。河南新华自20世纪90年代就开始进行信息化应用的探索，发展至今，以ERP管理系统应用为代表的信息化建设日趋成熟。主要表现在以下三个方面。

第一，建设ERP管理平台，实现信息全流程管控。1999年，河南新华引进美国四班生产管理系统，这是ERP系统的前身；由于四班与国内生产环境不相适应，又无法进行修改，2009年，在总结前期经验的基础上，又率先与方正悟略合作开发ERP管理系统，在此过程中，双方进行了大量试验、调试和改进，2011年基本完成；2016年对该系统进行了全面升级，搭建起了较为完备的信息化管理系统。

目前，ERP系统能够完成物资资源（物流）、人力资源（人流）、财务资源（财流）、信息资源（信息流）的全流程管控，并且实现了ERP数据和财务数据的有效对接，大大提高了数据的准确性。

重点介绍一下河南新华ERP系统在工价管理、协同生产、物料使用方面实现的精细化管控。ERP系统能够实现对每道工序的自动核价，通过系统把业务工价与内部核算的控制工价进行对比，判断是业务工价低还是内部成本高造成的；可以实现所有工序作业计划和生产动态的信息共享，包括给生产者强制推送与生产工序有关的信息，管理者共享一线机台生产动态信息；可以实现单机台核算物料成本，即机台人员在机台ERP终端发出用料需求，物料管理人员通过库房ERP终端进行确认，将材料按需配送至机台，月底时进行单机台物料成本核算。这些功能的实现，有效提升了精细化管理水平，最大限度节约了生产成本。

第二，建设"中原云印"管理服务平台，整合系统内部印制资源。互联网的广泛应用，为聚合印刷企业优势、整合印刷资源创造了条件。在调研国内一些优秀印企的做法后，河南新华提出建设印刷资源管理服务平台的设想。最初的构想就是整合集团系统内印制资源，形成系统内资源优化配置、共同发展的局面。2016年提出平台建设构想，2017年开始着手实施。建设过程中，随着思路的不断清晰完善，实际工作的不断推进，河南新华又有了新的设想，为什么不能把河南省的印制资源整合起来，实现省域印刷资源的整体合力；是否能够在此基础上"走出去"，打造区域或全国范围的印制资源服务平台。于是，在建设过程中，河南新华对平台建设目标和内容进行了调整，最终形成"三步走"的工作思路。即一期，完成集团系统内出版单位印制资源的整合；二期，打通系统内出版、印刷、物供、发行信息通路，实现印制资源、物资供应、仓储发行、物流的全面动态信息化管理；三期，河南新华希望集聚省内甚至国内优秀印企、出版单位加盟，把平台建设成为区域性印制资源电商服务平台。

2018年7月完成内部10家出版单位数据对接，目前服务平台运行状态良好。截至2018年8月底，实现营收1700余万元，平台一期建设目标初步实现。

第三，实现ERP与"中原云印"信息对接。两个系统实现数据对接后，为印刷资源大数据分析提供了可能。无论是河南新华还是出版单位，都可以从分析中了解物料信息、印件信息、印厂信息等数据，在统一生产部署、物料调配、工艺安排等方面做出更加科学的决策，从而达到发挥规模优势、降低综合成本、提高产品质量、实现集约化管理的目的。对合作印企而言，平台的应用将带动一些优秀印企加快ERP等管理系统的信息化建设步伐，通过共享大数据信息，提升精益生产管理水平，提高市场竞争能力和经营效益，实现河南新华与优秀印企合作共赢、共同发展。

2.切实提高自动化应用

庞大和繁杂的工作一直是印刷业面临的困境，河南新华又日益面临人员老化退出的现实问题，切实提高自动化应用水平日益急迫地摆在河南新华面前。为此，河南新华进行了艰苦而积极的探索、实践，在单机自动化、部分联机自动化和辅助操作自动化等方面付出了不小的努力。

第一，从提高物料信息准确性入手，实现平张纸进出自动化管控。为解决纸张平面库先进后出、占地面积大、信息不准确等问题，2002年，河南新华在全国书刊印刷企业中率先建造了自动化立体库。通过软件管理系统实现了纸张自动存储和调用，在保证物料信息准确性、安全性的同时减少了损耗和差错率，整个业务流程仅需1人操控。由于受资金和场地限制，到目前，河南新华仅实现了平张纸存放的自动化管理，后期到新园区后，将实现所有纸张的立体化库存管理。

第二，从提高产能和质量入手，引进国际品牌自动化生产线。为切实提高生产效率和产品质量，自20世纪90年代河南新华就投入大量资金引进国际知名品牌自动化生产设备。目前，河南新华拥有德国原产海德堡单张纸印刷机12台、海德堡等高速卷筒纸印刷机13台、以瑞士马天尼为主的装订生产线11条。这些自动化生产线的引进，大幅度提高了印刷装订的机电一体化水平。比如可以实现自动装卸印版、油墨预置、一次完成无线胶订产品印装等自动化生产。生产能力逐年提升，员工总量持续减少（从2009年的1300人到目前810人）。目前日生产能力7000令、装订100万册。

第三，从提高辅助生产能力入手，购置开发自动化生产设备。引进配锁联动生产线，配页、锁线、质量检测自动一次完成，实现精装书芯配锁自动化。2013年引进全自动分书计数堆积设备，终结了书刊人工收集、整理、检查、计数的传统模式，实现了计数堆积的自动化。引进自动翻纸机，解决了单张纸印刷机半成品人工"抖纸、上纸"问题。2014年引进书帖自动打捆装置，与商业轮转机配套，实现捆扎自动化。受此启发，2017年合作开发移动大型翻纸设备，解决了轮转印刷产品整台翻面问题。

3. 充分利用网络化技术

随着科技水平的不断提高，尤其是计算机技术、网络通信技术及信息控制技术的迅猛发展，通信网络化已经越来越广泛应用于生产型企业。河南新华通过网络互联实现印刷产品数据链、工艺数据、生产数据等的有效集成管理，提高了工作效率、管理水平和竞争能力。

第一，实现文件传输网络化。文件线上传输，能够极大节约人员、时间的损耗。河南新华逐步实现了互联网传版系统、人教社教材传版系统、人教社教辅传版系统、《求是》卫星传版系统的应用，与"中原云印"管理服务平台一起，实现了产品设计开发、生产加工、客户服务等各环节的数据整合、信息共享和业务协同。在实现网上文件传输的同时，又完成了线上接单结算功能，极大提高了工作效率。

第二，实现质量控制网络化。引进方正畅流工作流程管理系统，可以对制版整个作业过程的质量预检、作业管理追踪等进行全面质量监控；实施色彩管理技术，可以实现屏幕软打样、数码打样、油墨控制等的全面色彩控制；建立了质量管控体系，可以实现质量信息反馈、工作质量考评等全过程质量控制。产品质量得到有效保证。

第三，实现设备管理网络化。随着计算机技术、自动化技术、电子技术等在印刷设备中的广泛应用，传统设备故障诊断模式已经不能满足现代生产的需要。河南新华与多家合作商签订了设备远程技术诊断和技术支持协议，通过网络现场解决设备问题，有效减少了印刷设备诊断难度大、时间长、误诊率高等难题。同时，河南新华建立了一套完善的能源综合计量管理系统，能够实现水、电、气、空调、设备等能源消耗的自动采集、在线监测、准确统计、合理考评，有效提升了能耗管理水平。

4. 积极探索智能化发展

智能化作为"十三五"期间印刷业的发展方向之一，既是必须也是必然。河南新华在信息化、自动化、网络化发展的基础上，对智能化发展也进行了积极的探索。

第一，建成国内首条全流程数字智能化生产线，实现一键出书按需印刷新模式（图1）。河南新华以发挥国家印刷示范企业引领示范效应为责任，聚焦技术创新，推动智能发展，在充分考虑后期应用和节约资金的基础上，2013年投入3000万元建设了当时国内第一条按需出版数字印刷生产线，生产线主要机型选用方正和马天尼印刷设备。为实现马天尼软件与方正系统控制器的信号互联，三方工作人员进行了14个月的匹配调试，打通了底层数据通信通道，实现了命令交互功能，使数字印刷(方正)与数字装订（马天尼）实现联线生产。这是国内首条方正+马天尼文件处理、印刷、装订全流程数字智能化控制生产线，实现了接收文件智能化处理、拼版智能化处理、任务队列智能化处理，是一键出书按需印刷模式的大胆尝试。全线操作仅需 2 ～ 3 名工作人员。数字印刷的应用填补了河南新华在按需印刷方面的空白。

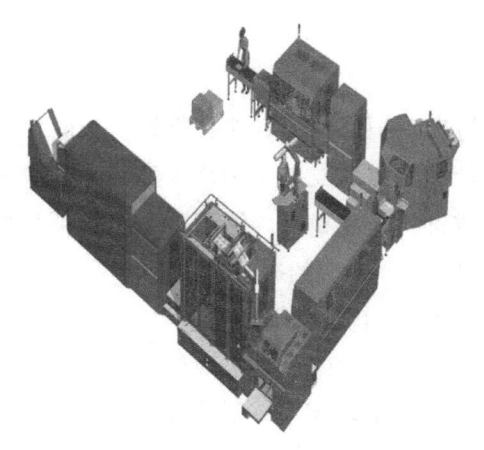

图 1　国内第一条按需出版数字印刷生产线

第二，运用图像视觉技术，实现产品质量控制智能化。为有效解决人工"窜校"问题，河南新华经过三年技术调研，与专业技术公司联合开发适合书刊印刷业的胶印产品离线质量检测系统，2018 年初，该系统进入实际生产试验阶段，通过在折页机、骑马订和胶订生产线安装错帖检测装置，以及大量试验和技术改造，目前基本实现电脑扫描技术替代人工"窜校"工作，完成装订生产过程关键节点的智能质量控制。这一技术的应用，有效提升了产品质量、提高了生产效率、节约了人工成本，为印刷产品质量稳定提供了坚实的技术保障。

第三，创新印后加工新模式，打造"一书一码"溯源新功能。2014 年，为较好解决教材教辅产品粘光盘、夹答案需要人工操作的问题，满足这类书刊产品的市场需求，河南新华引进了自动插本机生产线，极大地解决了手工操作带来的种种弊端，节约了大量人工成本。继而，在经过两年多调研和测试的基础上，2018 年购进环保型冷激光赋码系统，与自动插本机生产线和自动堆积机完成联线对接，"一书一码"溯源功能得到实现，在此基础上建立了产品身份数据库，满足了出版产品"号段管理"的特殊需求。

三、经验与体会

几代河南新华人在信息化、自动化、网络化、智能化发展的道路上，进行了艰难的探索，付出了巨大的心血，有成功也有失败，有收获也有眼泪。体会最深的有以下几点。

一是智能化发展需要恒心恒力、扎实推进。智能化发展一定是以问题为导向，结合自身的产品特点和发展实际逐步实施、解决完善的过程。这一过程中每项工作的推进都要稳扎稳打。这可能是个长期、艰苦的探索过程，需要我们具有踏石留印、抓铁有痕的决心和信心。

譬如，为解决人工"甯校"问题，从2015年提出问题到2018年基本解决，整整经历了三年多的时间；为实现数字印刷设备的信号互联，进行了14个月的匹配调试；为引进环保型冷激光赋码系统，进行了两年多调试和测算；ERP系统的应用、升级，从1999年开始，至今仍在进行……还有一些问题，从提出至今也没有得到很好解决。譬如普通轮转印刷书帖的自动捆扎，从2014年河南新华就开始进行技术探讨和论证，但是印后书帖墨迹快速干燥的问题至今无法解决，项目只能暂停实施。

二是要建立企业内部生产过程控制标准。质量是企业永恒的主题，智能化建设也需要围绕这一主题逐步推进。为了确保生产质量，一定要加强生产过程控制标准化建设，在工艺、操作、质量控制等方面制定切实可行的标准，提高标准的普适性，形成一套完善的质量管理控制体系，这样企业的智能化发展才会具有坚实的基础。

三是以ERP系统为代表的信息化建设必须坚持自主优化和完善。书刊印刷业不同于其他制造业，其计划复杂多变，几乎不存在"标准化"流程，因此书刊印刷业ERP的功能需求和其他制造业（包括其他印刷业）普遍存在差异。所以，书刊印刷业的ERP系统，必须结合企业自身实际自主优化、开发和完善。这也是河南新华从20世纪90年代开始探索信息化的应用，直到今天仍在探索完善的主要原因。

四、智能化建设展望

智能化是印刷业实现现代化生产的必然趋势。河南新华在未来的发展中，希望借助国家推动印刷业发展的东风，抓住新园区建设的机遇，重点布局智能化发展。通过打造仓储物流智能化、设备互联智能化、管理决策智能化，形成上下互通、整体互联的产业发展体系。

第一，实现仓储物流智能化。以园区建设为契机，采用集成化物流设计理念，实现从物料存储到成品发运的智能物流运输流程。建设物料自动统一调配的智能化立体库，通过软件控制智能运输设备，完成物料自动运送到印刷机台、半成品在各工序间的自动转运，以及成品的自动发运，打造智能化仓储物流新模式。

第二，实现设备互联智能化。以重点项目的智能化建设为目标，优化再造设备互联智能化工艺新流程。引进先进数字墨控技术，完成印刷设备与数字墨控设备智能化互联，实现墨色控制智能化，提高生产效率；通过视觉检测等技术运用，完成印刷设备与智能质量检测设备智能化互联，实现产品质量控制智能化，稳定产品质量；加快自动化产品包装设备的联合开发，完成装订设备与包装设备智能化互联，实现产品包装生产智能化，降低人工成本。

第三，实现管理决策智能化。加快 MES 系统建设，实现生产信息及时准确采集、传输与执行，提高自我分析、运行数据判断与执行能力，为管理决策智能化提供准确生产信息依据；加快 WMS 体系建设，打通外部物流、内部物流信息通道，实现物流信息的实时共享，为管理决策智能化提供准确物流信息依据；升级完善 ERP 系统功能，在智能排产、资源优化配置等方面提高信息收集和综合处理能力。最终，通过 MES、WMS、ERP 系统的信息互通，为内部管理的科学决策提供依据。

（2018 年创新大会优秀企业案例，载于 2018 年 9 期《印刷经理人》杂志）

虎彩：打造按需出版印刷新模式

按需出版印刷是数字印刷的重要应用领域之一，是推动印刷业数字化发展的重要手段，具有一本起印、本本不同的生产特点，以及定制性、个性化、小批量、即时性的典型特征，能够降低出版成本，提升出版效率，扩大出版范围，提高出版产品附加值，对传统出版印刷方式具有补充、优化和增值的作用，是充分满足读者需求的新生产方式，代表了印刷技术融合创新的主要发展趋势。

近年来，在新兴技术支撑下，越来越多的出版印刷单位投入大量人力和物力，建设软件平台，购买印刷装备，在编印发全产业链进行了较为普遍和深入的实践探索，形成了"人邮模式""凤凰模式""中图模式"及"虎彩模式"等多种商业模式。

这其中，虎彩模式起步较早，投入较大。更重要的是，虎彩是四种商业模式中唯一一家由印刷企业主导的按需出版印刷项目。自下而上地推动产业链变革，成为虎彩模式最大的看点。

一、新模式，新在哪里

既然称作是按需出版印刷新模式。那么，虎彩模式究竟新在哪里？与传统的按需出版印刷模式又有何不同？

了解出版行业的人都知道，目前出版行业正面临两大痛点，一个是"库存"，另一个就是"断版"。

2017年图书零售市场总额803亿元，但在2016年，全国新华书店系统、出版社自办发行单位年末库存就高达1143亿元。对于断版，这一系列数字也足够触目惊心：一版后面临绝版的图书比重高达70%，电商渠道断货率高达

33%，馆配、门店断货率为 50%，年销量 10 本以下的图书占总品种的 45%。

通常情况下，传统的按需出版印刷模式只能解决出版行业的"库存"问题，但要解决"断版"问题，需要真正"一本起印"，不仅生产成本太高，而且流量的获取也是一个老大难的问题。

为了实现这一目标，虎彩在前端与出版社、京东合作，创新性地打通按需出版的渠道销售环节，建立内容提供商（出版社）、销售渠道商（京东）与智能制造商（虎彩）协同的订单、文件平台，实现按需出版流程信息化贯通；在后端则整合虎彩一本书起印生产能力与京东高效物流体系，建立虎彩京东协同生产仓，将京东订单实时生产交货，通过提高快递交付能力，降低内容提供商及销售渠道商库存，建立以销定产的出版新模式，增强按需模式在出版行业的整体竞争力。

总结起来，虎彩模式与其他按需出版印刷模式最大的不同，就是"以销定产，一本起印"。简单说来，就是先销售，再生产。市场需求多少，虎彩就生产多少。这种商业模式上的再创新不仅有效地解决了库存和断版的痛点，而且还实现了产业的融合化发展。

二、为什么要和京东合作

虎彩模式的亮点，在于与京东的合作。

一方面，虎彩需要一个能够带来持续流量的网络入口，这个网络入口能够为虎彩带来真正基于"一本起印"的生产订单，并通过虎彩大规模定制能力，实现低价格高速度和高质量的生产，京东强大的流量获取能力，成为虎彩的不二选择；另一方面，京东也需要有一个合适的生产渠道，来消化京东大量的断版需求和日益增长的库存。

目前，在京东网站上，每周断版图书的点击量超过 500 万次，涉及图书 30 万种，背后蕴含着巨大的需求得不到满足。而 2017 年京东自营图书库存从 4000 万册增长到 5500 万册，上涨 37%，且 2 倍于销售增长，也需要采用合适的方式化解。由此来看，双方合作可以说是各取所需。

三、短版和断版图书如何生产

前端流量的问题解决了，后端的印刷生产则是虎彩的强项所在了。虎彩位于河北固安的工厂是亚太地区规模较大的按需出版印刷工厂，具有多条先进的惠普 PageWide 高速宽幅喷墨彩色和黑白轮转印刷机及马天尼、曼罗兰、Hunkeler 等数字印后生产线，可以针对短版书打造 48 小时的生产制造周期和 24 小时的物流配送。

在胶装车间，五条惠普数字轮转喷墨印刷设备正在高速运转，其中一台设备采用连线生产的方式，印刷完成后的纸张直接进入后道加工工序，可瞬间完成折页、分切和书帖的堆叠。多台离线数字印后生产线也在高速运转之中，一卷卷已经印刷完好的卷筒纸进去，一堆堆码放整齐的书帖出来，生产效率之高令人叹为观止。

在精装车间，一条长长的精装图书生产线正在运行之中，码放好的书帖从生产线的一端进入，经过多道生产工序，一本装订完好的精装图书自动出来，整个过程几乎不需要人员参与。世界领先的马天尼精装龙生产的精装书本平整优美，大大提升了生产效率并节约了生产成本，使得虎彩在多批次、小批量、精装市场领域独具优势。

以上车间生产的各种图书少则几十本，多则上千本，主要解决出版社的短版需求。在虎彩专设的断版车间，两条专门由惠普为虎彩定制的、针对"一本起印"的"百乐宝"断版书生产线也正在运行之中。两台惠普高速轮转数字印刷设备与 Hunkeler、马天尼等数字印后设备相连接，可以真正发挥出按需出版"一本起印，本本不同"的生产优势，生产进度全程由系统软件控制，条码追踪，实现每本书进度的实时查询，体现了虎彩强大的生产能力。

值得指出的是，虎彩固安工厂尽管设备巨大、数量众多，但现场的操作工人人数并不多，这与传统的书刊印刷企业形成了鲜明的对比。现场印刷生产无须制版换版、油墨集中输送，甚至连纸毛也采用真空的方式进行集中收集。明亮的厂房、干净的生产环境、整体码放的书籍，以及几乎闻不到油墨气味的车间，体现了数字印刷绿色化、智能化的一面，也为未来建造智能化工厂，乃至无人工厂，树立了良好的典范。

虎彩"一本起印、永不断版、零库存"的商业模式顺应了"互联网+"的大趋势。除了固安工厂，虎彩还在东莞、绍兴、泰安、武汉等地设立数字印刷基地，为全国各地出版社提供"多点数字按需印刷、就近快速物流"服务，以适应"多品种、小批量"的出版印刷发展趋势，从源头解决了库存的难题。

随着虎彩按需印刷生产线效率的不断提升，"一本起印"也从 50 元 / 本的价格不断下降。2019 年，虎彩希望能够把平均价格做到 12 元 / 本，而低于 10 元 / 本也成为未来的目标。我们衷心希望虎彩能够与产业上下游一起解决库存与断版书痛点，为中国按需出版印刷的发展探索新出路。

（2018 年创新十强，原载于 2018 年 12 期《印刷经理人》杂志）

龙成国际：懂技术，更懂艺术

"墨生——2018水墨艺术作品展""王佩坤个人作品展""朱晨个人艺术展""2018中国艺术品产业博览会"……2018年，多场艺术与文化盛宴在北京龙成宋庄国际艺术空间及龙成798艺术空间精彩呈现。上千平米的专业展厅以及艺术品原作＋艺术复制品＋艺术衍生品"三位一体"同台呈现的独特展览形式，获得大家的一致好评。

作为艺术融入生活的典范，北京龙成国际文化发展股份有限公司（以下简称龙成国际）的成就，与董事长娄德龙与时俱进的观念密不可分。从一个普通的数字印刷企业，转型到艺术品复制、艺术衍生品，再到艺术IP运营，龙成国际一步步将"技术"和"艺术"相融合，不断开拓公司业务，实现产业升级。

一直以来，娄德龙对前沿事物都非常感兴趣，对新技术尤其痴迷。1992年从中央美术学院毕业后，他便投身当时最先进的苹果电脑制版和激光照排输出。娄德龙是典型的"技术发烧友"，经过20多年的努力，从最初的行业追随者，变成了如今的行业引领者。

娄德龙认为，无论是硬件设备还是印像工艺，都属于技术范畴，而要真正做到产业顶级水平，就必须将技术和艺术深度融合。

"技术永远也不可能达到百分之百，而百尺竿头剩下的一步就要靠艺术的积累去完成了。"娄德龙说道。

艺术品复制行业在国外发展已经十分成熟，是常规消费品，从技术角度来说，已然非常接近人眼识别的极限，未来拥有巨大的潜在市场。龙成国际的全资子公司——龙日艺通作为资深的艺术品复制企业，技术的高度有目共睹，因此有很多人提出和龙日艺通共同制作暴利赝品的诉求。对于这种诉求，娄德龙认为不符合他的价值取向，"无论给多少钱都不能干，我认为做企业，首先要有做人的标准、做事的情怀，再考虑能不能挣钱"。娄德龙一直以对行业负责的态度严格要求自己，用他的话说，"有些钱不能挣，不是能不能，而是想不想！"

龙日艺通的艺术品复制作品的视觉体验非常震撼。每一个细节的完美，都是自我较真的结果，"这就是大众消费品和奢侈品的差别"。很多时候，即使有些作品客户已经认为很出色了，但只要娄德龙觉得还没有做到极致水平，仍会将其作废重做。

从业20多年，娄德龙依然是强烈的设备"发烧友"，无论是硬件还是软件，都是要最顶级的。龙日艺通的软、硬件设备升级频率很高。对于这种"烧钱"的操作，很多人都不理解，但娄德龙坚持认为，要想成为行业的标杆，就一定要做到业内最好。当一个个技术难点被攻克的时候，就会有一种特别的成就感。

此前科印传媒旗下《数字印刷》杂志报道过这样一则故事：龙成国际曾经在22个小时内，为南方文交所完成了1万张数字版画成品，包括印像、裁切、检验、包装箱的印制、裁切及打包装箱工作。要知道，艺术品复制的裁切标准非常高，不能有轻微的划伤、剐蹭，传统的手工裁切需要很长时间，而且损耗较高，包装箱的生产也需要一定的必要时间。龙日艺通强大的流程管理和产业配套的能力，由此可见。

对于艺术，娄德龙有着自己独到的理解。这一点，在艺术IP经营上最能体现。龙成国际坚持以IP运营为核心，延伸开发各种正版授权的艺术衍生品。

龙日艺通建立了完整的闭环印艺产业链，即以艺术IP版权为核心的横向闭环印艺工场。其以收藏级数字版画为核心，并以艺术品复制的色彩管理和质量标准进行单一艺术IP的全品类延伸开发，同时能够在纸张、布匹、玻璃、石材、金属、织物、PVC等材质上完成艺术衍生印像（图1）。

图1 龙日艺通的艺术衍生品

龙成国际用近两年的时间打造了艺术 IP 的生态链。对于艺术 IP 版权运营的纵向拓展，娄德龙表示，未来的目标是建立以艺术 IP 为核心，类似宜家的"目之所及"的沉浸式体验空间，提供能够让客户直接端回家的整体解决方案。

近年来，龙成国际收获颇丰。2017 年龙成国际宋庄艺术空间开始运营，2018 年龙成国际 798 艺术空间正式开始运营，成为在世界上最大的艺术家聚集区宋庄及国内最大的艺术机构聚集区 798 同时拥有艺术空间的机构；龙成国际艺术空间先后举办了几十个艺术展览、艺术论坛、艺术培训及主题沙龙等活动，在探索实体企业与文化艺术深度融合的发展模式方面，娄德龙累积了不少经验。

对于未来的目标，娄德龙也有想法："还是要坚持自己的核心优势，将长板做得更长，并与上下游企业深度合作，共同推动艺术产业的发展。"

期待龙成国际在文创转型的进程中获得更好的发展。

（2018 年创新十强，原载于 2018 年 12 期《印刷经理人》杂志）

扬盛：从未停止的开拓者

针对生鲜、疫苗等冷链运输，如何提供同时检测时间和温度的标签？如何利用超声波焊接技术完成对塑胶、金属材料的焊接？客户高度认可的产品有哪些共性？如何更好地使用实时三维包装可视化设计软件？2018年12月24日，上海扬盛印务有限公司（以下简称扬盛）研发中心一月一度的"研发新技术"分享会举行，就以上问题展开积极讨论分享。

成立于1998年，深耕医药、食品、化妆品三大业务领域的扬盛，在2018年刚刚过完20周年华诞。回顾20年稳健发展，"研发创新"是一个无法略去的闪亮标签。扬盛建有技术研发中心，占地1300平方米，内设研发实验室，购置多种检测设备，主要从事创意设计、新材料开发与应用、融合与应用等工作，并帮助扬盛实现产业链延伸。依托研发创新，公司现有30多项国家专利，获得"国家高新技术企业""上海市守合同重信用企业""上海市著名商标企业""上海市名牌企业"称号。

对于包装的研发创新，扬盛始终强调"学习并分析市场驱动力"。在2017年9月召开的全国印刷经理人年会上，扬盛印务技术研发总监王晖作为分享嘉宾，曾这样讲："包装，一部分是基于功能的、必需的购买需求，另一部分则是基于情感的、精神性的购买需求。对于这两种不同的购买需求，包装的设计也不同。功能性需求的包装可能更多是实现交换的价值，所以设计时更注重优化成本；而对于提升其情感价值，包括品牌价值这方面，则更注重与消费者的沟通，要做的便是运用新技术让包装来为产品赋能。"

无论是哪种需求，扬盛都有着充分的储备。

在成本优化方面，扬盛曾与万国太阳纸业合作开发新纸品"朝旭白卡"。在长期服务客户的过程中，扬盛发现不同的客户对包装规格要求不同，需要使用的材料也不尽相同，切换十分复杂。因此，基于对包装的过程、材料需求的理解以及客户需求，扬盛与太阳纸业共同开发出针对纸张细分市场的外用纸张。这款纸张在相同的挺度或者条件下，可以实现批量化生产。比如 280 克的朝旭白卡，可替代国内同等条件下 300 克的白卡纸；235 克的朝旭白卡，可替代 300 克的灰板纸。朝旭白卡的推出，提高了客户自动包装的生产效率，保证了内部生产过程的稳定，实现了成本优化。

为了增强消费者的货架体验和产品接触体验，扬盛结合互联网技术，包括 AR、二维码、RFID 等技术，不仅实现了产品的防伪溯源，还与消费者形成互动、互通的良好关系。"包装不仅要有视觉的体验，还要有触觉、嗅觉等。"

除了不断应用和融合新技术、优化传统技术，进行包装功能创新也是扬盛包装研发的关注点。以棒棒糖包装盒——不凡蒂立体礼盒为例，扬盛将平时容易被丢弃的棒棒糖盒子改造成立体礼盒形式，实现包装的二次利用；内装的棒棒糖食用后，将卡通公仔套入棒棒中，形成不同的画面故事，激发儿童想象力。同时，该产品结合 AR 技术，还可以展现出海贼王的故事，效果良好。此款礼盒荣获 2017 美国印刷班尼奖银奖。

那么，如何培养扬盛人的持续研发创新能力？除了传统的培训形式外，扬盛与科印传媒合作，成为科印传媒开发的知识服务平台"享学云"的首批企业定制用户。借助移动互联网和云平台技术，利用碎片化时间，不仅解决了培训面和培训质量的问题，更能够促进企业员工认知迭代和系统学习。

"激情飞扬，百年华盛"，这是扬盛的品牌理念，也是扬盛人的远大梦想。20 年间，扬盛在研发路上从未停止。开启新征程的它，也将在创新路上越行越远。

（2018 年创新十强，原载于 2018 年 12 期《印刷经理人》杂志）

鸿元展印：一家传统标签印企的"非传统"成长

管理学大师彼得·德鲁克认为，创新不需要伟大，需要简单、小规模、专注和专业化。

海尔董事局主席张瑞敏表示，核心竞争力应随着时代的变化而改变，如果不能自我颠覆就会被时代颠覆。

而在上海鸿元展印有限公司（以下简称鸿元展印）副总经理李和原看来，创新的根本，应在于为客户带来更好的产品、更低的价格。"质量与价格才是商品的属性，服务是人的属性。如果创新出一个产品，质量提高十倍，结果价格也提高了十倍，这样的东西，又有谁会买？"

2018年10月25日，上海喜马拉雅中心，2018太阳杯亚洲标签大奖颁奖典礼盛大举行，鸿元展印载誉而归。其采用里印自涂胶技术生产的"长城"汽车制动液标签获得"凹印线条类最佳印制奖"。这项"里印自涂胶技术"正是李和原口中的"质美价廉"的创新代表。

据李和原介绍，新型里印透明薄膜不干胶标签是国际趋势，因兼具设计＋环保＋质感美观及高性价比，目前已经大量使用在啤酒、饮料、矿泉水等食品包装行业，并将为标签市场带来一轮新的革命。

相比于传统不干胶为保护油墨需上光油或覆膜，鸿元展印推出的采用里印技术的新型不干胶，其基材可自主选择具有弹性耐挤压的超透BOPP面膜材料，并通过加拿大ETI涂胶设备能够一次完成涂胶、涂硅油覆底纸、模切，整个流程一气呵成。

"传统不干胶印刷不良品包括面材、底纸、胶水等，而新型里印不干胶的不良品则只有印刷面材，再考虑到不良率的存在，成本上的节约可不是一点。在性能上，新型里印不干胶也更具耐磨性、耐腐蚀性。与此同时，我们可以根据环境温度变化对胶水用量进行调整，如冬天涂胶量增加 2 克，夏天减少 2 克，从而避免了粘不牢和溢胶等问题。"材料省了，更环保了，性能更强了，适用范围更广了，新型里印不干胶整体的性价比便立即凸显。

事实上，早在 1996 年，鸿元展印在服务家电行业客户时，就已经采用了里印技术，并受到了客户的广泛欢迎。"如今，只是印刷方式发生了变化，工艺结构还是一样的。我们经历的，是一个融会贯通的过程。"

融会贯通，这可是鸿元展印的强项，也是李和原认为公司快速发展的"独门秘籍"。这家成立于 1993 年的企业，在其官网上，"全球绿色标签综合印刷领跑者"几个字眼十分醒目。热转印标签、汽车警语标签、收缩套标签、不干胶标签、个性化数码定制标签、和纸胶带，鸿元展印所能涉及的业务类型非常之多。

"20 多年来，我们坚持做精品、走高端路线，这其中依托的，则是多种技术的积累。或许有时客户找到我们，提出的要求我们用某一种工艺无法满足，但是因为我们十分'综合'，因此总是能够在借鉴其他工艺的情况下，最终给客户交出一份满意的答卷。这是一个日积月累的过程，没有广泛涉猎就无法达成。"讲到这里，李和原颇为骄傲。

许多人熟识鸿元展印，可能是因为几年前其与可口可乐的合作。2014 年，可口可乐在中国推出"歌词瓶"，鸿元展印正是帮助这一创意落地的标签企业。

鸿元展印做标签，始终坚持三个要素：一是外观漂亮有质感；二是有鲜明的个性表现；三是优秀的品质和良好的性价比。而这些，与根植其血液之中的"创新基因"密不可分。这家公司以生产热转印标签起家，1996 年，与海尔合作，研发出高耐候户外空调室外机里印不干胶标签；1999 年，与中国石化合作，研发出润滑油桶热转印标签；乃至如今的个性化标签，鸿元展印始终在进行着创新探索。

对于鸿元展印而言，研发创新更多的是一种自发的力量。"就像我们做不干胶标签。我们只要拿着印就可以了，胶水又不是我们的强项，为什么要研究它？我们研究，是为了后面为客户做出更好的产品。"但或许正是因为鸿元展印在研发创新这条路上坚持得太久、走得太深入，李和原也略显无奈地表示，"说实话，研发创新真的太难了，尤其是在国内知识产权体系不够健全的情况下，创新所付出的代价十分高昂"。

除了研发创新，李和原认为，管理创新同样重要。在市场竞争白热化的今天，怎样才能更快更好地服务客户？在很大程度上，管理发挥着举足轻重的作用。

例如，如何让交货期更短？鸿元展印的做法是：用最快的设备完成打样，如果设计师在上海本地，则派专车将其接送至工厂，现场看样、签单；这样，浪费在寄样、等待结果反馈上的时间大大缩短，交货时间必然大大提前。又或者提前分析各种产品的生产周期，调整生产工序，那些需要反复确认、最后才能用到的，可以将生产时间前移，在其他产品生产、实现包装的过程中，步步推进。

"很多时候，将管理做好，商机自然就会显现。"李和原说道。

2018年，鸿元展印还有另外一个大动作。公司在位于重庆南部的万盛经济开发区平山产业园区建立生产基地，计划总投资2.7亿元，分两期进行。其中第一期已于2018年6月开工，预计于2019年5月完成投产。全部建成后的新基地，将安装印刷和涂布生产线26条，形成年产不干胶标签7700万平方米的生产能力。

新工厂同样也是一个智能工厂，这里将集成计算机与网络技术、移动互联网技术、无线通信技术、物联网技术、无线射频技术、传感器技术等，实现对印刷工厂的数字化/3D可视化综合管理，主要围绕信息流和物流两条主线展开智能生产模式。

鸿图大展，元气淋漓。行走在创新路上的鸿元展印，始终意气风发，勇往直前。

（2018年创新十强，原载于2018年12期《印刷经理人》杂志）

杭州金杭：让包装更"增值"

2015年，一款全新的蓝色包装瓜子产品在坚果炒货行业横空出世。包装优质的触感、清新的色彩，加之产品自身独特的口味，使得这款新产品一经上市便迅速走俏。

说到这里，相信许多读者心中已经有了答案。是的，它就是全球最大的瓜子坚果企业洽洽食品推出的"山核桃味瓜子"。而我们本篇文章的主角，正是洽洽食品最大包装供应商之一、"山核桃味瓜子"包装的制造者——杭州金杭包装印业有限公司（以下简称金杭包装）。

初识金杭包装，你或许会认为它并没有太多的奇特之处。这家成立于1995年的软包装印刷企业，最初是现任董事长江河与夫人共同创办的一家"夫妻店"，主要靠手工做一些标签业务。但正所谓"越简单的越智慧"，坚守"质量底线"、注重"企业管理"、强调"服务意识"，20余年间，金杭包装以朴素的经营理念，实现了一次又一次飞跃。

金杭包装经营各种纸塑包装、塑塑包装，同时还涉及液体包装、重型包装、盒中袋等研发与创新。"直立袋""盒中袋""嘴袋""异型袋"等各具特色的包装产品，都是金杭包装人研发智慧的结晶。

金杭包装视研发创新为企业的原动力，设有专职研发部，并投资建立专业实验室，要求每年推出3～5款新产品。近年来，公司研发了纸塑开视窗技术、压花防伪技术、新材料冰淇淋蛋筒包装等多项技术，不仅获得国家专利，更赢得了客户的认可。

金杭包装坚持产品导向，为更好地实现对客户的服务，公司实行项目运作体制，现有盐包装项目部、坚果包装项目部、冰品包装项目部，集产品的各类包装设计、研发、技术、生产、服务于一体，并由研发技术人员担任主管。这样的设置，不仅方便业务人员更全面地了解产品，更为重要的是可以及时获取客户对包装的意见和建议，更快地做出反馈。此外，为提高客户服务的便利性，金杭包装还在一些主要城市设立服务网络，并在北京、上海、合肥、成都、西安、齐齐哈尔、包头等地建立了业务联络处。

金杭包装主动为客户做的工作还有很多。2016年，金杭包装免费为盐业客户提供增值服务，在包装上印刷二维码，不仅能够实现防伪，还可以和金杭包装后台连接，相关生产数据全部免费获取。又如，客户设备上的问题，金杭包装也会帮忙处理解决。校稿方面，金杭也有经验丰富的专业人士来把关，客户在包装设计上因为疏忽而出现的不符合国家标准、法律法规的文字图案，都躲不过金杭包装工作人员的"火眼金睛"。

正是这些创新性的全方位服务，使得金杭包装与诸如洽洽等许多大型企业建立了良好的合作关系。更重要的是，因为与客户联系紧密，所以很多时候客户成为金杭包装研发创新的"智囊团"。客户会主动与金杭包装的研发人员沟通公司最近的新品研发计划以及对于包装的新期望，金杭包装的研发人员则进一步根据这些一手信息进行创意设计。

如果说研发创新、优质服务是金杭包装内在的灵魂，那质量则是这家企业赖以生存的"血液"。

2018年7月，有网友在原创糗事笑话分享社区——糗事百科发文，"洽洽山核桃味瓜子里居然有山核桃的壳，商家良心了"。不过，诸如此类的消费者"惊奇发现"，于金杭包装而言，则是他们需要花大力气解决的大问题。仅以洽洽"山核桃味瓜子"包装为例，从设计到最终推向市场，为确保质量，金杭包装可是做了不少努力。"如果做得很厚，使用感会不好；做得太薄，保障性就不好。每层复合膜不一样，效果也会不一样。"

在金杭包装的生产车间，二维码随处可见。据金杭包装销售经理宣文妃介绍，目前金杭包装正是通过二维码记录每个生产环节，从原材料到印刷、复合、制袋，可以追溯产品出厂前的整个生产流程，承诺客户在两小时之内找出问题源头，并给予解决。与此同时，为了给客户提供更好的质量追溯服务，同时进一步优化公司生产流程，金杭包装还非常重视ERP系统的搭建。

与大部分企业直接购买使用现有 ERP 系统不同，金杭包装专门成立了 ERP 研发团队，结合企业自身实际自主开发。

当然，发展业务的同时，金杭包装也没有忘记环境保护的责任。2017 年，金杭包装斥巨资安装了杭州第一台溶剂回收系统，对凹印和干式复合工艺产生的溶剂进行回收处理并回用，实现了真正意义上的循环利用。尤其在凹印工序上，金杭包装采用单一类型油墨，使得回收溶剂可以更好地回用于凹印工序，将环保落在实处。

走进金杭包装，你会发现这还是一家学习氛围十分浓厚的企业。在会议室、座谈室甚至通道的角落，都陈列有书架。公司还会定期举行分享会，由员工就自己最近读过的内容或接受过的培训进行汇报。江河希望将公司打造成一家"学习型"企业，毕竟在变化日新月异、各种新事物层出不穷的今天，只有持续学习才能不落伍于潮流。

如今，金杭包装几乎揽下了国内所有炒货品牌包装的供货资格，与江苏、北京、上海、黑龙江中盐等盐业客户的合作也日益密切。在金杭包装现址旁边，一座智能化生产车间也已建成。创新决定发展，创新决定未来。我们有理由相信，坚持研发、管理、服务三线同发展，向智能制造不断探索的金杭包装，必将再攀新高峰。

（2018 年创新十强，原载于 2018 年 12 期《印刷经理人》杂志）

厦门本色："纸间漫步"，一场印刷+设计的大胆实验

厦门是中国浪漫的城市之一，这里数不清的美景，以及遍布岛内外或文艺或小资的品牌与店铺，是无数青年男女的打卡胜地。厦门本色图文制作有限公司（以下简称厦门本色）就诞生于这样浓郁的文艺气息中。

对事物永无止境的探索精神，对世界绵延不绝的好奇与热情，是生命的"本色"，亦是厦门本色公司负责人文鹏的"本色"。文鹏，经常以白衬衣、牛仔裤、时尚运动鞋的形象示人，举手投足间，一字一言的谈吐中，文艺气息显露无疑。他毕业于平面设计专业，或许是科班出身的缘故，他早已习惯用艺术的方式思考与生活。而他创立的本色，是一家在平面设计、数字印刷、特种工艺、纸张运用等方面拥有十多年制作经验，专门服务于设计师、艺术家的商业印刷公司。

为印刷赋予独树一帜的风格与艺术，是文鹏的情怀和梦想。"纸间漫步"就是一场关于梦想的大胆实验。通过创意、设计与数字印刷和高科技纸张材料的结合，通过与不同行业与人群的碰撞，其艺术更贴近人们生活，以更加富有趣味性的方式表现出来，从而创造出无限可能。

"纸间漫步"已经风风火火地进行了五期，每一期都会找不同品牌、艺术家、插画师等担任主角。第一期的主角是厦门文艺青年的打卡胜地"thank you，cafe bar"，第二期是"90后"艺术家的"蒋家班佛像造像"工作室，两期都是通过挑选数十种特种纸，不断测试纸张压力、定影温度、连续输出的稳定色彩与色彩曲线数据，改进纸的工艺，同时邀请设计师做图片造型、摄影师拍摄"主角"，最终通过印刷工艺制成艺术气息浓厚的迷你版"杂志"。而第三期则打破常规，和国际著名潮牌上官喆 SANKUANZ 进

行合作。用贴纸呈现多位设计师设计的各式 LOGO，其创新之处在于自己研发改进了贴纸工艺，规避了市场上贴纸易褪色、易破损、留残胶等问题。

如果说前三期"纸间漫步"的成功都得益于合作品牌的流量，那第四期则证明了本色的自身价值。第四期的主角是音乐人，文鹏根据 3.5 寸 Floppy Disk 软盘联想到特种纸中的色卡，所以这一期通过"音乐＋色卡＋数字印刷"结合的方式，真实地还原了 3.5 寸软盘，采用拉丝银不干胶制作金属二维码，而二维码对应的是 12 期 Beatween Radio 电台节目……这一系列的创意让"纸间漫步"获得有史以来最广泛的关注。

从咖啡馆到音乐人，从迷你版"杂志"到"音乐软盘"，每一期"纸间漫步"都为品牌添加新的生机与活力，让人们对传统印刷产生新的兴趣。但是本色想做的远远不止这些，第五期"纸间漫步"，本色开了一家名为"Paper Wonder 设计商店"（以下简称 Paper Wonder）的实体便利店，以更好玩的形式进行更大胆的突破（图1）。

图 1　Paper Wonder 设计商店

这是一家位于厦门华美文创口岸、位置极好、两面通透的中庭小店面。"纸的商店能让人们对于一些基础材料产生兴趣，能对设计师保持持续的吸引力，并让设计行业外的人产生好奇。"今天 Paper Wonder 存在的意义早已超过了预期，作为日常消费品商店，你可以看到富有创意、经过"改造"的各类商品包装以及纸的各种形式、应用及印刷工艺。例如，便利店搜集了全世界的各类纸张、设计作品、手账、图册，分主题展览丝网印刷、出版物印刷及学生作品等。开业至今，Paper Wonder 更是联合了许多艺术家与机构，举办过红包展、画展等多场展览，这些无一不是与印刷相关，且获得许多关注和美誉。

此外，Paper Wonder 还开办了丰富多样的课程，如如何用简单的印刷方式生产插画、摄影的衍生品——明信片、布袋、T 恤等；也会邀请独立作家、艺术家办分享讲座；同时还会参加音乐节等活动，传播对纸张、工艺、印刷的理解……

进行了五期"纸间漫步"的本色可以说切切实实地搭上艺术品的快车，它通过各类印刷工艺，以极富想象力的创意与设计吸引了大家的注意力，让艺术更加贴近人们的生活，也不断引起人们对于印刷与纸张的好奇与热情。但文鹏的梦想远不止这样。

这些年，文鹏接触了各种各样的艺术家、设计师、摄影家及师生群体。这些人对于印刷、纸张、工艺有强烈的兴趣与需求。但对于印刷环节、纸张却缺乏了解，而许多专业院校使用的还是 10 年前的教材，所以印刷工艺、纸张知识等趣味课程和互动方式将非常受欢迎。此外，正如前四期的"纸间漫步"所展现的，品牌可以通过创意、设计加印刷的方式得到有力宣传与推广，这是厦门本色的特长与价值所在，将此转化成付费教育亦会前景远大。未来，"纸间漫步"还会继续下去，而厦门本色亦会做更多的尝试与实验，同数字印刷一起实现更多可能。

（2018 年创新十强，原载于 2018 年 12 期《印刷经理人》杂志）

广东中商：炫酷 AR，百年印企新革命

2009 年，美国著名男性时尚杂志 *Esquire* 在其第 12 期杂志上开发了新玩法。将手机摄像头对准封面，当期的封面人物小罗伯特·唐尼就会跳出来，和你聊天并推广自己参演的电影《大侦探福尔摩斯》，这是 AR 技术与平面媒体的首次结合，更令从事书刊印刷的中华商务联合印刷（广东）有限公司（以下简称广东中商）深受启发：此事大有可为。

广东中商是一家具有百年历史的印刷企业，推陈出新、开拓进取是其生存的基本法则，这些年在书刊印刷、商务印刷、包装印刷中做得风生水起，产品更是屡获国际大奖。

2010 年，中华商务集团成立 30 周年之际，广东中商进行了一项大胆的突破——组建自己的 AR 团队，同年便推出第一款 AR 立体产品"中国弹起"。这款产品可以带领游客回到 100 年前的故宫，不但可以逼真地体验故宫场景，感受故宫的深厚文化，还可以与守卫故宫的将军进行交流和互动。以今视之，当时的技术虽有些简陋，但是仍然得到许多到场嘉宾、客户的关注与赞许。更重要的是，这为广东中商打开了 AR 技术的神奇大门。

AR 技术与书的结合能加强读者的参与感与互动感，极大地增加阅读趣味。因此，广东中商与出版机构、儿童教育机构进行了多次合作，更多地将 AR 技术应用在儿童读物上。

近些年，除了 AR+ 出版物，广东中商也在尝试 AR 技术的不同应用形态，为不同的场景提供增强现实解决方案。例如，与商业服装杂志结合，扫描海报就可以看到当季最流行的巴黎时装秀，不用试穿，就可以看相中款式的上身效果；与房地产结合，不但可以看楼盘户型、结构，还可以看到 24 小时任意阶段的光照情况；此外，广东中商还是两届中国香港花卉展的 AR 方案解

决商。

作为印刷行业第一个"吃螃蟹"开发、应用AR技术的企业,广东中商走过的路程必然充满荆棘与坎坷。2010年,AR技术尚属于新兴事物,进入中国市场的AR应用多由外国厂商授权,入行门槛相当高,而当时的客户群体和印刷行业并不匹配,产品的用户体验不佳,推广困难。2013年,广东中商进一步招兵买马,开始具备独立的研发能力,客户也从之前的观望状态到主动参与。但随着AR发展到以展示三维或者场景为主,精细制作的成本大大提高,吓退许多想要"尝鲜"的客户。广东中商陷入投入与成本平衡两难的境地。与此同时,作为一家印刷公司,广东中商对于专业人才的吸引远不如科技公司,人才招聘困难、人才稳定性差,极大地影响项目的开发进度,从而进一步影响客户的信任和忠诚度。

好在广东中商一点一点地坚持了下来。随着阿里、腾讯、百度等大公司的入局,公众对于AR应用越来越熟悉。经过积累,广东中商的团队已经具备承接中等难度项目的能力,从策划到建模再到开发,为客户提供一站式的产品服务。

今天这个时代,技术迭代、消费升级,商业模式不断重构与变革。从印刷行业的角度来看,人们获取信息的方式从图片到文字再到声音影像,不断地发生翻天覆地的变化。人们想要更多的参与感,获取层次更丰富、更厚重的内容。

AR、VR、MR这些技术成为改变人们阅读习惯不可忽视的力量。针对此种趋势,广东中商将MR定为未来工作的方向和重点。MR,又称混合现实(包括增强现实和虚拟现实),指的是合并现实和虚拟世界而产生的新的可视化环境。在新的可视化环境里,物理和数字对象并存,并实时互动。混合现实的实现需要在一个能与现实世界各事物相互交互的环境中。简单来说,如果一切事物都是虚拟的,那就是VR的领域。如果展现出来的虚拟信息只能简单叠加在现实事物上,那就是AR。MR的关键点就是与现实世界进行交互和信息的及时获取。

广东中商从微软官网购买了一台最新MR设备——Microsoft HoloLens用

于研发。这款设备可以将所处环境实时传送至眼镜，通过计算机处理后，将全息影像置于现实环境当中，让用户以一个全新的视角观察这个世界。MR 技术采用头戴设备，结合平面印刷品，通过手势与场景互动，能更好地让读者直观获取想要了解的内容。

著名经济学家吴晓波曾言："世界上本无夕阳的产业，只有夕阳的企业和夕阳的人。陷入困境的制造业，与其求助于外，到陌生的战场上乱碰运气，倒不如自求突破，在熟悉的行业里，咬碎牙根，力求技术上的锐意创新。"利用 AR 技术，广东中商找到了一条突破自身、增强竞争力的道路，它的经历或许能给身处迷雾中的企业一些启发。

（2018 年创新十强，原载于 2018 年 12 期《印刷经理人》杂志）

云创科技：工业互联网下的印刷解决方案

在全球经济疲软的大背景下，制造业转型升级和数字化趋势日渐明确，工业互联网的浪潮正在激烈翻涌。工业互联网已成为推动互联网、大数据、人工智能和实体经济深度融合的主要载体，是制造业数字化、网络化、智能化发展的基础。数字化为工业互联网提供技术与产品，产业数字化为工业互联网提供市场，工业互联网成为数字经济的新动能。有数据显示，预计我国2020年工业互联网规模将超过万亿元。

在此背景下，深圳云创文化科技有限公司紧跟时代步伐，打造为用户提供个性化文创商品的平台，同时基于"大印刷"产业通过云计算与大数据的结合，构建互联网与传统印刷及其关联行业深度融合的产业生态圈（图1）。

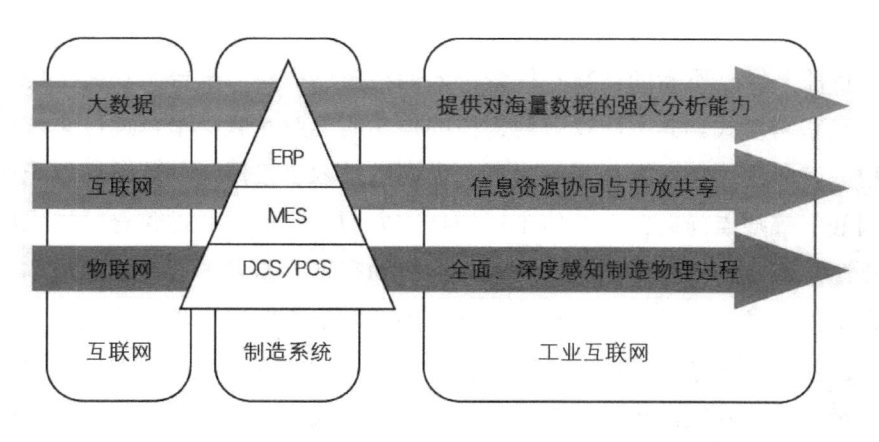

图1 云创科技"大印刷"产业生态圈模式

在工业互联网的市场趋势下，供应链和客户都在发生着变化，如供应链方面，包材变化愈加明显。互联网时代，包装可将产业链条各方主体相互连接到同一平台，通过信息化、大数据、智能化，可实现包装制造、包材供应、包装设计与客户订单的最优匹配，从而为客户提供快速便捷、价格低廉的一体化优质服务。与此同时，未来工业互联网将有望重塑包装印刷产业竞争格局，行业整合也将迎来新的驱动力，行业大联合将成为可能。

在这个变化的时代，市场在变化，营销在变化，科技在变化，客户的需求也在发生着变化。工业互联网下的包装解决方案亦是如此，其变化趋势以三大特点为主。首先是网络化协同制造（异地/跨企业），需要为客户解决包装制造、包材供应、包装设计等产品全生命周期并行协同能力问题。其次是工厂内部生产制造过程的智能化。最后则是云制造（产业链/智能/协同），此类解决方案融合网络化协同制造和智能制造，实现覆盖制造全产业链和全生命周期的社会化协同制造。

时代在变，企业也要跟着变。云创科技创新推出了工业互联网应用解决方案，即基于云平台的智能云工厂。智能云工厂的价值就在于它不仅能满足用户的个性化定制需求，还能支持柔性化生产，完成生产调控。另外，还有值得一提的一点就是设备可以进行自适应调整，降低岗位对工人技术水平的要求。

目前，经过不断的创新和探索，云创科技已构建"平台+实体工厂"的工业互联网模式。其中，以云创为核心构建的工业互联网平台通过系统进行管控，可解决供需双方信息不对称、供应商技术手段滞后、竞争环境无序、利润低下等痛点问题。在实体工厂的打造方面，我们则通过整合区域优质制造资源，形成全国供应网络，从根本上帮助有采购需求的客户消除成本、效率、质量和供应商管理等困扰。除此之外，基于我们现在积累的优质客户资源，云创科技还将线下业务进行了导入。

顺应工业互联网市场趋势，云创科技基于大规模可变数据的服务，依据客户新需求创新产品与服务。如今的客户新需求多为全国性服务，我们的产品服务特点为多点生产、多点配送、系统服务。考虑到原有单一点服务已经无法满足客户实际需求，快速高效拓展供应链成为必要条件。

俗话说"人要衣装，佛要金装"，而商品更需要有一身"好包装"。包装是刚需，我们要做的是与时俱进，让包装搭上互联网这辆快车。这其中有机遇，也有挑战。但我们认为，机遇是大于挑战的。相信未来，"互联网＋包装"将会推动包装业的发展，实现包装业务的转型升级，实现包装印刷产业由"中国制造"向"中国智造"的转变。

（2018年创新十强，原载于2018年12期《印刷经理人》杂志）

纸箱王：从"工厂"到"生活家"

"创新是一种未知的化学反应，没人知道最终会是什么。"这是得到联合创始人李天田关于创新的一点感受。今天，在创新热情不减的印刷包装行业，这句话似乎可以琢磨出一点道理。

创新可以是一种结果，但不是目的，从哪里来、将要到哪里去，这其中有太多不确定性，不迷信某一种通路、某几种模式，想来才是最正常的思维逻辑。

今天向读者介绍一家围绕"纸"延展业务的案例企业——纸箱王。在中国台湾，它家喻户晓，纸箱王主题创意园区是休闲旅游、文青打卡、亲子互动的好去处；在中国内地，它发展迅速，自落脚周庄小镇后，上海、福州、西安，都有它的身影。

一、方向"基因定"

笔者2017年带领文创交流团参观纸箱王主题创意园区，有幸同创始人黄芳亮先生面对面交流。他于1998年创立金唐纸品及加工厂，主营包装设计与纸箱、纸盒生产，不过几年时间，包装印刷领域价格战愈演愈烈，在中国台湾工厂转型的大环境下，路只有两条：要么"拼设备""比价格"，要么另辟蹊径。

目前，园区从布局上涵盖纸艺品销售门市、以纸火锅为特色的纸箱王餐厅、全方位体验"纸箱感"的咖啡厅、纸箱王小火车、蜜蜂故事馆、森林酒吧、纸艺世界地标等（图1），俨然一个"以纸为元素"生发出来的异想世界。

图 1　纸箱王主题餐厅

大家最好奇的莫过于创新的呈现是怎样诞生的，缘何不少"追随者"感到有些东西"学不会"，可以总结出最关键的一点是，黄芳亮和团队非常清楚地知道自己的"关键能力""企业基因"是什么，并且把它发挥到极致。

在笔者看来，2006年创建的"盒子银行"是纸箱王团队很少提起但却非常重要的一个节点，这个网站集合了金唐纸品设计团队多年设计的所有产品和元素的信息，通过存档归类，梳理设计团队的智慧成果，进而成为更多的灵感创造源泉，这是纸箱王核心能力的见证。

参观园区的时候，黄芳亮不时拿起几个作品给大家看，其满脸开心。他始终强调自己是设计师出身，且始终是个设计师。看得出，他善思、敏锐，加上心态开放、乐于分享交流，从各行各业不同伙伴那里汲取到很多灵感。

据工作人员介绍，园区内销售的纸艺品有上百件都出自黄芳亮的创意，且数量"仍在继续增长"。而园区内不时出现在你面前的惊喜——两层楼高的松鼠陪你滑梯、童话南瓜马车、吃了会长大的巨大香菇、吓破胆的么么步道等，正是黄芳亮的跨界创意——请艺术家和团队配合，以主题性造景点缀艺术钢雕作品，让游园者在奇妙故事中流连忘返。

创新不在一朝一夕，对于纸箱王来讲，老板和员工深刻体悟到设计能力、创意能力的价值的时候，或许做什么结果都不会太差。

二、拓展"文化+"

时至今日，纸箱王主题创意园区在中国台湾有台中大坑店、台中中科店、台中乌日店，南投清境店、南投日月潭店、南投车程店；在中国内地有周庄店、福州店、上海店、西安曲江书城店，步步为营。

黄芳亮告诉我们，所到之处，纸箱王团队并不是简单地复制，设计团队首先会对当地文化进行深入的学习、理解、剖析，然后才是创意转化、设计落地，各处的纸箱王主题园区各有风采。

于是在周庄，纸箱王敞开胸怀拥抱"水乡文化"，除部分"基础模块"，如纸箱故事馆、蜜蜂故事馆外，还创建了"万三公仔馆"等，着力塑造"纸上周庄"的意境，并将周庄有名的双桥、全福塔、小桥流水人家等，以造型纸灯、壁画、浮雕、窗帘等形式呈现在店中。

园区草坪上，纸质白色的兔子、斑斓的鹦鹉、白色的纸房子里住着黑色的纸猫，形态惟妙惟肖，妙趣横生。餐厅内呈现一派小桥流水的悠然闲适，不仅纸质桌椅造型精美，餐具也是由纸制作而成。周庄沈厅，纸质的墙壁、座椅古色古香，瓦楞纸拼接而成的财神"沈万三"憨态可掬。

在福州，纸箱王放飞创意，将闽南巷弄及牌坊文化于不经意间全然呈现；在上海，纸箱王回归温度，用城市缩影与亲子互动慰藉快节奏下的都市人……

在拓展的过程中，纸箱王团队着重分析市场需求，将纸箱王餐厅、纸箱王门市、纸箱王小火车、纸箱王咖啡四个板块提炼出来，形成标准化服务模式，提升输出效率，团队进而有更多时间和精力，用于在地文化的研究和创意设计。

2018年10月，纸箱王与马来西亚林桠控股有限公司签订合作协议，后者将在马来西亚当地以自有商业项目结合纸箱王文创元素，以当地家庭亲子、年轻学生、文艺青年为主要目标用户，打造一个具有特色的商业空间。对于纸箱王来说，这又是一座新的里程碑。

行家们对于瓦楞纸、卡纸等纸材料再熟悉不过，也充分相信"纸"可以千变万化，创造出几乎所有能想象到的产品。几年来，由纸切入，做纸家具、纸创意、纸空间的不在少数，为何都感觉"欠些火候"，大多数难以形成合理的业务布局？

笔者认为，纸类创意、衍生品大多同"用户体验"息息相关，是情感记忆、文化传达的好方式，单纯走"产品路线"难度较大，但在"内容运营""体验运营"方面却别具一格。纸箱王正是通过故事、民俗、场景同纸的结合，来唤醒新鲜感、好奇感，吸引人们尝试与体验，同时用纸创意的相对"完备性"，来占据市场先机——你是否也觉得，与纸有关的，纸箱王都能做到？

如今，商业空间、园区、文旅类项目对于"好内容"的渴求非常强烈，有成体系的内容、有创意的展现、有具有丰富经验的团队，自然抢手。

三、内核"生活家"

与我们所熟悉的工厂运营相比，"文化+"类型的2C业务需要一套不一样的思维逻辑，更关注用户也就是最终使用者、消费者想要什么，而不只是自己有什么。由此，纸箱王并没有把工厂要拿到多少活作为业务的目标，把自己的团队当成是业务的边界，而更看重的是用户的黏性与互动、消费与口碑。

从这个角度出发，就可以理解为什么纸箱王赋予自己的定位是"用纸跟你一起说故事的生活家"，将"生活"场景尽情拓展，让用户可以体验不一样的互动社交、学习教育、休闲娱乐。

空间艺术：结合不同素材、灯光，纸箱王能够打造一个极具艺术欣赏价值的空间，随着时令不停变换主题，使空间得以活用，或是结合其他艺术表演，成为整个大空间中的亮点。

简单生活：集合中国台湾不同的艺术、人文及创意作品，提供衣食住行娱乐的购物选择，同时也是个体验手作生活的地方。

设计工作坊：一个空间、两台电脑、一台切割机，提供一个可供学生、设计师讨论打样的设计空间，并可随时不定期与空间艺术相结合，成为培育、遴选人才的场所。

黄芳亮曾说，自己"很怕影子"，所以不喜欢跟着别人的影子走，也不喜欢看着别人的背影，这个习惯充分地映射到了他的事业上。金唐纸品早年在台湾为很多有名的食品厂、科技类工厂做包装，黄芳亮坚持要做"量身定制"，后来将钱投入购买打样机上面，加入手工元素，独成一派，也避开了规模生产领域的订单抢夺战。

从"工厂"到"生活家"，源于黄芳亮依然对"创新"的信心满满，"我相信创意永远不会断的"。黄芳亮跟纸打交道30多年，"纸"被他视为第二生命，虽然已过知天命的年纪，但每天仍然脑洞大开，有很多创想。他认为"纸"元素可以同很多东西结合、搭配，比如铁、石头甚至是机械等，衣食住行育乐，生活中有太多的体验和感受可以用这样的方式来表达，黄芳亮笑言，"真的好想再活五百年"，因为感觉关于纸的创意层出不穷，用不完。

真正爱生活的人，才能成为生活家。

芬尼克兹创始人兼总裁、《裂变式创业》作者宗毅曾评价，"纸箱王的成功首先得益于领导人非常颠覆性的想法，因为从传统制造业转到文化创意行业，这是完全不同的商业模式"。

或许黄芳亮本人并没有意识到商业模式有多么不同，只是始终坚守了初心。

（2018年创新十强，原载于2018年12期《印刷经理人》杂志）

第四章　2019 年

这一年，经济增速下行，市场环境趋严，印刷产业进入深度震荡、分化期，同时也是资源整合、格局重构的战略机遇期。

东莞金杯：绿色化为印企发展赋能

绿色环保是企业可持续发展中最重要的要素。如今，除了政府机关对企业的绿色排放有要求外，终端消费者的环保意识也在不断提升。从全球范围来看，尽管是中小型企业，其对自己的企业形象也非常注重，非常愿意承担社会责任。

金杯的绿色化转型较早，一直践行绿色印刷理念，用绿色印刷承载着企业的文化发展。

金杯一直对标国际先进水平运作，保障优良运营，如ICTI社会责任体系、Sedex社会责任体系、迪士尼商标授权、OHSAS 18001职安健体系、GSV反恐体系、FOGRA胶印色彩标准、ISO 9001质量体系、ISO 14001环境体系、FSC供应链管理体系等，这些专业检测力量的监督，能够有效地保障企业管理的正常进行。

除外部力量外，金杯企业内部也通过四大管理领域促进可持续发展，包括使用先进技术，实现智能品管；通过精益生产，减少八大浪费；不断推动技术创新；坚持可持续发展的理念。

金杯从2006年开始系统地实行绿色化转型。截至2019年年底，大约投资了1.3亿元，采买安装各种环保周边设备，实施了68项措施，获得了20项认可，可谓成效显著，具体表现在VOCs气体排放减少了97%，能耗减少了20%，工业用水减少了70%，化学废液减少了70%，固体废料减少了20%。金杯还获得了2014平度"香港环境卓越大奖（制作业及工业界别）"金奖、2016年度"香港环境卓越大奖（制造业及工业界别）"金奖以及工业和信息化部"国家绿色工厂"称号。

金杯在绿色化实践中主要采取了以下措施。

一、采购有森林认证的纸张

印刷离不开纸张采购，在过去的 5 年，金杯采购通过森林认证的生态友好型纸张的比例逐年递增，2019 年占比已达 73%。

二、VOCs 减排主要技术

VOCs 一直是绿色环保的头号挑战，金杯主要通过源头削减、过程控制以及末端治理的方式进行有效控制。

第一，金杯主要使用植物油基油墨，其 VOCs 含量仅为 0.35%；采用中央供墨系统，该系统为真空，大大减少了油墨接触空气的机会；使用 inkWIZE 省墨优化器，在制版前扣减不必要的油墨量；通过计算机配色系统、余墨调黑墨管理系统，精准调色，减少油墨浪费。

第二，减少印制过程中使用异丙醇。润版过程中使用免酒精润版液，其 VOCs 含量仅为 0.5%；印刷过程中采用无水印刷技术，免去使用有机溶剂，不但环保且印刷质量高。

第三，减少洗车过程中产生的 VOCs。采用低挥发洗车水，取消 100% 挥发的白电油；使用无纺布自动洗车装置，合理有效使用洗车水。

第四，利用中央过滤系统回收再利用润版液和洗车水。中央润版液循环处理系统可以延长润版液的使用寿命，而印刷废液处理装置，通过吸附、过滤、回收，实现再生和再利用。

第五，减少印制过程中使用天那水。取消需要添加天那水的溶剂型覆膜胶，使用 VOCs 含量仅为 0.2% 的水性覆膜胶。

第六，采用先进的末端处理技术。利用活性炭尾气处理装置，通过吸附原理去除废气中的 VOCs；通过 UV 光解废气处理装置分解有机挥发物。

三、节能技术

除了 VOCs，电耗也是金杯关注的重点，因为电耗在企业成本中占比较高，所以金杯在这方面也下了很大功夫。

第一，采用中央空压系统，取消低能效的分散式空压机，将发热源移离空调车间；采用中央真空与鼓风系统，取消低能效的分散式真空鼓风系统。

第二，取消低能效的活塞机和旧型螺杆机，采用高能效比螺杆主机；利用末端风机的粉尘处理，添加中效隔离粉尘，增加风机的效能。

第三，空调仅送风到工作岗位，利用温控感应协调比例积分阀门大小来控制冷冻水供应。

第四，使用新风系统与自然送风，秋冬季时，将室外干净且温度较低的空气送进车间。

第五，照明系统全厂采用LED灯管、太阳能LED灯具，太阳能的余热回收供后勤使用。

第六，安装数字化实时能源管理系统（图1）。能源在线监测系统能每分钟获取每个重点用能点的消耗数据，通过分析生产的异常状况从而做到节约能源。而能源大数据分析系统，可以智能反映设备状况，避免不良操作所造成的能源浪费。

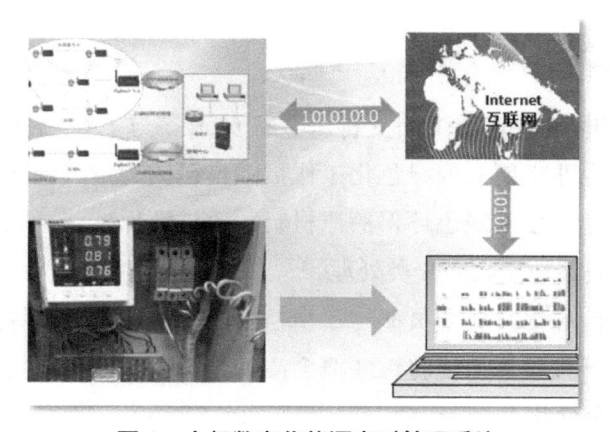

图1 金杯数字化能源实时管理系统

四、节水管理

整个集团三个工厂完全实现了免冲洗印版的更换，虽然它的成本略高，但是非常值得推广。具体节约用水有以下两个方面：

第一，利用中央润版液处理系统，延长润版液的使用寿命，减少润版液的使用。

第二，通过物理沉淀、生物降解、活性炭吸附、化学中和四个步骤处理厂内所有生产废水，做到达标排放。

五、固体废料管理

固体废料管理的关键在于减少浪费。通过 CIP4／JDF 的印刷墨量预置每次可以减少调机纸 100 张；通过自动化色彩管理扫描仪器系统每年有效减少 98 吨固体废料；通过印刷在线监测系统可以实现全自动智能闭环品管检测与纠正；通过无翻转多色双面印刷机及联线分切设备，实现最优化裁切，减少纸张浪费；通过远程签样系统，网上确认签样，可以减少蓝纸的使用；尽量少用或者不用半成品保护包装。

此外，设置废品分类回收，使用废料回收打包机，也能大大减少固体废料的使用，达到节约成本实现环保绿色发展的目的。

六、员工参与

绿色环保也离不开员工的支持，金杯员工参与了绿色化转型全过程，他们非常自豪也非常愿意为绿色化工作贡献自己的力量。企业也非常希望员工能从源头抓起，使用绿色环保的原材料，改进环保工艺，完善环保辅助设备，最后做到妥善地回收和分类处理。

绿色化、信息化需要全员参与，精益生产、智能生产、绿色印刷更是相辅相成，金杯一直很努力地将这些概念灌输给员工，相信可持续发展一定是金杯未来的竞争优势。

（2019 年创新大会优秀企业案例）

利特尔：如何实现包装企业绿色化发展

一、利特尔的绿色化经营管理理念

在利特尔的理念中，"绿色化发展"是一个大的概念，它的主要目标是在整个印刷产业链上进行全要素控制，即从印前、印中及印后对关键控制点进行管控。同时其强调在印刷产品的整个生命周期过程中，始终贯穿"以人为本"的宗旨。

印刷业绿色化发展提出印刷企业应将短期利益与国家长远利益相结合，实现企业经济效益与社会效益相统一。《印刷业"十三五"时期发展规划》中提出了"绿色化、数字化、智能化、融合化"四化建设，绿色化是印刷行业可持续健康发展的必由之路。

经营企业就是经营数字，数字就是一切；而且在欧美的制造业里有一句名言，这句话也可以用在印刷厂里：制造业工厂关注的重点是三分技术，五分设备，七分管理，十二分数据；由此可见，数字化是企业未来面临的重大挑战。

要实行数字化生存，没有公司的基础管理是不可能实现的，这就体现了绿色化的重要性，其中包括了研发及技术革新、设备保全与改进、流程优化等一系列的管理工具和手段的运用。

二、利特尔的绿色化发展基础

利特尔的绿色化生产管理体系如图1所示。对于利特尔而言，推动企业绿色化发展的基础主要体现在以下几个方面：

1. ISO9000、ISO14000、BRC等体系的认证及有效实施，是获得目标顾客对公司品质、效率、交期及成本控制的最大认可的有效途径。

2. 清洁生产和凹版绿色印刷认证是企业实施循环经济和降低损耗的最有效方式。

3. 精益经营的推行，是以精益生产、精益流程、精益运营及精益企业逐步向上推进，以成本最小化、价值最大化为目的，它是将经营与环境有机结合的一种战略思想和生产方式，通过预防、降低、控制及消除组织的过程、产品、服务及其相关活动中的浪费和损失，降低对环境的风险，提高组织的效率、效益（效能），实现可持续发展。

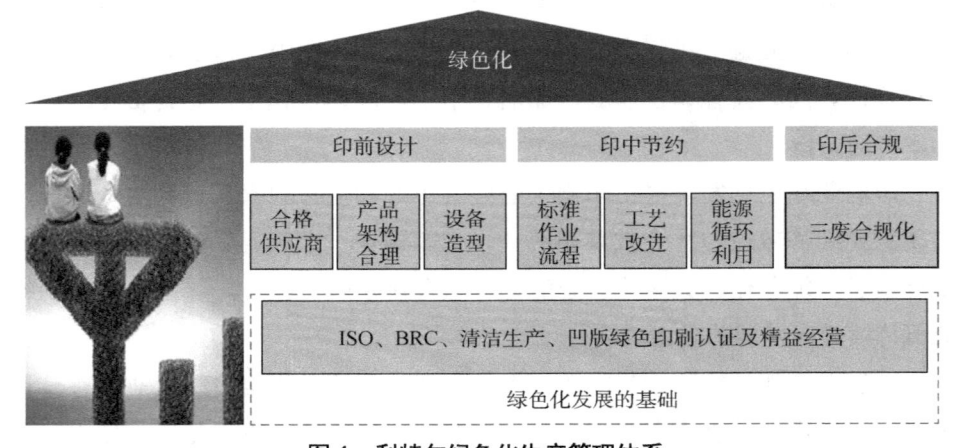

图 1 利特尔绿色化生产管理体系

三、利特尔的绿色化工业流程

1. 印前设计

印前设计在整个印刷过程中占有极其重要的地位，印前任务完成的好坏直接决定后续生产过程的品质稳定、成本控制、效率提升及污染的源头治理。

因此，如果能够在印前设计阶段解决材料合规、产品及工艺结构改善、如何选择高效能设备以及设备选择上考虑环保源头治理等问题，这无疑会对绿色化的实施起到强大的推动作用。

（1）选择合格供应商

在印刷行业绿色化发展的历程中，企业要想建立自己的竞争优势，首先需要选择合格供应商，购买的原辅材料需100%符合HJ2539—2014《环境标志产品技术要求印刷　第三部分：凹版印刷》。因为在激烈的市场竞争中，没有质量的低价格采购代价极高。

利特尔坚持对主要供应商每年进行一次审核，帮助供应商进行质量、成本改进，采购批次不合格率由2016年度的1.25%下降到2018年度的0.48%，为公司节省约100万元的采购成本。

（2）产品架构合理

绿色包装设计应遵循无害化、生态化、减量化的设计理念，在印前设计时，从以下几个方面考虑：

设计选材。在满足包材刚性和走机性能的情况下，在结构设计上动脑筋，尽量选择合适的替代材料。利特尔在2018年做了约30多项革新，在售价不变的情况下，为公司节省了约200万元的成本。

研发与制造绿色安全的产品。2019年，对复合膜软包装行业来说最重要的事件当属"新塑料经济全球承诺书"，承诺书明确在2025年前100%的塑料包装要确保可回收、可堆肥或可重复利用。也可以说复合膜软包装循环使用与回收再利用已成为摆在软包装行业面前的又一大难题。为解决这一难题，需要全生产链的协同创新，共同努力。通过原材料商、基材生产商以及软包企业从产品设计、材料选择上实现可回收、可降解或可重复利用。

通过持续不断的研发改进，为客户节约包装成本。2008年某客户包材的用纸克重为105克，经过多年的改进，把纸张克重降至目前的90克；在研发的过程中，怎样保持纸张的松厚度及挺度，是研发的关键，即在克重降低的过程中，不影响其包装性能，利特尔和造纸厂合作，在克重降低10%的情况下，厚度和挺度保持不变；利特尔还和客户合作，使其PS片材的厚度从2008年的1.2mm，降到目前的0.85mm，厚度降低29.2%。在售价不变及大批量应用的情况下，在杯体克重及纸张克重方面，利特尔一年为客户节约了约2600万元，并使总包材占售价的比例降低了40%，使客户产品相对同行竞争力大幅提升，同时也起到了对客户所在行业的引领作用。

(3) 设备选型及改造

使用高效、低碳、节能的生产设备，从硬件上降低对资源的消耗。

对生产设备进行密封化改造，减少 VOCs 扩散，降低 VOCs 处理费用及保护员工职业健康，如对复合工序采用封闭刮刀、复合涂胶单元密闭化处理等。

多品种、小批量、个性化的顾客需求是未来印刷行业的趋势，但它给 RTO 燃烧和溶剂回收都带来非常大的成本影响。在此情况下，利特尔进行设备调研，如将来是否可以选购能用于水性油墨的印刷机、柔版印刷机及未来可能代替传统印刷的数码印刷机，以满足未来竞争需求，同时又保证环保达标。

2. 印中节约

(1) 标准作业流程

印刷是批量的复制品，每一次重复印刷也是对各种资源的二次消耗，因此在印刷过程中，利特尔要求员工严格按照 SOP 操作，其宗旨就是要求员工"把事做正确"，所以实施并推广标准操作流程并不断优化（精益流程），不仅符合绿色化的宗旨，而且对印刷企业的成本控制能够起到积极的作用。

在企业管理中，利特尔一直强调"制度管人、流程管事、标准管天下"。标准化是制度化的最高形式，可运用到生产、开发设计、管理等方面，是一种非常有效的工作方法，也是提高和改善品质、防止问题发生的根本。

标准作业流程，是一种不断经过论证及优化的作业程序，在每个关键控制点上设置控制合理的偏差范围，只要严格按照标准作业流程生产，其最终结果就是合格品。

(2) 工艺改进

通过持续不断的工艺优化，有效节约材料消耗。

利特尔对印刷跟踪光标工艺进行改进，浅马克由 8mm 缩减到 6mm，"出血"由 2mm 缩减到 1.0mm，检测线由 2.0mm 缩减到 1.5mm；印刷两面的总废边从以前的 2.5cm 降低到目前 1.4cm。

在 2008 年生产的酸奶包装，同样规格的产品使用的纸张幅宽为 840mm，通过焦点课题改进，目前使用的纸张幅宽为 825mm，提高印刷基材利用率

2%～3%，以次类推在其他印刷品上，一年节省了约 200 吨的材料消耗。

在客户产品上涂布水性防水光油代替溶剂型光油，通过制版上调整版辊扩缩，降低印刷难度，使公司光油成本降低了 20%。

上述两项工艺优化，为利特尔创造了 700 万元左右的利润，使企业的竞争力大幅增加。

（3）能源循环利用

生产过程中节约能源、减少排放是指在印刷过程中节电节水、余热回收。通过光伏发电、储能项目等实现能源循环利用。

除了对传统印刷及复合设备增加 LEL 减风增浓设施以外，利特尔还同时对复合设备及熟化室实现蒸汽余热的二次利用，降低了复合能耗约 40%；通过光伏发电，公司能耗降低 5.3%，同时光伏发电 4.5 年可收回投资成本；锂电池储能项目能有效降低公司变压器的高峰负荷，节约座机费用及其他隐形费用。

3. 印后合规

印后合规，重点是对资源的回收利用，它是印刷企业可持续发展的重要推手，并且也很好地诠释了绿色化发展低碳环保、环境友好、健康有益的本质要求。

2019 年 7 月 1 日国家标准《涂料、油墨及胶粘剂工业大气污染物排放标准》（GB37824—2019）及《挥发性有机物无组织排放控制标准》（GB37822—2019）开始实施，全产业链积极行动，各种 VOCs 治理技术应运而生，众多创新成果不断涌现，为软包行业的节能减排及环保要求奠定了坚实的基础。

对于印刷业而言，三废主要指废气、废渣、废水。利特尔在印后合规方面的措施主要体现在对三废的合规化处理。

（1）废气处理主要是指 VOCs 排放达标，印刷行业通常使用溶剂回收、RTO 蓄热燃烧或 RCO 催化燃烧三种主要工艺，其各有自己的特点，不同规模和工艺要求的印刷厂要选择适合自己的处理方式，利特尔选择的是溶剂回收工艺。

通过两级活性炭吸附器对溶剂进行处理，既降低了 VOCs 排放，又得以对部分溶剂进行回收，并用于下一次印刷或其他生产活动（图 2）。

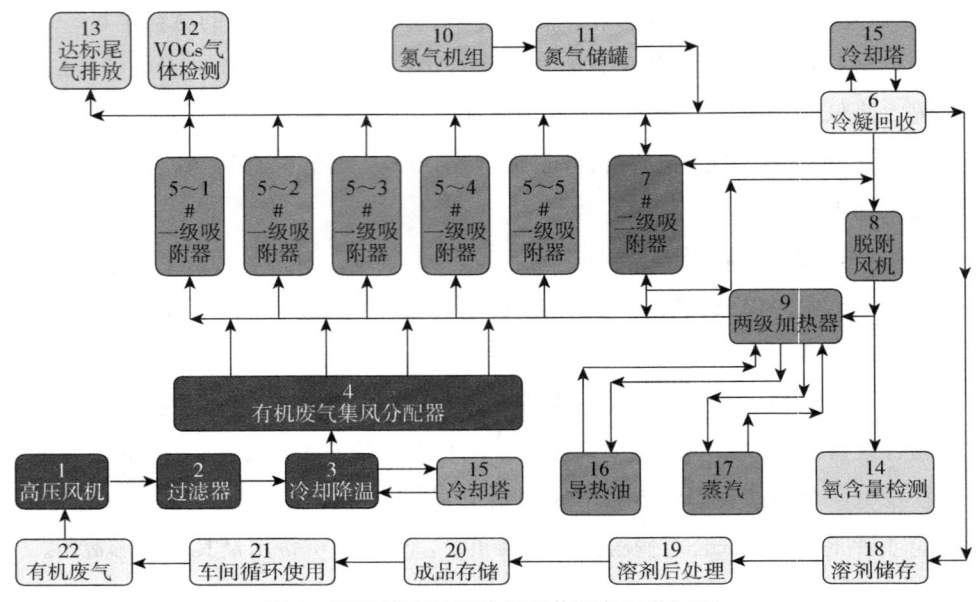

图 2 两级脱附常温溶剂回收设备工艺原理

  针对 VOCs 治理情况，利特尔于 2018 年将 VOCs 治理设施投入运营，有组织排放和无组织排放都纳入 VOCs 治理范畴，项目总投资 1200 万元。目前少量溶剂需要外购，VOCs 设备回收的溶剂在公司内部循环使用。

  该设备成功运行后，刨除运行成本和折旧，每年可以为公司创造 300 万元以上的利润，实现了环保治理和经济效益双丰收。而 VOCs 项目带来的优点，不仅实现了 VOCs 达标排放，还实现了溶剂循环使用，减少外购溶剂 80% 左右，预计每年可实现成本节约 300 万元左右。

  （2）废渣主要来源于三个方面，即清洗设备的废溶剂、清洁卫生产生的废抹布及油墨使用后产生的废桶。

  清洗设备的废溶剂处理：公司内部通过溶剂回收装置，把溶剂蒸馏出来，二次回用于清洗设备，其产生的油墨废渣通过有资质的第三方环保厂家付费处理。

  清洁卫生产生的废抹布控制：公司内部从源头上控制油墨飞溅，减少清洁设备抹布的使用量，比如把版辊的 R 角从 8 改到 10，改变了油墨飞溅的方向；同时又把版辊平均周长从 530mm 调整为 620mm，降低了版辊运转的线速度，上述两项措施有效减少了油墨飞溅。

同时又做了大量的工艺技术革新，对设备进行全方位防护，有效降低员工清洁设备难度和工作量。以上做法，每月减少废渣产生量约 3 吨，全年产生的经济效益约达到 50 万元以上。

油墨使用后产生的废桶：以前利特尔使用的是 18kg 的小桶，现在通过色彩管理系统，调整为 180kg 大桶，并与油墨厂家签订回收协议，减少了公司 90% 左右的小桶使用量，同时也节约了油墨的耗用（油墨桶内壁粘连的油墨浪费和清洗成本）。

四、绿色印刷实施的成果

1. 5S 落地，员工素养提升，养成了"守规矩的习惯"；

2. ISO9000、ISO14000 及 BRC 等体系得到了真正有效运行；

3. 生产管理流程得到了二次优化，标准化体系建设不断升级完善；

4. 平均印刷 OEE（设备综合效率）从 45% 升至 60% 左右，作业效率从 85% 提升至 100% 左右；

5. 原材料占销售比降低了 2% 左右，成本差平均从 1.78% 降到了 0.5% 左右，品质批次达标率维持在 80% 左右；

6. 培养了一支善于打硬仗的生产管理团队。

以上成果为应对当下激烈的竞争环境打下坚实的基础，同时也为迎接未来电商及碎片化经济做好了铺垫；更重要的是化解了企业在经营过程中遇到的风险，并对未来实施数字化（企业资源计划，ERP）、智能化和融合化提供了可能性，为企业的可持续成长提供了发展的动力。

由此可见，印刷企业必须建立完整的绿色化发展体系，形成适应企业自身条件的绿色发展线路图，为企业未来的转型升级打下坚实基础。

（2019 年创新大会优秀企业案例）

建宏印刷：当按需印刷遇上新零售

当按需印刷与新零售相结合，会发生什么？这是过去几年中，郭建红一直在思考的问题。

在行业融合化发展不断深入的今天，如果再把按需印刷当作一种商业模式的重大创新，不免有些"老生常谈"。

创新不是结果，而是一个持续的过程。任何一项创新技术，如果不能与时俱进，将其与各种最新的技术、理念相结合，不断推陈出新，都会面临发展瓶颈的制约。

特别是近年来，在市场需求和新兴技术的支撑下，越来越多的出版印刷单位投入大量人力物力，建设软件平台，购买印刷装备，在加强按需印刷这一业态建设的同时，也带来了新的问题。

虽然市场空间依旧巨大、新的需求仍在不断产生，各种商业模式在持续形成，但作为一种新兴业态，按需印刷并没有任何成功模式可供参考，只有不断创新发展，才能永葆活力。

勤于思考、善于创新的郭建红，很快就发现了按需印刷与新零售结合所蕴含的巨大潜力。"以按需印刷服务于图书新零售的商业模式"也呼之而出。

一、向按需印刷进发

郭建红是北京建宏印刷有限公司（以下简称建宏印刷）的总经理。平易近人、管理有方、善于"折腾"，是业内人士对他的深刻印象。

"建宏印刷"在行业中是一个响当当的牌子，成立于1999年，其前身是北方华进印刷服务有限公司。郭建红的第一份工作就是在这家印刷企业做业务经理。在有了一定资源积累后，郭建红于1996年自立门户成立了北京帝诚国际广告有限公司，并于 1999 年看准时机，收购了北方华进，并将其更名为建宏印刷。

建宏印刷一开始的市场定位非常明晰——以传统商业印刷为主。然而，随着中国市场经济不断发展，市场竞争也日益加剧，传统商业印刷这块"大蛋糕"开始被越来越多的印刷企业分食。郭建红发现公司客户的订单数量不断增加，每单活件的印数却越来越少，这种变化不符合传统商业印刷的生产特点，却很符合另一种新型印刷方式——数字印刷的生产特点。

找准了方向的郭建红做出一个重大决策——将印刷工厂一分为二，打造成现代化的"传统＋数字"工厂，走出自己的特色道路。

2014 年 8 月 27 日，对于中国按需印刷和建宏印刷来说，都是一个值得纪念的日子。这一天，中国出版集团公司及下属中国图书进出口（集团）总公司举办"中国图书全球按需印刷启动仪式"。

随后，中图公司以图书中盘商的身份，强势进军按需印刷领域，轰动整个行业。2015 年，建宏印刷与中图正式合作，承担起中图全球 POD 项目的按需生产任务。就这样，在尝遍数字印刷转型的酸甜苦辣之后，郭建红选择了新的事业平台，投身 POD 按需印刷市场开疆拓土。

二、为图书新零售赋能

"线上线下和物流结合在一起，才会产生新零售。"2016 年 10 月的阿里云栖大会上，马云在演讲中第一次提出了"新零售"概念："未来的十年、二十年，没有电子商务这一说，只有新零售。"

很快，"新零售"概念迅速蹿红，引起行业的极大关注。

新零售，即企业以互联网为依托，通过运用大数据、人工智能等先进技术手段，对商品的生产、流通与销售过程进行升级改造，进而重塑业态结构与生态圈，并对线上服务、线下体验以及现代物流进行深度融合的零售新模式。这是百度百科给出的新零售定义。

这正是中图按需印刷一直以来希望在图书零售市场上做到的事情。按需印刷，正是对图书零售的革新。

在建宏印刷看来，传统国产图书零售，是由"货场人"构成的垂直分销模式，其生产方式是出版社预估市场销售情况，将制作好的图书电子文件下发至印刷厂，印刷好图书后，统一上市销售，这种方式有很多弊端。而外版图书因物流和区域买断、版权买断等问题，也会造成国内现货品种数量有限、供货周期长及盗版等问题。

而现代图书零售市场，则是由"读者——线上线下通道——供应链平台——读者"形成的完整闭环，这就是新零售本来的形式。

"我们的解决方案是以建宏按需印刷为支点的新零售图书供应链平台。"郭建红一语道破其中本质。

具体来说，建宏印刷的解决方案是以"以销定产，先卖后印"为核心，通过大数据分析不同年龄、不同区域、不同类型的用户需求，在充分运用中图公司 500 万种可供按需印刷的数据资源和国内外大众零售市场渠道的基础上，全力打造的中国原版图书供应链平台。

三、"贴心善印"

"新零售"的概念虽好，但对于建宏印刷来说，如何落地才是关键。

新零售，一端连着用户，另一端连着生产，而这中间，需要通过服务来连接。

在中图按需印刷的官网上，有这样一句话——"贴心善印，岂止于印"。"贴心善印"正是建宏印刷的服务理念。

为此，建宏印刷自主研发了一套完整的贯穿按需印刷业务的执行系统，连接客户文件上传、下单，以及工厂生产印刷的核心节点。

其中，印库系统，是建宏印刷的印前自动化平台，主要用于文件自动化检测、修改、上传、批量源文件规范化、结果反馈，可实现用户 PDF 文件一键上传，并对上传文件进行印前自动化的预检测和内容更新。通过印库系统，建宏印刷不仅建立起用户的可印刷图书书目资源数据库，也扩充了订单业务渠道。

贴心系统，是建宏印刷的客户订单系统，主要用于数据资源对接、在线咨询、下订单、物流信息等，可以为客户提供批量化的源文件规范化服务、数字资源存储的整体解决方案；在线完成从咨询到下单到配送的全过程。出版企业可以通过与"贴心"印前处理系统平台的对接，大大提升订单的效率和便捷性，实现了端到端的信息整合，开创性地让按需印刷过程电子商务化。

善印系统，即建宏印刷的生产管理系统，主要用于生产过程智能管理、原料自动分配、设备和生产实时状态查看等，可与"贴心"系统衔接，智能管理订单、原材料、设备、人员等生产资源，突破了传统生产管理系统只能管理到每批产品的局限性，实现了对每件产品生产过程的实时管控，用户登录"贴心"系统，即可实时了解订单的真实进程。

通过"印库"，以及"贴心""善印"系统，建宏印刷打通了用户与生产之间的通道让新零售有了落地的可能，也让按需印刷与新零售更加紧密地结合在一起。

四、按需印刷新玩法

按需印刷与新零售结合的玩法有很多，POD Stack 就是其中最受瞩目的一个。

POD Stack 是建宏印刷成功运用按需印刷方便高效的特点，同时利用大数据思维和长尾模式经营的现代复合型书店。在这里，读者可以定制属于自己的个性化图书，更可通过 POD Stack 与作者和编者互动交流。

无论是环境、空间、布局、体验上，还是在书的分类、陈列、导购、下单中，POD Stack 书店都能做出特有的改变；在 POD Stack 书店里，可以选书、看书、买书、写书、分享，也可以洽谈、聚会、工作……

通过"小空间·大内容"的设计理念，POD Stack 成功打通百万种图书资源与读者的联系，在馆配、机构市场等领域得到了成功应用。

此外，建宏印刷还将可变数据印刷技术与移动互联网、云计算和大数据分析等现代信息技术相结合，创新性地将"动态二维码"，即"一书一码"应用于出版物印刷领域。

一书一码可以轻松地做到分辨真伪，同时也认证了正版书的读者，可以让正版书读者获得专有的电子版本和图书的音视频资源，还可以赋予其在互动社区的专属权益。正因为这些设计，二维码的扫码率很高。通过对这些真实扫码数据分析，出版企业可以轻松地获得真实鲜活的发行数据。

五、巨大的发展空间

在国内，我们过去常常能够听到"按需印刷叫好不叫座"的说法。很多企业投入很大成本进入按需印刷市场，但投资回报率却很低。

但这对于建宏印刷来说，都不是问题。建宏印刷的盈利点有很多，如出版数据的标准化加工和技术服务、按需印刷为支点的图书新零售、按需印刷生产加工服务……

"我们的核心竞争力是依托总公司的渠道和资源，全力打造的'按需印刷服务+图书新零售'的新商业模式。"

事实上，自建宏印刷涉足按需印刷业务以来，公司业绩节节攀升。连续两年均实现了超过100%的增长。

2018年，中国图书零售市场同比2017年增长11.3%，总销售额高达894亿元。这是一个充满潜力的市场，而且在建宏印刷看来，真正的竞争者少之又少。

"当今国内在开展按需印刷服务的企业因自身资源和渠道等客观原因限制，市场关注点多集中在纸张包装、商务印刷、按需出版、像册书、标签印刷、数码加盟中心等其他领域，很少有能力和技术涉及图书按需印刷+新零售这一全新的领域，为我们的未来发展留下巨大的市场空间。"

建宏印刷除了继续完善和创新按需印刷技术外，还改善生产工艺，降低图书的印制成本；除了继续开展海内外图书数据资源的汇聚、丰富内容资源，在更多的商业领域布局POD Stack体验店、快速占领市场，与图书经销商建立渠道分销平台、共享按需印刷新零售商业模式外，还希望在北京顺义，打造产学研一体化基地，并在全国布局按需印刷分印中心。

计划未动、资金先行。为此，建宏印刷也启动了新的融资计划。在2019年中国印刷业创新大会印刷创新项目产融对接路演观摩活动中，郭建红明确提出，要通过股权融资的方式，融资 2 亿元。

"我们期待长期战略合作伙伴，共同打造中国按需印刷新零售。"在路演观摩活动的最后，建宏印刷向全行业发起了合作的邀约。在建宏印刷的推动下，按需印刷与新零售究竟能够碰撞出怎样的火花，让我们拭目以待。

（2019 年创新十强，原载于 2019 年 5 期《印刷经理人》杂志）

尚唐：围绕"童书"的多元化发展之路

关于儿童读物，你的记忆可能停留在《三毛流浪记》这类小人书，或是《几米漫画》这类绘本上。但是随着"80后""90后"成为父母，儿童教育越来越受到重视。因此，在受电子阅读影响严重的出版物印刷行业中，童书制作非但没有任何萎靡之势，反而呈一片欣欣向荣的景象。北京尚唐印刷包装有限公司（以下简称尚唐）就是童书制作领域的佼佼者，笔者对尚唐董事长唐智军进行专访，了解尚唐在童书制作领域的多元化发展之路。

一、始于"特种工艺"

纸张表面特殊效果加工，如各种颜色的电化铝烫印、局部UV上光、磨砂、七彩粉、植绒、玻璃珠、特亮光膜、亚光UV、起凸等均为印刷的特种工艺。21世纪初，北方地区拥有特种工艺的企业寥寥无几，但是在经济发达的深圳，很多外资或者中外合资的印刷企业，特种工艺技术已经非常成熟。

唐智军在大学毕业后被分配到深圳工作，能够实现多种印刷效果的特种工艺给他留下了深刻的印象，而在工作中，通过对内地印刷业态的深入接触，了解到能实现纸张表面特种工艺和手工制作研发的企业极少，但市场有极大的需求。2001年，唐智军在多方考察下，最终决定以纸张表面特种工艺和手工制作研发为切入点，来北京投资办厂，从事出版物印刷装订、纸张表面特殊工艺加工、书刊高档装帧等业务，尚唐就这样诞生了。

实践证明，唐智军的选择非常明智，来北京投产后，特种工艺的市场被迅速打开，需求非常旺盛，市场的推动，加上尚唐在此业务上的不断聚焦，先进的经营管理理念和严格的品质控制，使其成长非常迅速。成立两年后，尚唐的销售规模与生产人员数量迅速攀升了5倍，四年后销售规模增长了10

倍，今天，尚唐在特种工艺图书制造中处于行业领先的地位。

二、尚唐的"两翼"战略

"建设具有纸张表面特种工艺和手工制作研发优势的综合型高端出版印刷企业"是尚唐的战略定位，并以"纸张表面特种工艺和手工制作研发"为两翼，助力尚唐实现快速发展。

特种工艺方面，尚唐在行业中率先引进瑞士 PUR 覆膜技术及全套设备，使覆膜效率比传统工艺提升五倍、单张能耗下降五分之一；覆膜干燥固化过程除去了传统工艺的热烘环节，单张 VOCs 排放几乎降为零，实现了覆膜工艺节能、减排、高效的升级；其他诸如局部上光、局部磨砂、烫印起凸等特种工艺在自动化程度、工艺创新、特种工艺齐全度等方面都建立起了优势。

手工制作则重在研发，不但要实现设计师的设计效果，还要解决大规模生产 IE 工程的问题，尚唐创立了纸艺工程研发中心，除了研发新工艺、新材料应用外，还投入了激光雕刻机、激光裁纸机等软硬件设施服务于设计师及手工制作生产线。为了保持纸艺工程研发的创新和活力，尚唐还积极参与高校的产学研项目，在西安理工大学印刷包装学院设立纸艺工程实验室，把专业院校的研究成果快速转换成生产力，并培养大量专业人才。

通过这些事例，让记者感受到了尚唐清晰的战略定位和强有力的战略执行力。唐智军开玩笑地说，对于尚唐，两翼弱是企鹅，两翼强就是鹰。

尚唐的"两翼"重点发力在童书制作上。学龄前的儿童读物，需要读者和书籍之间进行紧密的互动，加强儿童的动手能力，充分激发儿童想象力，于是各类玩具书、立体书、益智书、互动书就蓬勃发展起来，而这类图书的生产都需要特种工艺和手工制作研发来实现（图1）。

采访中，唐智军随手拿起桌上一本名为《车辆动起来》的玩具书举例。为了更好地让小朋友认知到各类交通工具的特点，书上的各类"车"都可以"动"起来，加上马路、树木等各类场景，一本书中有上百个活动部件，而每个活动部件都是由模切出来的特殊形状的纸零件拼装而成，并且还要保证这些零部件久翻不烂，坚实耐用。

图 1　尚唐的精致童书产品

为了保持对工艺技术、新材料应用方面的创新性,尚唐非常注重工艺技术和新材料应用的研究,并取得许多专利成果,也正因为如此,尚唐被评为"国家高新技术企业",获得"北京印刷质量十佳企业"等荣誉。《车辆动起来》《书里藏着好多虫》成为新型玩具书中名副其实的"爆款",《新疆维吾尔自治区地图集》获得了"中华印制大奖"铜奖,而《最酷最全交通工具》则获得了"中国政府出版奖"。

除了纸艺工程研发中心外,唐智军还在筹备成立玩具书原创机构,从事玩具书选题策划、设计研发,不但满足尚唐自己的选题需求,还可以为其他出版机构提供玩具书原创选题策划服务。

三、水到渠成成立"尚童"

对于童书出版产业生态来说,尚唐做的是加工制造。随着对童书制作工艺的精进,国内玩具书市场的扩大,进军玩具书内容策划、设计研发,成为一件水到渠成的事情。2012年,"尚童童书"应运而生,聚焦于玩具书创意、策划、发行。

由单一印刷业务向图书策划、研发、发行领域拓展，文化出版垂直产业链的延伸让尚唐改变了印刷业提供单一定制服务的经营模式，在产品创意、设计等方面自主性增强。随着产业链的打通，协同效益逐步显现。

例如，订单按时交付是印刷企业的核心竞争力之一，但作为文化出版产业下游环节，印企不能完全自主、自由分配产能，淡旺季明显，尚唐与尚童配合便能很好地解决这个问题。填充淡季订单，缓解旺季生产压力，合理分配尚唐产能，减少人员、设备闲置状态，使产量曲线更平滑、生产节凑更紧凑。

如果说在文化出版产业内实现多元化发展为尚唐创造了协同效应，那么聘请前麦肯锡咨询团队参与的"尚唐战略运营转型"项目的启动，将使尚唐在升级管理理念、提高企业综合管理水平、最终向智慧工厂迈进的征程上踏出坚实一步。唐智军解释说，国家倡导的供给侧结构性改革对于企业来说，就是要通过企业技术创新、设备升级、管理革新实现企业产品质量、运营效率、绿色环保的大幅提高，希望通过专业咨询机构的帮助实现尚唐脱胎换骨。

在尚唐获得的荣誉中，还可以看到"北京绿色印刷工程优秀企业""全国推进绿色印刷标兵企业"等称号。显然，尚唐在绿色环保方面也下了许多功夫，申报绿色印刷工程项目，在内部形成了确保绿色运行的长效机制，尚唐在获得市场认可的同时，也能从容面对国家越来越严格的环保要求。

从尚唐印刷到尚童童书，从纸艺工程研发中心到玩具书原创机构，尚唐不断向产业上游延伸，在童书策划、出版、研发、制造领域实现产业闭环。"假如不能制造精品、不能提供优质服务，尚唐就没有存在的理由。"这是尚唐的誓言，在此动力的驱动下，尚唐精益求精、追求卓越，在童书设计研发、生产制造领域越做越成功。

（2019年创新十强，原载于2019年5期《印刷经理人》杂志）

恒鑫：创新 PLA

美国有部电影《人猿泰山》，主人公"泰山"身强力壮、行走敏捷，这与他长期生长在原始森林，吃原生态食物息息相关。

只可惜那样的环境今已鲜见。人类创立了化学，发明了塑料，方便了日用，却污染了环境。

以一次性饮水具为例，塑料杯看似轻便，却不易降解，会对土壤、水源造成持续性破坏。它进入我们的生活已有多年，是很大的环境隐患。

穷则思变，忧则除患。范仲淹的《岳阳楼记》，抒发"先天下之忧而忧"之情怀，后继者无数。

由严德平任总经理的合肥恒鑫环保科技有限公司（以下简称恒鑫），便是今天创新 PLA 环保杯，排除饮具忧患的先锋。

PLA，中文译名聚乳酸，其核心成分是玉米淀粉等生物基。恒鑫用此材料制成纸杯及杯盖、刀、叉、勺、吸管、搅拌棒、纸餐盒、发泡餐盒等产品（图1），既不会损害人体，又易于弃后降解，免除环境污染，有效取代传统的塑料和普通纸质餐饮器具，堪称快速消费领域的革命性转变。

恒鑫 PLA 产品外销后，很快得到国际高端市场认可，订单扩及美、欧、非、亚和大洋洲，与几十个国家建立了合作关系，目前每月出口量达 200 个货柜。内销也是波涛滚滚，势如破竹。2017 年，恒鑫店铺发出的包裹覆盖中国 31 省 316 市，随之而来 3 万余个好评，恒鑫生产的产品深受消费者喜爱。

图1 恒鑫PLA产品

恒鑫以出色业绩当选中国印刷技术协会柔印分会副理事长单位、中国塑料加工工业协会降解塑料专业委员会理事单位，被评为"安全生产标准化二级企业"，获得全国第三届"生物基与生物分解材料技术和应用推进贡献奖"。

都说环保重要，但真正做到环保却非易事；好比"樱桃好吃树难栽，不下苦功花不开"。而恒鑫环保名副其实，源于以下两项创新支持。

一、创新材料

恒鑫自1997年投建，创新材料便持续不断。设立了新产品研发中心和企业技术中心，与科研院所合办了PLA应用技术科研所；经过反复研究和实验，取得各种专利20项，为推出PLA纸杯做好了各项准备。

研发结果表明，PLA是全球目前最具环保性能的绿色材料。与其他材料相比，独具4项优势：（1）是现阶段唯一透明的生物基；（2）使用后可堆肥或填埋，100%生物降解成二氧化碳和水；（3）以可再生资源（如玉米淀粉）为原料，能长期供给；（4）最有望形成规模化商品生产。

2008年，国际金融危机袭来。早就对聚乳酸开弓在弦的恒鑫逆势而动，于全国率先上马PLA纸杯，实现了质的转型。

2012年，恒鑫收购广东罗宾生化，成立安徽恒鑫环保新材料有限公司，壮大了合肥地区的 PLA 产品线。2014 年，恒鑫在著名玉米产地吉林省省会长春设立吉林恒鑫环保科技有限公司，成为该省"全面禁塑"后的首家 PLA 制品企业。2015 年，恒鑫与农产品营销经验丰富的中粮集团合资，在长春成立既生产聚乳酸原料（玉米淀粉），又生产聚乳酸制品的吉林中粮生物材料有限公司。至此，恒鑫产业链覆盖了 PLA 从原料到成品的全过程。

恒鑫本部连同安徽、吉林两省所辖企业，集研发、设计、淋膜、印刷、纸杯成型为一体，共拥有 10 万平方米建筑面积，3 条全自动高速淋膜生产线、8 条柔印印刷生产线、100 多条中速纸杯生产线及数条配套产品生产线，年产聚乳酸原料 3 万吨、PLA 纸杯 28 亿只以及大批餐饮配套用品，成为中国 PLA 制品规模化生产厂家的典范，在全球 PLA 快消产品市场占据重要地位。

二、创新技术

恒鑫认为"玉不琢不成器，材不做不成品"，所以其重视创新技术推广，建立专门机构司职，培养骨干力量操作，抢占前沿阵地坚守，全公司员工 700 余人，多为能工巧匠。

恒鑫落实 6 项举措，创新技术定局：

（1）取得多项技术管理体系资质认证（ISO9001 国际质量体系、ISO14001 国际环境标准体系、FSSC2200 食品安全体系和 ETI 职业健康安全管理体系），并按其规定程序操作；

（2）遵照"QS"生产许可进行生产；

（3）依照国际标准和企业标准，运用先进检测设备，实施原辅材料、生产过程、产品入库和产品出库四级检测；

（4）对产品的感官指标、容量、物理性能、卫生指标、理化指标严加控制；

（5）所有 PLA 产品均为自主淋膜，采用食品级原浆纸，水墨柔版印刷，确保产品稳定、安全、无污染；

（6）执行 HACCP 计划，成立食品安全小组，提供产品安全、环境控制、社会责任等项的全面保障。

创新技术的结果，使得恒鑫 PLA 产品达到 5 项显著效果：

（1）PLA 原料由聚乳酸发展成为改性聚乳酸；

（2）改性 PLA 产品不仅环保，而且更加耐热、耐水，保质期更长；

（3）杯盖、刀、叉、勺、吸管、搅拌棒等产品的规模化生产处行业领先地位；

（4）发泡餐盒产品技术填补了国内的空白；

（5）产品型号多种多样，琳琅满目，如纸杯有单层杯、双层杯、瓦楞杯、冷饮杯、汤杯、透明杯等十余种，形状各异，外表美观。

恒鑫 PLA 产品通过创新技术，优良指标攀升，质地过硬，经得起严格检测，顺利拿到了国际上多项高难度的"门禁卡"，如欧盟 DIN 认证、美国 BPI 认证、世界森林管理委员会 FSC/COC 认证、美国 FDA 认证、德国 LFGB 测试等，继而在这些发达、环保的国家畅通无阻。

肯德基、星巴克、必胜客等知名快餐品牌久负盛名，上座率居高不下。恒鑫被这些知名快餐品牌选为固定的配套产品供应商，充分说明了中国环保制品有资格进入高端市场，中国人有能力担当环保责任。

恒鑫不是把 PLA 产品简单地销出，而是通过高素质专业营销团队运行和多个电商平台（恒鑫官网、恒鑫阿里巴巴国际站、恒鑫阿里巴巴国内站、恒鑫天猫旗舰店、恒鑫微商城）运作，搜集意见、倾听心声、实施反馈、解决问题于第一时间，缩短与海内外顾客的距离，让其得到称心满意的服务。

恒鑫创新的全部精华，可用 3 个"自然"概括：取自自然，用于自然，回归自然。地球将大自然的美给了人类，人类理当保护自然。在自然面前，恒鑫人无愧无悔。

"这个世界上只有一种成功，那就是按照自己的愿意度过一生。"

恒鑫的愿景是："成为全球环境保护事业的先行者。"他们将为此建功，献出一生！

（2019 年创新十强，原载于 2019 年 5 期《印刷经理人》杂志）

恒晟图文：第三代图文运营模式的开创者

在杭州，有一家创立于1998年的快印企业，它以"新零售"概念为基石，创新推出第三代图文快印企业运营模式，贴上了互联网时代最新发展潮流趋势的标签。这家企业就是恒晟图文（杭州）有限公司（以下简称恒晟图文）。

经过20多年的发展，恒晟图文规模不断发展壮大，从最初的4名员工，发展到如今130多家门店，500多名员工。截至2019年8月底，恒晟图文覆盖了全国13个省级行政区和27个地级市。

如此快速的发展，恒晟图文是如何实现的？这要归功于创始人朱小明把握住市场趋势，在图文行业的发展变革之路上，探索出的独到运营模式。

一、"新零售"代言人

随着互联网时代进入下半场，各行各业都刮起了"新零售"之风。朱小明对"新零售"也有着自己的理解。他认为："新零售的本质离不开零售，大家都在'新'上做文章，但更重要的是要了解这个'新'字背后的零售是什么？"

今天，多数企业整合供应链的效果都不明显。在朱小明看来，症结在于"交易量"。而恒晟图文的"新"在于提升结盟门店的经营能力，也就是提升赚钱的能力，而不是先去整合供应链。

如何提升赚钱能力？这是每个企业都需要深入思考的问题。在掌舵恒晟图文的过程中，朱小明对杭州及全国的数码印刷市场现状、快印企业的发展，尤其是对快印企业的创新升级，都有着自己独到的见解。他创造性地将图文快印行业的发展分为三个阶段，并对每个阶段的发展状况进行了深入的分析和解读，这也构成了恒晟"第三代图文快印企业运营模式"的理论基础。而未来的经营模式，都要基于"第三代图文快印企业运营模式"来实现。

在他看来，第一代图文快印店主要为街头的"夫妻店"，他们大多依靠自己经营，且门店杂乱，发展空间严重受限。第二代图文快印店一般为大型图文企业。它们设备齐全，人数众多，部分企业有了自己的设备、规范以及标准，强调管理，也是目前图文行业做得比较好的门店类型。由于网络大环境的变化，第三代图文快印店着重彰显"一站式服务"，门店也更希望变得小而自主，这样才能集结更多门店发挥供应链管理的效益。

为此，恒晟图文一方面建立线上互联网服务平台，另一方面广泛布点到写字楼、产业园等，形成线上线下相结合的客户体验模式。正如其关于第三代图文快印店的宣传语："楼上楼下，左邻右舍，贴身服务；从线上平台，到线下贴身体验，物流配送，提供各类商务服务，打造完整、有效的服务流程，提升客户服务价值。"通过"第三代图文快印企业运营模式"，恒晟图文很好地诠释了"新零售"的本质特征，成为"新零售"的代言人。

二、第三代图文快印企业运营模式

在图文印刷服务中，企业客户占据着绝对比重，而第三代图文快印店更是进入写字楼、产业园，定位企业形象管家，直接贴合企业需求。恒晟图文的业务范围包括 VICI 设计、广告类、会展类、宣传物料及公司商务礼品等几乎所有商务活动使用场景。

"从图文快印、创意设计到各类企业服务场景，第三代图文快印店可以深度切入客户需求点，并以此提供一站式服务的线下桥头堡和客户体验站点。"朱小明如是说。

因此，恒晟图文除了发力推广第三代图文快印店，也在全力打造企业服务平台。"除了企业的主营业务及行政办公，其他商务服务我们都能承接，甚至包括小型营销推广策划、律师服务等，这些都属低频需求，再用图文这一高频需求吸引客户，进而转化成有效客户。"

为此，恒晟图文积极整合线上线下资源，深入挖掘用户需求，为企业提供自主化、便捷化、专业化、多元化的一站式企业商务服务平台。

在图文快印行业，客户消费市场容量为百亿级；在商务印刷市场则可以达到千亿级，而在第三代图文快印店的业务模式中，则可以达到万亿级的规模。因此，第三代图文快印店，通过线上平台服务，线下体验门店联动，全渠道解决企业服务需求，让快印店可以在万亿级消费市场中尽情发挥。

"第三代图文快印企业运营模式"，还兼容了众多时下领先的概念。

1. 轻资产管理模式

恒晟图文的第三代图文快印店采用轻资产管理模式，30万～40万元的投资规模，就可以开设一家图文工作室，特别适合初创人员、员工创业等；投资少、回报快，符合大众创业的预期。

2. 数字化管理

在管理方面，恒晟图文依据二十年的管理沉淀，开发出了适合工作室的管理架构，把繁重的生产外包、外移，突破产能限制。

恒晟图文坚持推行数字化管理，为此打造五项优势管理模式，研发出两个数字模型；通过管理系统，收集门店经营数据，并结合五项优势管理模式，结合数字模型结果输出，来判断门店管理症状，目标为简化管理，甚至不管理，将门店日常经营的动作和要求，融入管理系统中。

据恒晟图文预测，通过五项优势管理和数字模型，可以实现10分钟了解门店财务状况，10分钟分析门店经营问题，10分钟明确改进提升方向，实现业绩提升，效益翻番，大大提升了运营效率。

3. 弱化管理工作

恒晟图文根据二十年的管理经验，实现了一系列弱化工作室的管理动作，结合三个资本即货币资本、人力资本、智力资本的理念，凝练成为九大支持系统，分别为股权激励系统、创业支持系统、产品服务系统、软件平台系统、形象标准系统、组织运营系统、培训培养系统、客户管理系统、营销推广系统，进而使得恒晟图文搭建了完善的组织框架，打造了一个适合自己的盈利模式。

通过上述细化的措施，保证了未来所有门店都能采用相同的管理系统，如此等到积累到足够的门店数量、订单数据后，最终发展成智能供应链管理的层次。正是这些不断增强的"内功"，推动着恒晟图文不断向前发展，不断为快印市场带来新的惊喜。

三、注重人才培养，满足员工持续发展需求

恒晟图文自创办以来，一直致力于"以员工发展第一"的管理理念。第三代图文模式，即满足了员工发展的终极需求——自主创业，合伙创业。

在员工自身发展上，恒晟图文日渐明确员工发展的最终目标即"合伙"，合伙是人力资本价值体现的重要方式。通过合伙人政策，恒晟图文最大限度地与员工分享公司利益，不断深化公司与员工的利益分享方式，推出并深入地贯彻执行"员工合伙"制度。

第三代图文快印店模式，秉持从小业主到投资人的原则，形成"出钱的轻松，干活的努力"的人力资本分配模式，通过资本与人才的深度合作，充分发挥人力资本作用。

可以说，第三代图文快印店模式，是恒晟图文近二十年发展模式探索的新成果，更是凝聚二十年成功经验后踏上的新征程！我们也期望恒晟图文能够再次开创行业模式创新的新篇章！

（2019年创新十强，原载于2019年5期《印刷经理人》杂志）

科望的智能化建设之路

2018年冬天,《印刷经理人》记者曾前往江苏昆山,对杂志2018年第12期封面人物昆山科望快速印务有限公司(以下简称科望)总经理王建华进行面访。此前,"科望老王"已经为业内很多人所熟知,他的幽默、睿智、前卫给大家留下了深刻印象,公司与杜蕾斯等品牌客户合作推出的个性化定制包装也成为案例在业内广泛传播。但不为人知的,则是在这里历经两年规划、一年动工,一座智能化工厂已经悄然建成。这一次,王建华领衔的科望再次获得行业瞩目。

一、脚踏实地迈向智能化

2019年,科望智能化工厂正式启用。通过生产现场、IT系统、物流系统、客户和产品及生产设备的互联,以"智能工厂"与"IT系统"为基础,实现智能化生产、各系统网络化协同、自动化物流以及客户的个性化定制,达成快速高效的智能化生产闭环模式,王建华希望在科望打造一个"世界级高端智能包装印刷综合体"。

近几年,"互联网+""大数据""智能化"成为热点,"降低员工劳动强度""减少人力成本""提升产品效益""保证产品质量"也是制造业发展的大势所趋。但科望的智能化建设,并非是"追热点""赶潮流"。在传统印刷包装行业摸爬滚打20余年,它一路拼搏一路探索:2003年实现色彩控制的数据化,2004年导入ERP管理系统流程信息化,2006年实现版房自动化,2011年实现印前智能化、厂房绿色化,2018年实现物流及存储智能化。可以说,科望的智能化发展道路,是一步一个脚印坚定地走出来的,是有着充分的前期储备且不断持续深入的。

二、科望的智能化建设

具体而言，科望的智能化建设，其生产运营模式通过工业互联网将智慧工厂、智能立体仓库和智能生产连接，印前模式借助手机 3D 实景体验，将线下实体看样交流转化为线上模拟实景确认效果，从而实现人、产品、信息、设备、服务的融合（图1）。

图1　科望智能化生产车间

印刷设备接收到客户订单指令后，根据后台数据实施印刷动作，特殊定制的机组排列可实现多种特种印刷工艺，并自动检测矫正，实时修正，确保颜色的一致性和产品的稳定性；完成印刷工序的产品由 AGV 智能机器人接收，并根据指令输送到下一工序，后道机台完成成品，由机器人输送到自动打包制程，打包完成的产品自动进入智能立体仓库，全程数据跟踪，实时掌控整个生产过程，确保效率和品质。

在这里，基于目前的硬件设备，多种特种印刷工艺能够自如应用，如联线消光、联线亚光处理、联线压纹等联线表面特殊处理，同时在联线冷烫中实现更多色彩的变换，为产品添加炫彩的高端整饰。对于主要侧重于前端设计和工艺的产品，科望在前端加强与客户设计思路和理念的沟通，导入使用并优化 ESKO 印前设计软件。软件可根据客户提供的元素设计印刷版面，并以 3D 模拟卖场货架效果，让客户在 2 小时之内就可以看到产品的初步设计效果，筛选出满意的效果再上机打样，个性化定制产品速度更快、有效共享并整合数据，加快周转，效率更高，同时增强客户真实体验感，为客户产品带来更多的附加价值。

在这里，通过自动仓储、自动搬运、自动化生产设备、自动化检测设备与信息化软件进行集成，科望智能化车间对整个生产过程实现数据采集、过程监控、TPM 设备管理、质量管理、生产调度以及数据统计分析，从而实现生产现场的信息化、智能化和柔性化的智能制造管理。6000 库位智能立体仓库提供了仓库货物的立体存放、自动存取、标准化管理，也可大大降低储运费用，减轻劳动强度，提高仓库空间利用率。

三、科望智能化建设经验

科望的智能化发展道路坚定且不断持续探索，总结下来有以下几点：设施自动化，生产管理标准化，营销服务化，产品个性化，工厂管理智能化、数字化。结合 MES、ERP、WMS、AGV 及机台系统，整个生产过程全程数据跟踪，实时把握物料动态、监控生产过程，最终通过信息化和技术提升管理能力，增强企业的行业竞争力，打造智能化标杆工厂。

当然，智能化建设虽然好，但带来效益提升才是关键。在这一点上，科望同样做到了。无论是对企业自身，还是对品牌客户，其智能工厂带来的经济效益都十分可观。据了解，科望智能立体仓库在 2000 平方米的面积上产生近 10 倍效益，每年节约租金成本 612 万元，节约人工成本 100 万元；在互联网数据化管理模式下，工厂效率提升 40%，不良品由原来的 0.7% 下降到 0.3%，生产不良率下降超过 50%，未来一年销售额可超过 2.2 亿元；帮助客户品牌提升，为全球世界级品牌客户贡献精品智能包装产品价值近 2 亿元，提供增值利润 5% 以上。

王建华将"坚持智能化发展路线"视为增强公司核心竞争力的手段之一，希望通过聚力创新、聚焦品质及服务营销，成为世界级品牌客户高度信赖的精品包装合作伙伴及内部员工高成长平台（公司内部称为"两聚两高"愿景）。在他看来，科望之路就是一条转型发展之路，一路走来，企业内力的比拼尤为关键。在这方面，智能化建设正是重要依托。

（2019 年创新十强，原载于 2019 年 5 期《印刷经理人》杂志）

界龙艺术：大数据下的印刷企业创新发展之路

这是一个老牌印刷企业不断创新发展的故事。

故事的主角，就是上海界龙艺术印刷有限公司（以下简称界龙艺术），以及其掌舵人龚忠德。

界龙艺术在几十年的发展历程中，早已深深地打上了龚忠德的个人烙印。

早在1988年，龚忠德便通过人才引进到界龙艺术工作，当时的界龙艺术属于一般的村办企业，对人才特别是行业专才很渴求。而对从中国印刷行业最高学府——北京印刷学院第一届印刷专业毕业的高才生龚忠德来说，在看到了界龙艺术的诚意、感受到界龙时任领导人费钧德的人格魅力后，毅然放弃"铁饭碗"，选择了这家当时还默默无闻的村办企业。

这便是龚忠德与界龙艺术故事的开始。四年后的1992年，年仅30岁的他就被费钧德委以重任，出任界龙艺术的前身，刚成立的上海龙樱彩色制版有限公司总经理。在他的带领下，公司当年盈利百万元以上，以后每年销售额都以30%的速度递增，实现了三年翻一番、五年收回全部投资的目标。

1997年，不满足制版与印刷分离的龚忠德创办了界龙艺术印刷有限公司，将制版与印刷衔接起来，形成了规模效应，印刷销售收入每年递增30%以上，化解了龙樱单一制版的经营风险。有了制版这个先天基因，再加上出色的印刷管控，界龙艺术在精细化印刷领域走在了行业的前列。

这几年，印刷电商在国内发展如火如荼，各路资本纷纷涌入，好不热闹。然而早在2000年初，一向善于"折腾"的龚忠德很早就预见了电子商务的巨大潜力，推出"龙樱网"，该网站成为国内首家和唯一一家在线提供DIY设计、印刷订购、支付、配送一条龙服务的电子商务网站。尽管由于各种原因，龙樱网最终停运，但作为印刷电商在国内发展的先锋，至今还被人津津乐道。

可以说，创新的基因，早早就融入界龙艺术的血液之中。

一、绿色化，主动出击

如今，随着环保要求的不断提升，印刷企业的绿色化建设成为焦点。对于界龙艺术而言，企业实施绿色印刷，从不是被动应对，而是主动规划和实施。这种主动出击的做法也赢得了市场的认可和行业的尊重。在由国家新闻出版署主办的 2019 年中国印刷业创新大会上，界龙艺术就作为国内印刷企业绿色化的先进典型，分享了成功经验。

在龚忠德的推动下，公司很早就引入了中央空调以保证车间的恒温、恒湿条件。在废气整治中把环保治理中 VOCs 治理概念引入，利用中央空调系统原有设备，把活性炭吸附装置有机融合到中央空调体系中去，通过改造，车间废气均能够达标，既保证了车间恒温、恒湿的条件，又有效地达到了废气整治的目的，而且节能降耗。

最近几年，LED-UV 技术得到重视，很多国内外供应商做了相应研发，研发成果在行业里面迅速传开并应用。与传统汞灯 UV 技术相比，LED-UV 技术更具优势——灯具环保没有臭氧、能耗低、灯管寿命长、油墨 VOCs 零排放、干燥速度快、无须喷粉、印刷颜色无干褪。目前 LED-UV 油墨市场上的价格定位比普通的油墨平均要高一倍左右，如果投资应用，还需要配置灯具设备，成本可想而知。

在这种居高不下的新技术成本下，为什么要去重视，甚至要去推广 LED-UV 技术呢？通过比较，界龙艺术发现，普通油墨干燥速度慢，印刷容易蹭脏，印刷效率低，质量不稳定，平均速度 8000～10000 张 / 小时。而 LED-UV 效率高，即时干燥、没有喷粉，最高速度 13000～17000 张 / 小时。同样一台机器，如果用新的 LED-UV 印刷，跟以往的普通印刷相比，效率提升 30%～50%。

效率的提升足以证明 LED-UV 印刷技术的应用前景光明。2018 年，界龙艺术将所有涉及商业书刊印刷和卡纸包装印刷的胶印机全部投放 LED-UV，试运行一年，效果明显。平均速度是 12000～13000 张/小时，效率的提升完全可以抵销 LED-UV 成本，而且艺术纸印刷颜色无干褪，色彩管理更加精准，产品无喷粉，在药品、食品、儿童读物印刷品市场广受好评。

近年来，界龙艺术大力发展柔版印刷。说起柔版印刷，龚忠德如数家珍。在所有的印刷工艺当中，柔版印刷相对来说比较环保，但目前的发展趋势和相应走势不容乐观。总而言之，柔版印刷的推广有两大难题——高精细柔印工艺数据难以创建、柔印制版成本太高，但在龚忠德的带领下，界龙艺术成功化解了这些难题。

对于高精细柔印工艺数据的创建，界龙艺术首先通过对色彩管理的重视，找出最佳适性的印刷数据标准；其次创建工艺实验室，投入柔印实验机，并配置网纹辊数据库；再次在找出最佳网纹辊数据后，确认油墨配方，创建制版曲线。在实际生产中，又继续收集实际执行的工艺数据，与生产前确定的理想工艺数据进行对比，找到合适的适应曲线，实现了闭环的工艺控制。

关于柔印制版成本高的问题，界龙艺术则通过用小版拼贴大版的方式来解决。举例来说，一张 1.6 米宽幅的印版，其中有很多颜色，但其所展现的字板和图像面积好多是空的。因此，我们可以在印前环节将相应的可分割小版变成区号，生成相应的坐标和筹码，拼成最终的小版，拼在一起以后，上面和下面面积可节省 76%。

二、大数据，重在积累

由此可见，界龙艺术绿色化建设的成功，与其对数据的积累和再运用密切相关。数据的积累与使用，正是界龙艺术的特色之一。也许是龚忠德对数据具有天生的敏感性。早在 20 年前，界龙艺术就开始对企业自身数据开展采集、运用工作，并坚持更新、不断完善，这在当时并不多见。多年的积累让界龙艺术建设了由海量生产数据信息和工艺参数数据组成的数据库。而依托这些数据构建的大数据平台，也成为界龙艺术不断创新发展的源泉。

对于大数据平台的建设，界龙艺术主要按照以下四个步骤进行。

第一步，建立数据标准，把企业内部可以收集、转化的数据资料全部数据化、标准化，并相互串联、共通，如工作流程、管理流程、技术控制流程、质量控制流程、采购物流流程、成本控制流程、人力资源考评流程等；

第二步，建立工作流程，把各个项目工序都变成一系列完善的工作指令放入施工单中，通过电脑设备告诉员工应该做什么；

第三步，创建完善指令，在工单实施过程中，从原料到成品仓库、到出厂的任何一个环节都不需要人和人之间的沟通，不应存在某环节使员工产生不理解和无法操作的状况；

第四步，实施人机对话，让员工和电脑沟通，然后企业可以进一步更新完善各个环节直至使用机械设备全面代替人工。

在界龙艺术大数据应用中，值得一提的便是其智能化配墨系统应用。界龙艺术从2003年开始就通过数据分析来确定胶印油墨的配方，积累了丰富的操作经验，最近几年又涉及柔版印刷，大量的水性油墨配制一直不稳定，多配制的油墨长期存放且存在大量浪费和占用生产场地的问题。为控制产品质量的稳定性，界龙艺术分别引进了柔印与胶印两套INKMAKER自动调墨系统，并在全国率先使用了联机智能化调墨系统，系统与企业内部MES系统完美对接实现数据共享；可以更精准地根据生产需求配制出合格的专色油墨，并通过科学的管理软件，更改墨层厚度和更改黏度时得到准确的油墨配方，及时统计出生产成本。而使用后余墨也可及时回收，在下一个施工单中优先使用，减少浪费。

三、智能化，水到渠成

如今，界龙艺术各个环节都有详细的大数据资料，实现了企业内部的跨部门、跨领域数据资料的合作互通、串联运用，并在局部环节已实现了智能化运行，为最终实现全面智能化印厂的目标打下了务实的基础。

为解决柔版印刷卷筒半成品堆放影响生产计划和生产现场效率的问题，在龚忠德的主导下，界龙艺术去年打造了一个全自动化仓库和自动化的生产物流系统。通过ERP和MES管理平台，将生产系统的人、物料、机台三大要素变成数据，信息物流全部数据化表达（图1）。

图 1　界龙艺术的智能化生产车间掠影

界龙艺术的工作流程中没有领料单，也没有配备仓库保管员，各个部门的大数据信息串联起来，让物流人员以最小的包装单位按需配送。目前界龙艺术生产线上每个物料托盘都有对应的仓位标识条码，车间实现 Wi-Fi 全覆盖。系统将机台的使用情况实时反馈给物流人员，物流人员随时了解具体机台需要哪些具体物料、需要配备多少，并根据电脑指示定位搬运相关物料。

如今，界龙艺术已经完成仓储与生产物流的智能化建设，全程无须人工干涉，物流员工的配备也从 8 位人员转变到如今的 2 位人员，效率大幅提高。生产现场的物料通过 5S 管理，每个机台、每个班次按需配发，班次施工单完工后自行清场。

物品信息和位置信息全部代码化，员工全部用人机对话进行工作。通过量化数据激励员工，大大提升了员工工作时间的有效利用率，也提高了员工的收入与积极性。具体来说，就是界龙艺术引入了类似外卖和租车软件的抢单机制。员工可以在一定的权限范围内对配送工作进行"抢单"，竞争意识也得到了提升。类似的案例还有很多，由此引发了整个组织架构的变革，可以实现一人多岗、一人多职，车间与车间之间的界限也被打破。

目前，界龙艺术的柔印卷筒纸生产线依靠自动化卷筒传送带配合大数据信息，已完成仓储与生产物流的智能化建设，全程无须人员干涉，系统会根据机台生产进度提前配好卷筒纸原料，并计划于开始平版胶印生产线的智能化生产物流改造工作。

目前国内外各行各业都在为 5G 通信的到来而兴奋不已，界龙艺术虽已实现全厂区 Wi-Fi 覆盖，但 Wi-Fi 通信技术的稳定性无法满足企业智能化发展的需求，时常会出现信号不好、网速变慢等问题。

为此，界龙艺术已和当地网络运营商进行了沟通，将在未来几年内建设厂区的 5G 通信全覆盖工程，以应对智能化发展中对网络通信建设的超高需求。5G 通信建设将为企业的互联互通打下坚实基础，为企业下一步考量、规划引进 AGV 等自动化设备，研究视频通信管理等一系列更高阶段的智能化发展保驾护航。未来，界龙艺术还将考虑完善质检流程、引进视觉图像检测系统来进一步提高产品合格率，提升市场竞争力。

从龙樱制版，到界龙艺术；从环保改造，到绿色化发展；从数据积累，到大数据平台建设；从自动化改造，到智能化实施……在龚忠德的带领下，界龙艺术通过新材料、新技术、新工艺以及标准数据化流程和大数据的创建，在发展自身的同时，开展了真正有效的智能化建设，也带来了环保效益，开辟了一条老牌印刷强企不断创新发展的成长新路径。

（2019 年创新十强，原载于 2019 年 5 期《印刷经理人》杂志）

拾柒：文化新连接的开创者

2019年8月，我们来到了拾柒公司，对这个行业新星进行了探访，与拾柒创始人兼CEO文晶女士进行了交流。

拾柒，全名为拾柒网络技术（北京）有限公司，根据其官网介绍，拾柒是一款提供"多平台记录，一键排版，精美印制"的文化生活服务工具。拾柒的诞生，来源于其创始人文晶对生活仪式感的追求。

文晶曾经在国际四大会计事务所普华永道和中信证券投资银行部分别工作四年和六年，而最初与印刷的接触，用她的话来讲"只是在大学时打印过迎新手册"。究竟是什么原因，让她开始在印刷行业开启创业的历程呢？我们在《离开投行去创业，只为"小确幸"》这篇文晶本人写于2016年6月的文章里找到了答案：那就是为了让更多的人感受到生命中"微小而确实的幸福"，让生活更有仪式感！拾柒，就是一个给大家创造小仪式，充满"小确幸"，让生活是生活的地方。

一、产品取胜

拾柒的产品定位是整理类工具，从2015年5月构想萌芽，到2016年5月测试版正式上线，再到2017年8月的正式推广，拾柒团队用了两年多的时间打磨产品。打开拾柒App，就能看到"整理，遇见更好的自己！"字样，这正是文晶创业的初心，她希望大家在拾柒这个平台能够通过"有形的整理影响无形的生活"，整理、沉淀、思考，遇到更好的自己。

在产品功能上，拾柒可以满足用户以下需求：

1. 记录分享。用户能够在拾柒App上随心自由地写作，随手记录日常随笔或深度文章。可以当作私人日记本，亦可以分享至微博、微信等社交平台。

2. 智能排版。用户在拾柒 App 上记录的内容能够一键智能排版，生成电子书；也可以将散落在网络其他地方，如微博、豆瓣、微信公众号等地方的文字和照片，一键导入拾柒 App 并智能排版，生成电子书。

3. 自由排版。用户排版时可以随意调整单页上面的文字图片位置，定制个性化专属书籍。

4. 一起写。用户可以邀请多人一起写作，制作情侣日常、亲子回忆、年会活动、毕业纪念册等。

5. 印制成书。选择书架上的电子书，点击印制，即可下单印刷，3～5 天后即可收到印制精美的纸质书。用户只需承担普通打印费就可以得到一本精致的图书。

在产品设计上，拾柒也是精益求精，力求用户在使用拾柒 App 时怀着一种愉悦、放松、安心的心情整理和回顾他们的生活。无论是产品外观、排版界面，还是具体的图片素材、字体样式，拾柒团队均精雕细琢、用心打磨。力求优化完善每个细节，满足用户个性化需求，增强用户的体验感。据文晶介绍，拾柒的 UI 和品牌设计分别被权威设计类杂志《内外》和《中国设计师年鉴》收录。

在技术细节上，拾柒作为一款个人文字整理的工具，非常注重用户的信息安全。拾柒全站所有服务均采用 HTTPS 网络加密传输，SSL 安全等级和性能上也尝试了一些增强及优化，并在业界权威的 SSL 评测机构 QUALYS 上获得了 A ＋等级认可，与国外支付平台 Paypal 评级相同，比 Google 和 Amazon 的 HTTPS 安全等级 (A) 还高一档。

"不做大而全，专注小而美"，这是拾柒产品取胜的法宝。目前，华为、小米、VIVO、OPPO 等各大应用市场先后多次主动对拾柒进行了首页精品推荐。在拾柒，有一大半的人员从事研发与设计工作，他们认真而专注地打磨着产品，将"仪式感"进行到底！

二、水到渠成

"水到渠成"，这个词在文晶的采访中被反复提及。"用户是谁？他们需要解决什么问题？怎样更好地解决用户的问题，提供好的服务？回到原点，把这些原点问题解决好，其他的就水到渠成。"这是文晶的思考逻辑。目前拾柒有 1500 万遍布世界各地的注册用户，这些用户年龄集中在 15 ～ 30 岁，他们主要用拾柒制作拾柒书，用书传达爱。

一个细节，就可以更好地理解拾柒的原点思维或是用户思维。为了让产品起到传情达意的礼物效果，拾柒给书增加了礼盒，并且设计得非常精美，但不同于其他商品，拾柒的礼物盒上除了"私人手作"几个字，看不到任何与拾柒有关的 Logo 或商业宣传。文晶说，用户需要的就是当礼盒递出的那一刻，什么也不说，对方就感受到了所有的用心和爱，所以"私人手作"这几个字，是专门帮用户写的。但任何商业的东西都会破坏这份仪式感，所以我们禁止设计师在用户的私人物品上打广告。确实，当我们看到小红书、微博、抖音上那么多拾柒用户自发分享时，我们就懂得了水到渠成的内涵。"你感动了用户，用户就会感动你。"

当被问及如何看待拾柒的创新时，文晶认为拾柒的创新就是遇到问题就解决问题，从不逃避。发现用户的需求，就想办法解决，觉得解决得不够好，就想办法更好地解决，慢慢地，就特别不一样了。例如，拾柒做智能排版之前，市场上主要的排版工具都是以图片为主的模版化软件，用户可以在固定模版上替换图片。文晶觉得这种方式会限制用户的创作思维，而且制作出来的作品千篇一律。拾柒，希望用户随心所欲地创作，完全按照用户的意识流编辑，不用考虑版面等因素，写好成书的时候，系统会根据用户上传的内容计算设计排版，生成独一无二的一本书。为了解决这一问题，拾柒研发了一套智能排版引擎。业务发展中，拾柒发现用户希望在一次排版的基础上再进行自定义编辑，让作品更个性和丰富，并且用户希望实时看到自己的修改结果，拾柒就研发了一套智能编辑引擎，实现了编辑所见即所得，即用户可以实时看到自己修改的样式。但在研发所见即所得的智能编辑引擎时，拾柒发现市场上的编辑类软件，都无法做到不同设备平台的实时同步，特别是其他排版编辑软件都不涉及印制问题，因此不需要考虑与 Adobe 的兼容性和数据一致性。拾柒认为只要是切实能够为用户服务的功能，不管有没有人做过，不论多复杂，都要做，拾柒的自定义排版功能已于 2018 年上线，创造性地解决了多平台数据实时同步以及数据一致性等问题。发现问题、解决问题，让拾柒的智能排版编辑引擎越来越强大。

作为印刷行业的门外汉，拾柒一开始时会不会遇到一些发展阻力？文晶的回答非常坦然，她表示非常感谢个性印制行业的前期发展，当拾柒误打误撞进来时，发现大家都已经接受个性印制这个概念，非常看好这个市场，并且都为迎接这一市场做好了转型和基础设施的准备。所以拾柒遇到的合作伙伴都全力支持拾柒的发展。文晶感谢每个合作伙伴，也感恩行业机遇。

高度决定方向，细节决定成败，这是文晶的经营理念。在文晶看来，拾柒现在只是一个健康发展的公司，还谈不上成功，也没有什么秘籍。产品、推广、运营、客户服务、生产质量是一个系统工程，每一个环节都会影响用户体验，认真做好每一件事，剩下的就是水到渠成的结果。未来，拾柒将继续致力于打造全球最领先的智能排版编辑引擎，让排版设计更加智能化、个性化、"傻瓜"化。文晶也希望，通过拾柒的努力和发展，能够推动个性印制行业的发展，回馈行业的滋养。

（2019 年创新十强，原载于 2019 年 5 期《印刷经理人》杂志）

山东泰宝：信息化赋能综合防伪

防伪产品与数字化，二者相遇，究竟能够催生怎样的"化学反应"？面对这个问题，成立于1993年，在综合信息防伪领域深耕多年的山东泰宝集团（以下简称泰宝）通过在行业内的探索，以其成功研发的数码信息防伪烫印箔为代表的一系列成果，向客户和市场给出了自己的答案。

一、不落窠臼，以新思路助推企业发展

20世纪90年代，改革开放为经济发展注入了新的活力，许多有朝气、敢拼搏的民营企业纷纷涌现，年轻的泰宝就是其中之一。但伴随着市场经济的繁荣，假冒劣质产品应运而生，产品防伪越来越受到企业和消费者的重视。经过多方、多个项目的筛选，历经波折与考验，泰宝公司董事长巩端洲最终坚定信心将防伪产业确定为企业的发展方向。作为一家"行动派"企业，泰宝发展初期便斥巨资引进了当时世界先进的激光全息生产线，成为国内首批生产防伪产品的企业之一。泰宝以此作为起点，迈出了发展的第一步。

第一步的成功，并未让泰宝止步自满，反而进一步激发了其继续大步向前的雄心。秉持着与其顺应市场不如先于市场的观念，经过充分专业的研判，公司董事长巩端洲更加认识到，防伪与信息的结合必定是未来防伪行业的发展趋势，由此坚持做信息化的防伪产品成为了泰宝所追求的新目标。锦上添花的是，一位在数字印刷产品制造方面颇有建树的新合作伙伴——"惠普"，进入了泰宝的视线。为了把握住这样一个兼具"天时、地利、人和"的机会，泰宝迅速与惠普签订了合作协议，顺利引进惠普数字印刷机。本次合作，使得泰宝数字可变印刷能力和产品印刷质量得以全面提升，并且吸引到众多知名品牌客户的青睐。

二、洞悉发展潮流，以新产品赢取市场新机遇

"以市场为导向，重创新求发展"一直以来都是泰宝所坚持的经营理念。通过二十多年的经验总结，泰宝认为随着数字化、网络化、人工智能技术的飞速发展，防伪溯源已经成为一门跨学科、跨行业，涉及信息安全技术、移动互联网技术和物联网技术的综合性高新技术产业。只有寻求防伪与数字化的结合，才能满足客户日益增长的产品需求。

2015年，泰宝在传统全息防伪烫印箔的基础上融合了可变数码信息，完成了数码信息防伪烫印箔的研制，成功实现了溯源、物流、营销、真伪辨别等功能。该产品一经上市就受到了市场及客户的高度关注，并率先在酒类、烟草、药品等行业展开应用。比如泸州老窖、景芝酒业、泰山心悦、红双喜、九鑫药业等著名品牌，都取得了很好的应用效果。

除了单一产品的创新研发之外，泰宝也在如何使产品更好地适应各行各业需求方面大胆尝试。在白酒行业全程溯源的背景下，泰宝创新地提出并实施了一种新的营销模式，即借助信息电化铝垫片、防伪标签等载体，实现瓶盖内、瓶盖外，酒盒、酒箱、托盘等白酒全系列包装防伪信息一体化，从而帮助酒企解决防伪、溯源、营销的难题。泰宝将用于实现该想法的媒介统称为"五码互联"，具体内容如下：

一码为瓶盖内码，依托垫片或电化铝烫印，可以实现红包抽奖、自助积分、溯源管理、防伪查询等功能；二码为瓶盖外码，依托垫片或电化铝烫印，实现防伪查询、溯源管理、窜货跟踪等功能；三码为盒码，依托电化铝烫印，实现防伪查询、溯源管理、窜货跟踪等功能；四码为箱码，依托防伪不干胶标签，实现防伪查询、溯源管理、窜货跟踪等功能；五码为托盘码，依托RFID电子标签或防伪不干胶标签，实现溯源查询等功能。以上五个信息码的信息在产品包装车间即可完成在线自动采集建立身份互联，入库即可激活五码身份信息，自动上传到企业的溯源查询平台。这个新模式也被泰宝形象地命名为"五码互联营销模式"。

"五码互联营销模式"运作效果如何呢？景芝酒业最有发言权。作为该

模式的受益者，"五码互联营销模式"不但帮助景芝酒业有效解决了产品市场窜货、伪造品查询等问题，还维护了景芝酒业的企业信誉度及市场的生产秩序，让景芝酒业的品牌价值和经济收益得到有效提升。这样一次大胆的尝试，成功帮助白酒行业启动了一种新的防伪溯源有奖营销模式，这就是创新的力量。

三、立足行业发展，以新视野拓宽发展新路径

自创立以来，泰宝始终奉行"敬业、求实、团结、创新"的企业精神。对于泰宝而言，推动企业持续向前的动力，源于其对技术及产品创新的不断追求。坚持关注市场发展趋势这一优良传统，泰宝迅速意识到区块链技术会成为新一轮技术革命的核心，因其自身具有去中心化、开放性、信息不可篡改以及匿名性等特点，区块链防伪溯源技术蕴含着改变传统供应链构造和从制造到销售可追溯的重大技术突破，是泰宝未来发展的关注重点。

谈及未来的发展，泰宝将继续坚持其"大胆创新"的优点，并将之发扬光大。泰宝将加快推进产品防伪溯源体系建设和 RFID 技术应用，推动物联网、云计算、大数据等现代信息技术在防伪行业的应用，全面提升企业质量管理能力和品牌保护，形成全品种、全过程的完整追溯和生命周期监管机制。想要实现这一目标，RFID 电子标签等与智能感测技术、智能识别技术、移动通信技术紧密融合的产品将会是泰宝的重要发力点。今后通过现在的物联网手段以及未来的区块链防伪溯源技术，实现一物一码、万物互联，从而打造新型智能化、全数据防伪和信息追溯产业，这也是泰宝为之奋斗的使命和目标。

四、培养创新人才，以新技术为发展提供不竭动力

想要实现打造智能化防伪和信息追溯产业的目标，离不开大量创新人才的培养与支持。对于泰宝来说，人才是创新发展的基础，是新经济竞争的核心制高点。

为推进自主创新发展，泰宝制定了一系列吸引和使用人才的政策，并形

成了独具特色的人才培养及奖励机制，坚持"用待遇留人、用感情留人、用事业留人"。对于人才，泰宝采取给予高薪、分配相应的内部股份以及购房、购车补助等系列措施，并专门投资建设了高档配套的人才公寓。目前泰宝不仅组建了以院士、博士、"山东省首席技师"、"淄博市首席技师"等为骨干支撑的200余人的创新团队，还通过制定"科技创新1号文件"、设立"小改小革合理化建议"奖、每月评选组织先进创新典型进行月度创新发布等员工鼓励机制，为优秀员工提供科技研发成果奖励，全面激发各层面员工的创新热情。

创新在泰宝是引领发展的第一动力。谁牵住了科技创新的"牛鼻子"，谁走好了科技创新这步先手棋，谁就能占领先机、赢得优势。对泰宝来说，创新既是机遇，也是挑战。只有把握创新的主动权，把握市场机会和技术机会，做出适合的创新决策，不断提高创新水平，真正成为技术创新的主体，才能走上一条适合企业自身发展的创新之路，使企业始终保持旺盛的生机，不断取得新的发展。

（2019年创新十强，原载于2019年5期《印刷经理人》杂志）

小彩印：小批量包装定制专家

新零售时代背景之下，品牌商与第三方平台对个性化需求不遗余力地挖掘场景与满足需求，为个性化包装带来了活力。

在印刷电商崛起之后，还逐渐衍生出了个性化定制、小批量定制、大规模个性化定制等新提法。近年来，国内消费市场中包装小批量、个性化、定制化趋势愈演愈烈，小批量个性化定制包装俨然成为新的风口。

此时，凭借全品类和互联网技术方面的优势，小彩印（现更名为傲彩）已经成为许多传统包装厂寻求互联网转型的可靠伙伴，并由此进入了我们的视野之中。

一、全数字化印刷包装企业大脑

2018年，阿里、腾讯、京东、小米，几乎所有互联网巨头都在调整组织架构，入局数字经济战场。无论是智慧城市、数字银行还是智能养殖项目，每一个行业要完成数字化转型升级都会提到打造"数字化行业大脑"，要以数据科技为引擎，实现行业的降本提效。

数字化使得小彩印平台所有订单的运转都变成数据，在线上智能分析处理，客户确认后的订单，拼版系统会根据订单出货时间、材质工艺、印刷数量等维度建立的数据模型自动得出最合理的拼版组合，同时计算出印张尺寸与数量，然后直接生成订单排期表。

小彩印现阶段已经实现了设计到订单排期全流程的在线化、自动化与智能化。公司完成1000万元天使轮融资之后，又投入了800多万元启动印刷包装工厂数字化升级改造计划，尝试使用IOT设备将生产线数据化。

2018年底，小彩印数字化工厂团队成员开始入驻生产工厂，对包装生产的每一个环节部署：数据嗅侦器、摄像头以及提供技术支持的边缘服务器，捕捉工厂各个环节的动作行为，配合人工智能技术分析变成可量化的数据上传到云服务器，在线上打造出一个"数字孪生工厂"。

生产线数据化之后就可与技术中台打通，形成业务数据与生产数据的闭环，把订单从设计到物流配送所有环节进行数字化共享，订单链路上的每一个责任部门通过手机即可随时查看订单进度、处理异常订单，形成高效的智能协同网络（图1）。

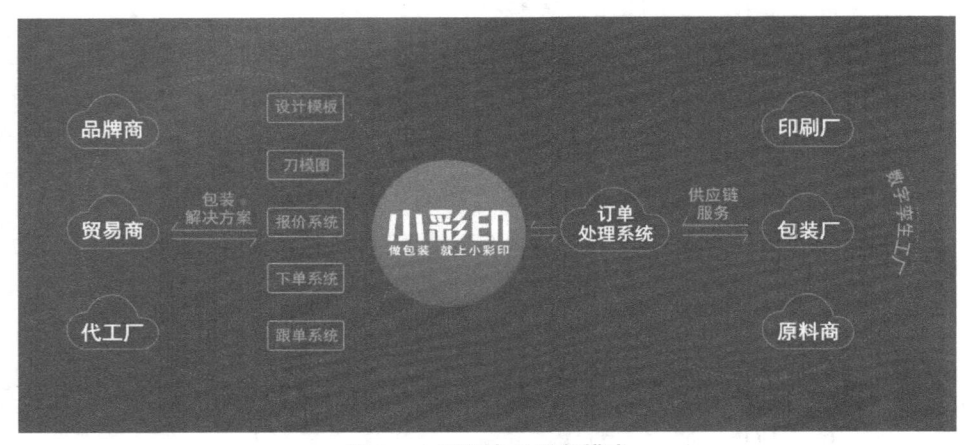

图1 小彩印产业服务模式

二、小批量包装定制平台，拼的是协同效应

在小彩印看来，有了足够高效的智能网络结构支撑，才有可能以足够低的成本实现小批量按需定制的服务。

那么，协同网络到底是什么？对传统印刷包装厂有什么价值？

在2018年全球智慧物流峰会上，曾鸣教授提出了"协同效应"的概念。其对于协同效应的定义是这样的：协同效应的本质是相对于工业时代比较传统的、封闭的、线性的供应链管理体制，整个社会用一种多角色、大规模、实时的社会化协同的方式，基于网络来创造新的价值。所以网络协同是一种合作的机制，产生的就是协同网络，而协同网络创造的价值，定义为协同效应。

经过两年时间的探索，小彩印团队与 100 多家印刷包装企业对小批量包装探讨过程中积累的行业经验，对包装定制行业的协同网络概念也有了一些新的理解。

在小彩印看来，协同效应存在于每一个行业，印刷包装行业也不例外。小彩印在与印刷包装企业负责人沟通的过程中，总结了三个现阶段印刷包装行业的协同关键词：协同生产、局域协同、协同效应。印刷厂接到一个彩盒的订单，纸企把纸分切好送到印刷厂印刷，印刷厂印刷覆膜后送到后道工厂做后道工艺，这就是一个协同生产的过程。

关键就在于"局域协同"跟"网络协同"的对比，这是两个不同时代的协同关系。工业时代推崇的是规模经济、标准化、流水线生产带来的低成本，有很强的距离、时间、空间限制。为大型印刷厂做配套的材料商、小加工厂一般都在大型工厂周边几公里范围内，印刷厂、加工厂、材料商、客户各自的 ERP 系统都是封闭的，不同角色厂商的数据不能全部打通，仅限于内部员工的协同工作。

而协同效应对于传统的规模效应是一个真正的降维打击，有三个根本特性决定了协同效应的价值。第一，信息的分享从串联走向并联；第二，从一个相对封闭的供应链体系，走向今天一个开放的体系；第三，从传统的自己管控模式走向一个更加快速的社会协同模式。

因此，"网络协同"所产生的协同效应对于传统"局域协同"所产生的协同效应，在"小批量包装定制"领域是一个真正的降维打击。

"网络协同"为什么适用于小批量包装定制领域？这得益于"网络协同"所带来的效率与成本优势，也就是降本提效。按照定制包装的服务模式，无论小单还是大单，服务流程都是一样的，服务成本也是固定的。假设服务一个订单的成本是 500 元，客单价 1000 元的小单，就算毛利率达到 30%，这个小单也得亏损 200 元；而客单价 10000 元的订单，毛利率是 20%，盈利 1500 元。

例如，客户要下一个订单，包含 1000 个卡盒、1000 个吸塑内托、1000

个标签、1000 本折页说明书。单纯卡盒这个单品就涉及设计、报价、打样、下单、制作确认、印前拼版、开单、制版、印刷生产、印后加工、物流配送 11 个环节，吸塑内托还涉及开模、与外盒适配等环节。

传统的供应链信息是串联式、单向、1 对 N 的线性传播路径，传统工厂需要完成这个订单，有经验的印刷厂都知道，这 1000 套的产品，如果没有 150% 的毛利，如何处理都是亏本的。但是价格太高，客户又无法接受，所以工厂索性就不接这类型的小单。

同样一个订单，在小彩印平台，报价、下单、制作确认、印前拼版、开单、物流配送，这 6 个环节已经全部实现了在线化、智能化；卡盒、内托、标签、折页四个单品，客户确认效果后，小彩印智能调度系统会自动按照预先设定的流程（拼版、开单、分配供应商）开始处理订单，四个单品生产分配工作是同时进行、并行处理信息的。这就是"网络协同"的价值，接单效率提升了，服务成本降低了。

基于互联网技术的在线化协同网络，各种协同模型随着数据的不断涌入，算法模型不断迭代，这张网络会变得越来越"聪明"、越来越高效。

衡量一个小批量包装定制平台的竞争力，很多印刷包装企业负责人都认为拼的是印刷设备、生产能力。印刷设备、生产能力很重要，但如果选一个最核心的能力，那就是一个连接从包装设计到物流出货全定制链路的协同网络。

未来，小彩印的协同网络还会通过各种 API 互动接口，接入更多与包装定制行业相关的服务商，在更大的范围、接入更多的角色、以更低的成本进行更高效的协同合作。

成为一家向印刷包装企业提供数字技术、电商解决方案的"数字科技"公司，横跨包装全产业链条，对客户形成端到端的交易闭环，这正是小彩印现阶段在探索的新方向。

（2019 年创新十强，原载于 2019 年 5 期《印刷经理人》杂志）

盛大印刷：起于合版，岂止于合版

关于盛大印刷，相信大家早已有所耳闻，而盛大印刷与印刷最初的渊源或许鲜有人知。

从成立之初的百万产值到如今年营收数一数二的合版巨头，盛大印刷生产能力之巨大，发展规模之迅速，创造了一个又一个奇迹。

谈及创业之初，创始人崔文峰表示："当年误打误撞，进入印刷这个行业，眨眼间十几年过去了，凭借着运气，凭借着所有人共同的努力，铸就了今天的盛大。"当然，这只是一种谦逊的回答。

一直以来，盛大印刷与"圈内人"有着不一样的企业经营思路，即跳出印刷看印刷。盛大印刷从一开始就确定了短版彩印的业务路线，到后来不断坚定这一信念，才使得企业的业务发展不断壮大，一跃成为河南乃至全国商业印刷的标杆企业，引无数企业前去观摩取经。

一、合版印刷巨头的诞生

回顾盛大印刷的发展史，深入探索其精髓，才能真正理解合版印刷巨头的诞生并非偶然，而是必然。

合版印刷是市场激烈竞争的产物。2003年，盛大印刷开始在中部地区做合版名片，当时体量很小。由于迎合了小批量、多频次、低成本、高效率的发展需求，同时与互联网的发展同步进行，合版印刷的发展速度很快，不少印刷企业纷纷进入，使得这一市场拥挤不堪，但也促进了合版印刷继续走向高效，并在近年来保持质量上的稳步提升。

同时，合版印刷借助于互联网、信息化和人工智能等概念和工具，是目前行业中对于信息技术较为敏感的群体之一。尽管面临着诸多争议，但合版印刷依然在自己预定的轨道上发展，而且市场空间越来越大，已然成为国内印刷市场中不可取代的重要力量。

经过多年发展，盛大印刷实现了网上接单、印刷标准化、自建物流配送等一整套服务体系。

在盛大印刷，合版印刷的普通名片 2 盒不足 10 元，而市场上多数是翻倍价格。较低的印刷工价和多样的产品类型，以及无与伦比的"拼合"技术，让盛大印刷在短短几年时间内快速崛起，成为国内很多合版印刷企业竞相模仿的对象。

二、不仅仅是合版

或许有人会说，合版印刷在拼低价竞争，扰乱了市场。实际上，合版印刷产品完全迎合市场需求而生，在规模化生产的大背景下，合版产品价格低、速度快，优势尽显，盛大印刷的快速发展也证明了合版印刷强大的推动作用。

实际上，合版是印刷标准化的一种生产模式，是大量订单聚合的必然生产方式。也正是因为合版，企业才具备了处理、协调生产海量订单的能力，推动了整个商务印刷的发展。

对于盛大印刷，大家都喜欢贴上"合版厂"的标签。其实，盛大印刷起家于合版，但不仅仅是合版。盛大印刷根据合版的特性，从物流、生产线、人员到分公司的配置上整体优化并提升了合版印刷，主要体现在以下几个方面。

1. 产品细分

在此之前，商务印刷是以设备为主线的生产管理模式。盛大印刷则是以产品为主线的生产管理模式，根据生产线和产品的配置，将海量订单汇集后变成单品生产线。

2. 专机专印

盛大印刷的理念是"让合适的设备印刷合适的产品"。每个产品都有其特性，再好的设备也有不适合印刷的产品。专机专印是对合版印刷的一种升华。

3. 色彩管理

很多人认为合版厂对质量不太关注。但是如果合版企业始终对质量不关注的话，为什么都在快速增长呢？以盛大印刷为例，其在整个生产管理过程中，非常注重质量和色彩管理。盛大印刷的色彩管理工程师皆是经验丰富的技术人员，有着优秀的履历。

4. 物流专线

商务印刷对于时效性要求非常高，相比于价格的高低，用户更在意时间的确定性。在物流方面，盛大印刷正在自建物流专线，目前拥有55辆物流车，全国拥有458名物流配送人员，专线物流则特别增添了奔驰重卡。此外，盛大印刷运用大数据等方式提升运转效率，遇上高峰期不积货，保质保量高效出货发货。

5. 误活免单、少一张免单

交货不及时、缺斤短两一直是行业的痛点，因此，盛大印刷提出"误活免单、少一张免单"策略，部分品类产品凡是因为企业原因，没有按承诺交付或者不足数，便会给予免单处理。与此同时，盛大印刷将绩效考核与此挂钩，以提升企业管理水平。自盛大印刷成立19年来，一直专注于做商务印刷的忠实印刷工，为客户提供好的产品，并按时交付。

三、新的起点——永城新厂

2017年，盛大印刷在永城购地140余亩，准备将部分业务搬迁于此。2018年，永城新厂拔地而起，正式投产，致力打造国内最大的商务印刷基地。随着新厂的投产，盛大印刷距离成为"商务印刷第一名"的目标又进了一步。

从硬件条件来说，我们不妨放上一段其官网的介绍：永城印刷基地拥有100多条先进生产线，拥有世界一流的海德堡超大幅面XL162印刷机4台；

高宝 145 全开胶印机 2 台；小森 G46 全开胶印机 2 台；海德堡 XL106 8 色 2 台；小森 GX40RP 8 色机 2 台；海德堡、高宝、小森对开胶印机（5 色、4 色）30 余台。先进数码印刷机则拥有海德堡、惠普、柯尼卡美能达、理光、佳能等品牌设备 20 余台。专业装订机方面，拥有马天尼胶订龙 3 台、骑订龙 7 台；好利用胶装龙 1 台、骑订龙 8 台。此外，拥有其他印刷及后加工配套设备 100 余台。其承印范围涵盖商务印刷各个领域。

这些只是硬件设备，更为重要的是，盛大印刷在互联网信息技术的加持下，通过流程软件与自动化生产技术装备的结合，把印刷效率发挥到了极致，形成了显著的效率优势，进而催生其商业模式的创新。

如今的盛大印刷已经实现网络接单，并且开通了专线物流免费配送，在河南、北京、上海、四川等地区成立 208 家分公司，仓储统一配送区域扩大到 200 余地市，由南至北横跨 1800 多公里，专线物流增添奔驰重卡保驾护航。

与此同时，盛大印刷正在不遗余力地打造专机专印能力，将品类精细划分，让印刷更轻松；通过"专机专印、产品细分"提高产品质量，满足顾客需求。盛大印刷起于合版，却不止于合版……随着永城新厂的落成，其商务印刷的新征程也正式开启！

（2019 年创新十强，原载于 2019 年 5 期《印刷经理人》杂志）

第五章　2020 年

这一年，新冠肺炎疫情突袭。从年初经济停摆，到努力复工复产，再到推进恢复性增长，在这场抗疫持久战中，印刷人走过充满不确定性、极不平凡的一年。

盛通：专注出版服务，布局教育未来

2020年中国印刷业创新大会的主题是聚焦融合化，北京盛通印刷股份有限公司（以下简称盛通）的发展历程其实就是一个不断融合、不断创新的过程。

梳理盛通20年来发展的关键时刻，每个节点都意义重大。在第一个十年里，盛通的发展主要在装备的投资、技术和管理的提升上；盛通第二个十年的发展，从2011年A股上市开始，随后异地扩张至上海、河北、天津，并购北京乐博乐博教育科技有限公司（以下简称乐博教育），以及成立盛通教育研究院。

目前，盛通的主营业务包括出版物印刷、包装印刷、供应链服务和素质教育四个方面。前三者主要围绕印刷来完成，而素质教育的业务定位于3~18岁的青少年，以乐博教育为核心，持续布局科学素质产业，将信息技术与AI技术大规模应用在教育领域。

一、以客户为中心，做印刷综合服务

盛通在北京、上海、河北、天津等地共拥有六个现代化的生产基地，拥有世界领先的设备机群以及先进的数字化、绿色环保的生产工艺，是国家印刷示范企业，同时也是绿色印刷标兵示范企业。

盛通的出版物产品主要包括期刊杂志、精品畅销书、儿童绘本、教辅教材等，获得了不少业内荣誉。自2008年起，盛通连续10年被评为中国印刷百强企业，2012年获得高新技术企业认定，连续三年被中共中央宣传部、商务部、文化部、原国家新闻出版广电总局评为"国家文化出口重点企业"，连续蝉联四届中国出版界最高荣誉——"中国出版政府奖印刷复制奖"。

深耕印刷业务 20 年，盛通一直紧紧围绕以客户为中心的理念来进行产品生产、技术研发和装备投资，不仅拥有丰富高效的运营管理经验，积累了高质量的客户资源，还成功打造了全方位、一体化的文化出版服务综合服务解决方案。

盛通打造的客户需求一站式整体解决方案的核心优势主要体现在两方面，一方面基于工厂自动化的软硬件体系（ERP+MES+ SCM），包括自有产能加工服务、创意设计和装帧排版、产能管理和输出、原材料供应链服务、图书仓储物流等；另一方面在于供应链金融系统。

此外，盛通还着手打造出版服务云平台，通过连接原材料、数据、供应链、印刷装订等环节，提供综合服务（图 1）。在此平台上，除了可以查阅盛通一年 7 亿多册图书的生产情况，还可实时查询在线生产的五六百个订单以及跨工厂协同情况。未来盛通将会开放此平台给出版社或者有需求的印厂使用，以提升信息获取效率，减少人员浪费。

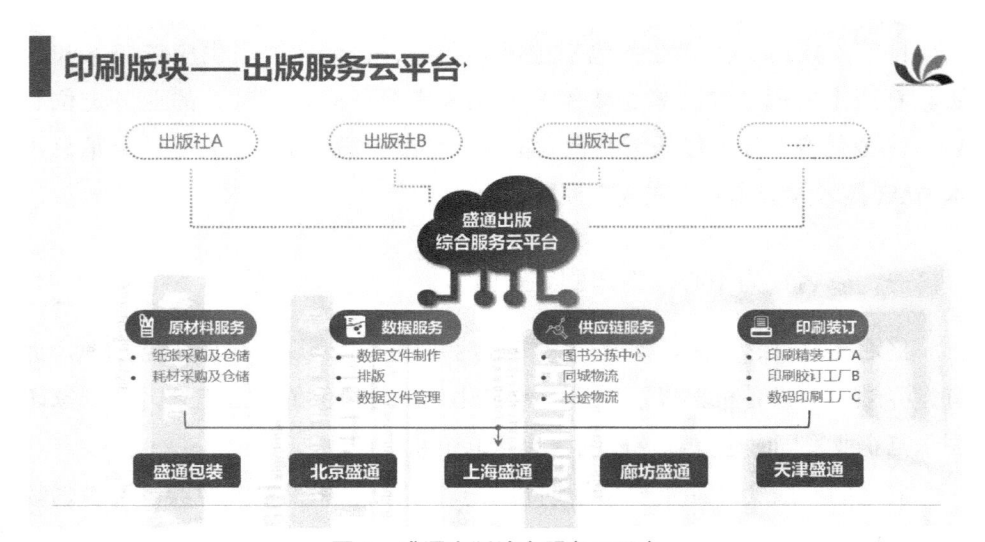

图 1　盛通出版综合服务云平台

智能化是现在行业很热的话题。近年来，盛通也一直在尝试智能印刷。疫情期间，盛通通过采购新设备和系统融合，减少了人力成本。未来，盛通将在天津新建的工厂中，更好地进行智能化设计和建设，让生产效率更高，让员工因在这样的智能工厂中工作而更有荣誉感。

二、进军教育，做青少年科技教育领导者

2011年，盛通在深圳中小板成功上市。上市给盛通带来的不仅是资金，更重要的是平台和眼界。资本的助力为盛通打开了跨产业的新发展格局，盛通也由此进入不同的发展阶段。

2016年，盛通并购乐博教育。这是一家专注于3～16岁青少年机器人编程教育的企业，主要培养孩子的科学素养、工程计算思维，启发孩子对科学的探索，而科技教育也是基于人工智能时代背景下，国家大力倡导的学习领域。

此后，盛通先后投资和参股中鸣数码（国内2B教育机器人公司）、CMS EDU（合作盛思数维进行青少年数学思维培训）、迈格森（中国素质英语培训领先企业）、韩国乐博（韩国最大STEM研发公司）、芥末堆（国内知名教育垂直媒体）、VIPCODE（在线少儿编程教育公司）等教育类企业，整合教育资源和产品。

总而言之，盛通希望通过教育板块的布局，将线上线下、校内校外、C端和B/G端，以及培训考试联结起来，从兴趣培养到结果输出，让孩子能够得到持续的学习和提升。

坚持"青少年科技教育领导者"的战略定位，盛通立足于课程体系、竞赛经验和性价比、管控、覆盖年龄段全面三大核心优势，致力打造人工智能时代"机器人及编程培训的领导品牌"。

基于完善的软件平台和硬件平台，盛通打造完整年龄段课程解决方案，并研发了OMO线上线下相结合的教学模式，赋能产业，坚定地做素质教育，关注学习者的动机和自我认知，培养孩子们适应未来的能力，旨在"提供面向未来的教育"。

2020年9月28日，盛通教育研究院成立暨与北京师范大学科学教育研究院合作签约仪式成功举办（图2），标志着盛通教育正式开启与北师大等名

校在创新人才培养、科研平台建设、科技项目攻关、重大成果培育等方面的合作，盛通教育发展评估报告也将会在评估体系、课程体系、服务体系上进行全面升级，为中国未来人才做最好的培育工作。

图 2　盛通教育研究院成立暨与北京师范大学科学教育研究院合作签约仪式成功举办

三、印刷 + 教育的未来，融合发展

"像干印刷一样干教育，要干一个负责任的教育公司，让孩子真的能够有收获。"这是完成乐博教育并购后，盛通总经理栗延秋在朋友圈写下的话。而今，4 年时间过去，通过并购整合，盛通的资源愈来愈丰富，其教育板块也磨合得愈加成熟。

上市以后，盛通选择并购教育企业来进行跨产业的发展，这不仅是一个简单地让市值增加的资本行为，更重要的是盛通希望从事一个热爱的产业。

教育和印刷一样，都是让人们获得更多的知识，都需要将内容传播出去，只是其传播方式一个是课堂课件，另外一个是书本。基于这样的天然联系，盛通对教育投资产生兴趣，也因此进军教育行业，希望通过优质的产品内容和课程服务，助力产业发展的同时，也能够满足科技进步带来的时代需求。

在印刷+教育融合发展的道路上，盛通多次做出有益的探索。2014年，盛通创办绘本乐园，让冰冷的机器设备生产出大量富有活力的绘本图书，赢得众多家长喜爱；2017年，盛通将旗下所有企业总部搬到一起，制定包括"千店计划""100万个孩子"等项目在内的三年发展规划，推动盛通多元化发展。

如今，盛通从事教育板块业务的员工已近2000人，而在印刷一线仍有200多名工作十余年的老员工在兢兢业业地工作。这源于盛通的企业情怀和责任担当。盛通希望所有员工都能和企业走得更久，让更多的产品、客户、儿童、员工都能有很好的发展和未来。

立足出版综合服务，积极布局教育产业，盛通始终以"印刷+"为核心，构建跨界资源融合的新领域和新平台。利用移动互联、云计算和工业信息化技术，聚合需求、优化产能，盛通不断延展服务链条，提升出版综合服务能力，为提升出版印刷高质量发展而努力；聚焦青少年素质教育行业，积极整合教育产业优质资产，盛通延续自身的文化基因，向青少年科技素质教育领军者方向迈进。

站在新的时间节点，凭借在印刷出版领域20年的耕耘积累和教育行业近5年的探索经验，盛通有信心通过"印刷+教育"的双轮驱动，催生新的经济增长点，实现企业高质量发展，从而带动行业转型，助力加快形成印刷业发展新格局。

（2020年创新大会优秀企业案例）

雅昌：融科技之力，传艺术之美

从根本上来讲，雅昌文化（集团）有限公司（以下简称雅昌）在产业融合化领域的探索离不开一直坚守的两大核心理念——"为人民艺术服务"和"艺术为人民服务"。

雅昌成立于1993年，是从高品质艺术印刷起步，以艺术大数据为核心，在艺术领域提供传承、传播、弘扬和实现艺术价值的综合性文化产业集团。

如今的雅昌已发展成为一家产品和服务遍及全球几十个国家和地区，累计服务个人艺术用户300万位、艺术家16万位、博物馆300多家、美术机构1000多家、拍卖行1400多家、出版社500多家的综合性艺术服务机构。

在20多年的发展历程中，雅昌不断推进企业融合化进程，先后在北京、上海、深圳三地建立设施完备的综合运营中心，并于2020年上半年完成了企业业务整合。

目前，雅昌形成了以"中国艺术品数据库"为中心，涵盖艺术印刷、艺术大数据、艺术影像及艺术教育四大板块的综合服务商业生态，并以此明确了未来的发展方向。

一、推动印刷与文化艺术的有机融合

20世纪90年代初期，随着市场经济高速发展，印刷行业发展迅速。"想要发，做印刷"这样一句玩笑话，成为当时人们对于印刷行业的普遍认知。但随着市场竞争越发激烈，整个市场环境发生了翻天覆地的变化。

在激烈的市场竞争中，刚刚成立的雅昌选择了难度最大的高端艺术印刷，开拓这片"红海"之中的"蓝海"，主要是因为公司董事长万捷作为一位极具文艺情怀的领导者,对于艺术文化有着极高的追求,并明确了雅昌在艺术领域"做专做精"的核心发展思路。

伴随着艺术印刷领域的不断深入探索,雅昌也在这一过程中走出了一条与众不同的发展之路。

20多年来,雅昌不仅时刻秉持工匠精神,不断超越自我,以工匠技艺重现各类艺术印刷品,还承诺将为广大客户提供从项目策划开始,到出版审核,再到最终印制宣发的一站式专业服务。

在此基础上,雅昌以行业发展趋势为导向,不断加大研发投入,通过改进印刷工艺等方式,不断提升产品印刷品质,提高企业环保及标准化生产能力。雅昌还在北京艺术中心专门开辟了近600平方米的艺术家工坊(图1),为各位艺术家、各大艺术机构开展艺术创作提供更为便利的条件。雅昌也将其视作重要平台,以此向全世界展示我国印刷技艺水平与艺术成就。

图1 雅昌艺术家工坊

正是凭借这份对于艺术的执着追求,雅昌在误差率仅为0.125mm的前提下,完成了苹果公司所需要的25000套纪念乔布斯逝世5周年图书的印制工作,向全世界展示了中国高超的印刷工艺以及对高品质艺术品的追求。

此外,雅昌凭借高超的综合服务能力和高度的企业责任心,多次圆满完成国家赋予的使命和任务,并得到了有关部门的肯定,获得了"国有盛事,必有雅昌"的美誉。

二、让文化艺术与大数据互联网融合

为进一步将艺术印刷做强、做精、做专，由雅昌打造的中国艺术品数据库，累计收录了 16 万位艺术家信息，20 多万本艺术图书资料，1000 多万条拍卖和艺术展览数据信息、4500 万件艺术品图文资料、1400 多家拍卖行交易信息、7000 多家文博机构和 8000 多家艺术机构，以及 20 多万件经过鉴证备案的艺术家作品信息，为全人类保留了珍贵的文化艺术财富，一定程度上填补了国家空白，成为艺术行业主要的数据信息来源。目前，雅昌打造的中国艺术品数据库，已成为全球最大的中国艺术品数据库。

这些信息都被储存在雅昌的艺术品数据库中，并作为一项增值服务，以供广大客户进行搜索及查询，这也促成了雅昌艺术网等线上服务平台的诞生。用户通过搜索即可在雅昌的数据库中了解到艺术市场、艺术指数、拍卖行情等内容资料。

伴随着"印刷＋艺术"融合化发展模式的不断深入，雅昌不仅创建了雅昌艺术号，为各类艺术机构、艺术家、艺术自媒体以及艺术爱好者提供服务，还通过雅昌讲堂、艺术公开课、视频、直播等方式为艺术爱好者提供交流与学习平台。

面对近年来文化领域盛行的打假之风，雅昌基于大数据分析，开发了鉴证备案服务，从根本上解决了艺术品交易真伪认证的瓶颈问题，推动了文化艺术的保护与传承。

在电商平台方面，雅昌通过与中小型拍卖公司合作，以中间平台的方式为交易双方提供线上平台和信用担保，实现了传统线下艺术交易与互联网信息化的有机融合。

除信息化产品之外，雅昌还为众多文博机构提供了专业的数字化服务。雅昌不仅仅局限于借助数码拍摄、高清扫描、AR 等技术，为印刷产品赋能，提升内容质量和趣味性，还组织专业团队，运用专业的数据采集设备，配合雅昌研发的数据采集标准，为故宫、布达拉宫内保存的众多珍贵文物进行数字立体化采集，促进了文物保护工作的顺利进行。

三、让POD智能制造与大众艺术消费生活相融合

在POD智能制造领域，雅昌不断提升自动化生产及快速交付能力，加快示范性智能工厂建设的同时，以"你只管拍摄，剩下的交给雅昌"为品牌理念，与故宫、少林寺、延安等特色文化场景或旅游基地合作，专注于文旅IP的打造，形成了特色影像定制产品，让大众在"打卡"的同时，还能享受到艺术影像的定制服务，满足发烧友兴趣爱好和文化旅游IP的定制需求。雅昌还以此为契机，不断深化推进传统印刷行业转型升级，更加深入地探索POD发展以及个性化印刷发展之路。

四、以艺术通识教育及公益让艺术为人民服务

在提升企业自身艺术服务能力的同时，雅昌也致力于各类艺术通识教育与公益活动的推广，这其中极具代表性的便是雅昌精心打造的全世界最大的艺术书墙（图2）。这面艺术书墙位于深圳艺术中心，占地面积为1500平方米，其中收录了近400年来全球2000多家出版社出版的6万多种具备一定艺术文献价值的书籍，藏书总量达12万册。

图2 雅昌深圳艺术中心艺术书墙

雅昌还凭借丰富的艺术文化储备以及行业资源，经常性地组织包括艺术展览、成人艺术通识类教育课程、中小学艺术普及教育在内的各类艺术宣传活动。

近年来，雅昌更是积极组织各项艺术教育公益活动，以电子化读物、电子图书馆、流动美术馆、艺术实践课程等方式，服务西藏、四川、陕西、重庆、云南等 22 个省区市，近 500 所基层中小学校，以科技、印刷为手段，让文化艺术走进乡村课堂，从而进一步推动文化艺术的传播与普及。

融科技之力，传艺术之美，这正是雅昌推动印刷行业融合化发展的内核所在。未来，雅昌也将继续深化探索"印刷＋艺术"融合发展之路，在不断追求产品艺术品质的同时，更进一步让艺术服务于广大人民。

（2020 年创新大会优秀企业案例）

湖南天闻：融合行以致远

湖南天闻新华印务有限公司（以下简称湖南天闻）成立于1950年，是一家集书刊印刷、商业印刷、报纸印刷、防伪印刷、数字印刷为一体的大型国有企业，在发展国内市场的同时，海外市场也已开拓了近20个国家。

最近几年，经济下行、竞争加剧等原因令印刷企业发展之路并不顺畅。总而言之，行业困境可以归为三点。

第一，印刷企业和客户之间关系不对等，印企缺少足够的议价能力，客户缺乏忠诚度，印刷企业与客户之间难以建立长期合作关系。

第二，印刷行业无法摆脱劳动力密集的生产模式，人工成本每年不断增加，优秀的技术人才招聘难、培养难。

第三，行业分布分散，单一的书刊印刷企业在供应商面前缺乏影响力，没有相应的甲方话语权。

针对这三点，湖南天闻通过"客户融合"解决交易地位不对等的问题，通过"智能化融合"解决老旧的生产模式问题，通过"产业链融合"解决印刷企业供应链不完善的问题。

一、破局·客户融合

与客户关系不对等、客户的忠诚度低，原因不在客户，而在企业本身，如果印刷企业不能为客户提供不可替代的价值，就要做好随时被替代的准备。而要想为客户提供不可替代的价值，就必须深入客户的价值链当中，观察、发现、满足客户需求，甚至需要创造出客户都不知道的需求。

湖南天闻与国内一家大型电工企业合作多年，每年都要与十多家公司竞争订单，唯一的手段便是价格。为了摆脱价格战，湖南天闻耐下心来研究客户从生产到分销的每个环节，寻找客户发展的痛点，最终利用在数据溯源方面的优势为客户设计了以标签为入口的供应链管理系统（图1）。

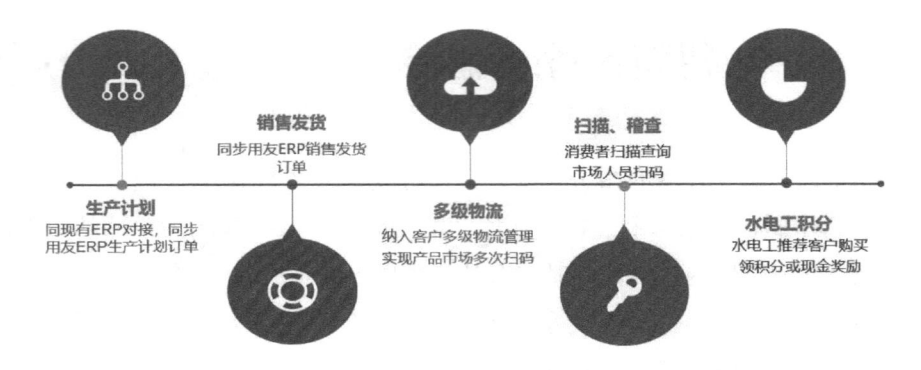

图 1　湖南天闻供应链管理系统

作为一家生产企业，最希望通过以销定产的方式减少库存，该系统可以将市场终端上每一笔销售通过扫码实时录入，然后同现有 ERP 对接，同步到用友 ERP 生产计划订单。例如，今天销量是 1 万套，明天的排产就是 1 万套。接下来，会同步用友 ERP 销售发货订单，纳入客户多级物流管理，实现产品市场多次扫码。水电工产品大部分是由水电工进行分销，电工企业需要把市场上专业的水电工招揽为自己的地推人员，所以湖南天闻为其设计了一个积分奖励系统，水电工的每一笔扫码都可以得到奖励。

如此一来，湖南天闻提供的不仅仅是一个商标，而是一个以商标为入口、深入供应链管理的系统平台。

湖南天闻作为书刊印刷企业最大的客户是出版社，出版社未来的发展走向直接决定着湖南天闻的命运。近几年，出版社受数字技术的冲击较大，为此，湖南天闻设计了互联网精准营销管理平台。简单地概括，就是为每一本书生成一个唯一的身份识别码，通过身份识别码进入互联网平台，目前该平台包括书籍管理、读者管理、营销管理 3 大模块，26 个功能区，将读者、编者、作者、书店实时连接起来。众所周知，书店最大的痛苦，是永远不知道书卖给了谁，而这个系统很好地解决了这个问题。

湖南文艺出版社有一名吉他图书编辑，策划了一本名为《最易上手吉他电子谱》的书，每年销量大概为 3 万册。2017 年这本书使用了互联网精准营销管理平台系统（图 2），2018 年销量为 38 万册，2019 年销量为 45 万册。产生如此变化，主要基于以下几点。

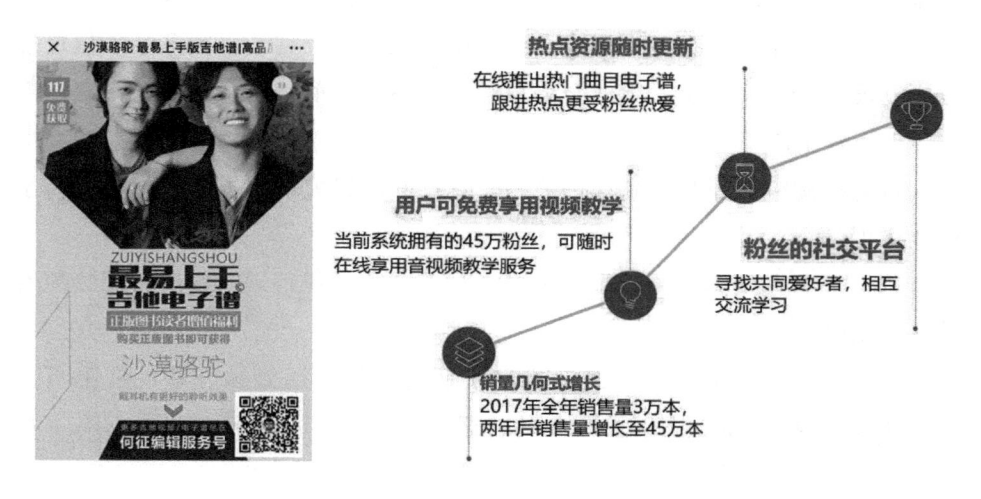

图 2　互联网精准营销管理平台系统应用

第一，在该系统中，有十分专业且免费的教学视频以及其他音视频。

第二，当一个吉他初学者入门后，需要最新流行曲目的吉他谱，只要该吉他谱的用户数量足够多，系统可以做到 3 天之内上线吉他谱及教学视频。

第三，该系统是一个交友互动平台。有共同兴趣爱好的人往往能够成为朋友，该系统已经聚集 45 万名吉他爱好者，并且系统都对他们进行了定位，这就方便地理位置相近的人在线下见面，举办相关交流活动。

所以，这是一个巨大的因为兴趣而聚集且活跃的社群，其商业价值已经远远超过了卖书所得。

此时，该图书编辑便不再仅仅是一个编书的人，而是一个社群的发起者、组织者；出版社不再仅仅是图书销售方，而是知识服务商；印刷厂也不再仅仅是印书者，而是一个系统提供商，提供了一个以书为入口的传统出版与数字出版融合平台。

二、破局·智能融合

在智能化方面，印刷行业在所有的行业中是比较落后的，一方面由于产品过于个性化，另一方面由于行业分散，需求表达不够强烈。智能化能够改变未来行业秩序，只有完成自动化改造的企业才能够生存和发展。

书刊印刷企业的智能化需求不小，智能化改造也宣传了很多年，但是行业中并没有一家真正意义上的全方位解决方案供应商。所以两年前，湖南天闻走上了自主研发及与相关企业共同研发的路线。

目前，湖南天闻与一家深圳公司合作，共同研究解决方案，初步取得了一些成果：

第一，书夹赋码系统。每一个书夹具有唯一的识别码，实现智慧物流管理、错帖检测、品质管控。

第二，自动书帖输送系统。将已认证的书帖输送到装订联动线配页工位，初步实现自动输送和减少人工的目标。

第三，自动堆积打捆码板系统。这个设备占地只有25平方米，这种小型化机械设备对于场地紧张的印刷厂是非常重要的。

第四，自动打包系统。以前印刷厂要有25～30人从事打包的工作，现在只需要一台打包设备加上3名员工就可以解决打包问题。

第五，智慧物流系统已进入调研阶段。该系统通过建立虚拟库位、书坯赋码子系统、入库出库子系统等功能模块，基于ERP生产管理系统的生产排程，实时推送生产配套需求，实现半成品物料的无缝配送和精细管理，为将来实现AGV无人智能配送打好基础。

三、破局·产业链融合

书刊印刷业高度分散的格局，使得每一家企业面对供应商时影响力都不够，供应商对于印刷企业的需求响应也不够，印刷企业需要在需求表达上形成合力，建立以印企需求为中心的供应链。但仅湖南天闻一家企业还没有足够的影响力，供应商还有许多达不到的地方。

第一，源头赋码标准不统一。让印厂所有的原辅料、零配件都拥有扫码即得的统一身份证，是实现印厂智慧物流的基础和关键。超市在这方面就做得很好，因为商品的标准在全国范围内都是统一的，超市虽然有数以万计的产品，但能够准确地进行智能化仓储管理。而印刷品的赋码工作没有任何一家供应商做得特别好，湖南天闻曾经做过努力，但收效甚微，所以希望行业可以建立标准，创造基础。

第二，书刊轮转印刷机的印刷品不能及时干燥，导致不能及时输送至自动打捆装置上，这样在从印刷到打包这个流程中出现了脱节，无法实现全流程的自动化。如果这一点能够突破，书刊印刷业的智能化将在两三年内有飞速的进步。希望相关供应商可以关注到这一点，予以研究。

客户融合、智能化融合、供应链融合最终形成的是一个围绕印刷企业终端客户的闭环，因为只有终端客户的需求才是最真实、准确的需求。印刷企业要根据终端客户需求来安排最优的内容、最佳的工艺以及物流解决方案。

未来，湖南天闻将致力于成为一家标准化、智能化、规模化、综合化的印刷企业；通过标准化的控制来获得稳定的产品输出质量；通过智能化降低各类成本；通过规模化提高企业竞争力。最后，湖南天闻不仅仅定义为一个印刷商，而是不断拓展自己的边界，为印刷赋能，成为一家综合服务提供商。

（2020年创新大会优秀企业案例）

东风股份：大包装与大消费产业双轮驱动发展

2020 年中国印刷业创新大会的主题是聚焦融合化，很高兴有这个机会与大家分享汕头东风印刷股份有限公司（以下简称东风股份）过去 30 多年在产业链融合方面的一些探索与实践，接下来将从业务板块基本情况、产业链融合做法及效果等方面进行介绍。

一、东风股份业务板块

东风股份成立于 1983 年，总部位于广东省汕头市，在全球拥有 23 家全资、控股子公司，10 家参股公司（含 2 家基金投资公司），是专注于经营消费品包装和大消费产业投资的大型上市企业集团。2019 年营业收入 31.73 亿元，净利润 4.25 亿元，上缴税费 3.85 亿元。

东风股份的业务板块分为四部分。第一部分是消费品包装和药品包装。在消费品市场上，东风股份为食品、化妆品等企业提供品牌方案和印刷包装服务。在药包市场上，2019 年，东风股份收购贵州千叶药品包装股份有限公司，进入一类药包领域，并在 2020 年持续发力，连续收购重庆首键药用包装材料有限公司和常州市华健药用包装材料有限公司。在消费品包装和药品包装方面，目前东风股份在全国有 8 大生产基地，为客户提供优质服务。第二部分是乳制品。东风股份拥有澳洲百年牧场和乳制品加工厂，推出了"尼平河"品牌乳制品，从最初的高端冷链产品，到现在的常温奶、酸奶，产品结构进一步丰富，目前"尼平河"系列产品在全国超过 4000 家门店进行销售。第三部分是功能膜。近年来，东风股份在功能膜行业内布局发展，取得了良好效果，得到了众多消费者的认可，其是中国汽车膜、建筑膜领域的新兴民族品牌。第四部分是消费产业投资。东风股份与中国著名消费基金天图投资合作成立了规模8亿元的投资基金，参与了"奈雪的茶""百果园"等投资项目，获得了较好收益。

总体来说，东风股份以印刷包装产业和大消费产业为核心，双轮驱动，其业务涵盖包装材料和油墨的研发生产、印刷包装设计以及消费产业投资等，形成了较为完善的产业链条。

二、东风股份产业链融合化做法

东风股份的产业链融合做法可概括为以下几点。

1. 响应绿色化产业政策布局

印刷绿色化，是我国印刷行业发展战略的重要内容。东风股份积极响应国家产业政策和国民需求，进行绿色化布局。

在印刷包材方面，东风股份1997年引进复合设备，生产复合纸（金、银卡纸），并在2001~2003年期间，转向转移纸、转移膜领域。

在印刷油墨方面，东风股份1996年引进油墨研发人员，从生产简单的水性、UV光油开始，逐步转向UV胶印油墨和各种特种UV油墨，2004年东风股份开始研发水性凹印油墨。

在印刷过程控制方面，东风股份的胶印、丝网、单凹于1997年全部实现了全UV印刷改造；凹印过程中大量使用水性凹印油墨，进行末端废气治理和溶剂回收；而东风股份的胶印润版液含有机溶剂的解决方案，可减少排放，甚至实现零排放生产。

此外，东风股份积极参加绿色印刷认证，并按照绿色印刷认证的要求对供应链施加改造，通过此方式对整个供应链进行正向传导，推动印刷业绿色化发展。

2. 从单纯印刷向解决方案服务商角色转型

东风股份于1996年和2006年分别成立了设计部和光刻防伪设计中心，随后在2007年迁至深圳，独立成为设计公司。如今的深圳设计公司已发展到相当大的规模，配备了先进的数字打样等设备，可为品牌商提供一站式解决方案。

例如，针对品牌商的需求，东风股份可从原材料的防伪设计做起，将前期信息置入纸张等原材料上，然后通过平面包装设计，结合数字印刷打样和传统打样，进行 3D 展示以及货柜效果展示。此外，还可根据产品内容进行音视频的推广设计，为客户提供一站式服务。这种在源头就进行防伪设计的产品，其在市场流通时，是不可能被模仿和复制的，具有一定的品牌效应。

3. 围绕增加抗风险能力布局

东风股份围绕增加抗风险能力布局源于 2007～2011 年，彼时石油价格大幅上涨，导致 BOPET 薄膜价格从每吨 1 万元出头飞涨到 3 万多元。这种供不应求的局面带来的直接后果：一是造成企业成本的上升，二是难以保证对客户的连续交货，风险性增加。因此，东风股份于 2011 年引进德国布鲁克纳 BOPET 双向拉伸线，进入 BOPET 基膜生产领域。

4. 围绕日益增长的美好生活需要布局

目前我国社会主要矛盾已经转化为人民日益增长的美好生活需要和不平衡不充分的发展之间的矛盾，因此东风股份围绕人民日益增长的美好生活需要进行布局，进入 BOPET 领域后顺势延伸，拓展了功能膜业务。

东风股份引进国外的精密涂布线，生产的产品包括功能膜（汽车窗膜、建筑窗膜）、车衣（漆面保护膜）、高阻隔膜 PVA 涂布等。坚守品质，不参与低价竞争，东风股份迅速得到了市场认可，取得了良好业绩。

5. 围绕大消费领域布局

大消费领域是东风股份布局发展的战略方向之一。不同于固定投资有天花板，消费像流水一样，不断地产生需求。东风股份基于澳洲天然牧场和乳制品加工厂，推出尼平河品牌牛奶。而对于消费产业投资，东风股份则在快消品领域投资了"茶颜悦色""奈雪的茶"等网红品牌。

6. 围绕印刷耗材领域布局

东风股份在印刷耗材领域的布局，一方面基于包材事业板块的巨大市场需求，另一方面是此举可以满足自身需要。因此，东风股份也进行了油墨、电化铝方面的投资。

7. 围绕有发展空间的相关领域布局

2019 年，东风股份经过长期研究，发现药包市场有巨大发展空间。首先，药品监管政策发生变化，药品申报需要和包装一起进行，因此药厂为了避免关联审批出现问题，对药包企业的要求非常严格；其次，由于一类药包是与药品直接接触的，而确认包装对药品的安全性这一过程可能长达 3～5 年，需要企业有足够的经济实力来支撑。另外，城镇化和人口老龄化以及我国社会医保政策改革带来的发展变化，也让药包市场潜力十足。东风股份通过收购药包企业进军一类药包领域，并发布了东风药包五年规划，展现了东风股份向一类药包发展的决心。

8. 以技术创新为手段壮大产业链

东风股份布局完善产业链的过程，以先进的设备和工艺为支撑，而这与技术创新密不可分。2004 年，东风股份在全行业率先推出无版缝硬压激光膜，随后又研发了专版定位烫与定位印刷转移纸的全套控制工艺。此外，东风股份还成功进行了高反光镜面纸（跨越产品用纸）、单凹代替丝网工艺改造、高精度定位压纹、高效的圆压圆生产工艺、信息化与智能制造等方面的创新。目前，东风股份关键技术累计申请专利 502 项，获得授权专利 359 项。

9. 集聚资源，借力发展，产学研融合

东风股份在产学研融合方面也很有特色。2014 年，东风股份的一个客户提出需求，要将二维码精确地定位复制在白框里。而当时市场上没有这样精确的解决方案，东风股份于是组织北京印刷学院以及第三方资源进行设备研发，最终研制出高精度定位二维码赋码设备。

尽管东风股份是一家传统印刷企业，但其对数字印刷发展方向把握得非常准确。在软件开发能力有限、硬件基础不足的情况下，东风股份通过产学研合作，从 Indigo 涂料与印刷材料、UV 喷墨油墨等数码耗材方面切入数字印刷赛道，希望能以此为基础，拓展数字印刷发展新路径。如今，东风股份更是在高性能涂料、可降解材料上开疆辟土，加大产学研投入。

三、产业链融合化带来的效果

东风股份以印刷主业为核心，大包装与大消费产业双轮驱动（图1），产业链之间紧密配合，形成了一定的优势。

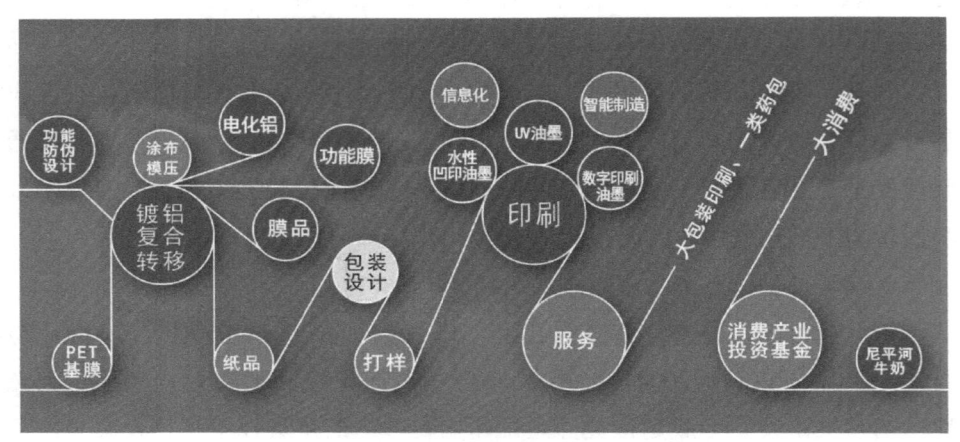

图1　东风股份产业链双轮驱动运营模式

首先，公司经过30多年的深耕发展，规模不断壮大，并致力于为客户提供全方位、多环节的整体配套服务，以领先的技术实力和优质的服务水平在行业内树立了品牌优势；其次，东风股份形成了统一的专业印刷包装制造体系及生产流程闭环，多环节的成本管控，能够有效降低生产成本，具备较强的成本竞争优势；最后，东风股份将质量与安全要求前移，从整个产业链共同控制，打造了质量与质量安全控制优势。

而在协同管理方面，东风股份采取以汕头集团总部为核心，在广东、贵州、湖南、吉林、云南、广西等多个省份建立了区域性生产基地，通过集团总部的统筹协调，信息化同步，将各个生产基地的区域优势整合为整体竞争优势。

此外，东风股份产业链内外双循环，上下游紧密相连，产业链资源互补，形成了融合化发展优势。

未来，东风股份将继续推进"大包装与大消费产业双轮驱动发展"的战略转型，一方面对集团体系内的技术研发工作进行新一轮整合，进一步加大在技术研发领域的投入，力求通过技术研发实现新的突破、带来新的发展，持续巩固印刷包装产业板块的经营优势；另一方面东风股份也会根据大消费产业各个业务板块的情况制订相应的发展规划，紧跟行业发展方向，确保大消费产业板块的投资收益与稳定经营。

（2020年创新大会优秀企业案例）

世纪开元：互联网＋印刷的深度融合化实践

山东世纪开元电子商务集团有限公司（现更名为世纪开元智印互联科技集团股份有限公司，以下简称世纪开元）成立于2001年，以一家传统的照片冲印店起步，过去20年经历了四次重要的企业转型。第一次是在2008年，世纪开元关闭实体店并全面进军线上，确立"3个100%原则"，即100%线上、100%最终用户、100%小批量订单；第二次是在2011年，为拓展企业发展空间，世纪开元进行了渠道拓展和品类拓展；第三次是在2013年，世纪开元上线了设计师平台智能设计系统；第四次是在2015年，世纪开元正式切入印刷领域开启印刷之旅。

在过去5年中，世纪开元一共获得了三次融资，其中最近一次获得了深创投、毅达资本等国内顶级VC的融资，可见投资行业对世纪开元的认可。

通过十几年的不懈努力，世纪开元在细分领域取得了不错的成绩，在照片冲印、照片书、企业画册、纸杯等多个产品类目里均占据了线上第一的市场份额，累计服务700万中小微企业用户和2000万个人用户，年访客数达到1亿人次，年生产纸杯20亿只。

一、十余年专注小批量、个性化定制

互联网企业唯一不变的是"变"，但有些东西不能变，要始终坚持，过去12年世纪开元的决策基本都是基于"3个100%原则"，始终专注于小批量、个性化定制。世纪开元希望构建中小微企业营销物料和个性定制平台，提供一站式场景化解决方案，这将是未来五年到十年的企业愿景。

当前，很多企业家都在说市场竞争激烈，用户在变化，需求在变化，面对这种情况，我们必须要主动适应、拥抱变化。

世纪开元主要服务的客户是超过 1 亿个的小微企业主体，这部分客户的痛点主要体现在五方面：一是起订数量高，传统印刷行业偏爱大批量、标准化生产；二是设计成本高，设计师资源匮乏；三是产品种类单一，产品缺乏创新性；四是数字能力弱，高新技术应用少，数据管理不明晰；五是产业供应待优化，流通环节多，交付时效差，经营成本高。

克莱顿·克里斯坦森曾说过："最重要的创新是开辟式创新，它把原本复杂昂贵的产品变得更实惠，实现产品与服务的大众化，让更多人买得起、用得上。"所以，世纪开元一直在思考如何让小微企业同大企业一样一件 T 恤、一个本子、一只杯子都可以拥有属于自己的 Logo，这是我们一直以来服务小微企业客户的逻辑。

世纪开元拥有四大核心能力，即强大的营销能力、给力的 IT 能力、全方位的设计能力和高效率智能化的柔性生产能力，用一句话概括就是：获取、处理并交付大规模、小批量订单的能力。世纪开元所有产品、业务、客户服务都是围绕这一句话开展的。

二、聚焦智能化、融合化

关于融合化，世纪开元主要从以下几方面展开。

新模式融合。印刷行业的商业模式主要是基于大订单的 B2B 模式。而世纪开元是做照片冲印起步的，没有可以直接服务的大客户，所有产品都来自于客户定制，无法开发一套套产品去卖。因此，一开始世纪开元就具备 C2M 的基因。2012 年，曾鸣教授对此也评价过，世纪开元是很好的 C2M 标杆企业。2017 年，曾鸣教授又提出 S2B2C 的概念，并在全国选了四个案例，世纪开元就是其中之一。世纪开元也一直进行渠道或者模式的探索（图 1）。

其实，对于企业来说，有三个问题最重要，一是企业的商业模式，二是企业的核心竞争力，三是团队。当把这三点搞清楚，企业基本就能获得成功。

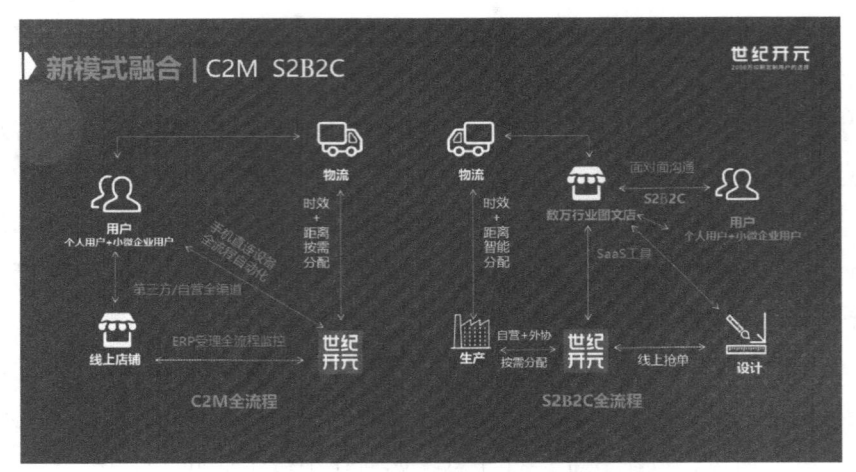

图 1　世纪开元 C2M 及 S2B2C 运营模式

新渠道融合。前两年最火的概念是 OMO，即线上融合线下。如今，电商企业已经变成传统企业，更多的是线下融合线上，对此大家要有不一样的理解和思考。

比如优衣库、ZARA、波司登等这些原来的线下企业，其电商业务一年能轻松做到几十亿元。济南的九阳一年营收百亿元，其中 70 亿元来自线上业务。销售坚果的三只松鼠是早期的电商企业，可能是现在规模最大的坚果类电商企业，但实际上百草味、良品铺子等传统企业却做得更好。现在已经不是电商企业的天下了，更多取决于私域流量，比如抖音、直播或者是网红等。世纪开元也在拓展线下，并提出十百千万战略，希望能和图文店、广告公司、印刷包装企业等展开线下合作，探索渠道融合。

新技术融合。真正的融合化企业，一定是和互联网、技术、数据融合的。世纪开元的 IT 技术团队大约有 100 人，是行业里最多的。在这里举个例子，开学季大家都需要证件照，以往流程是拍照、设计师抠图、排版打印，那么设计师一天最多能完成 100 个订单。今年，世纪开元开发了 AI 智能证件照，客户拍好照片后，由 AI 自动抠图、换背景、排版打印，大大提高了生产效率。这正是技术融合带来的价值，因此企业不能只做 ERP、MES 等，而是与更多智能化技术融合。

制造业服务业融合。几年前，亚马逊、微软、阿里都表示，没有纯粹的制造业，也没有纯粹的服务业。要想在制造业长久发展，一定要和服务业融合，这是必然趋势。而世纪开元服务于小微企业，能够解决它们在设计等方面的痛点，因此做了很多生产制造和服务的融合。

新产品融合。世纪开元是以用户来定义自身的，比如大家认为小米产品比较庞杂，而小米对于自身的定义是一家IT公司，专注于做万物互联的智能家居。虽然世纪开元产品属于杂而全，但从用户视角来看，就是以高效率、低成本帮助企业解决各种各样的设计痛点。

对此，世纪开元有一个点线面体的产品逻辑，并以此为方法论，不断创新拓展业务板块，成为企业印刷类产品一站式购物平台。同时，世纪开元还在探索文化IP与印刷品的融合，目前正在与山东大学等院校开展合作。

新业态融合。世纪开元希望打造集创意、研发、设计、运营、品牌孵化、展览、生产、工业旅游等功能于一体，面向中小微企业的文化创意产业园，成为面向企业服务的沃尔玛。

此外，世纪开元开设了新零售门店（图2），目前单一门店月收入已超过100万元，其中70%的业务并不来自图文业务，而是来自企业服务。世纪开元并不抢夺传统企业的生意，而是开展新的探索，做大市场的增量。

图2　世纪开元线下零售门店

未来，世纪开元希望为小微企业提供更多的连接，创造更大的价值，提供更好的服务。

（2020年创新大会优秀企业案例）

领跑POP，疫情下增长36%，瑞时的创新"密码"是什么？

2011年，凭借POP（Point of Purchase，终端促销广告）产品商身份，摆脱被动加工地位的瑞时入选首届"中国印刷业创新十强"榜。10年过去，这家企业又经历了怎样的转型升级呢？近日，我们采访了上海瑞时创展印刷有限公司（以下简称瑞时）董事长罗喜荣，听他来讲一讲瑞时的创新"密码"。

一、领跑POP，在求变中发展

2005年，35岁的罗喜荣在上海成立了上海瑞时印刷有限公司。一个偶然的机会，罗喜荣接触了国外的瓷砖厂商，在完成客户需求，做瓷砖展示陈列样品的时候，他了解到了POP这一领域。

POP——用以刺激、引导消费，活跃卖场气氛的广告品，罗喜荣深觉这是一个发展蓝海。"POP在产品营销、企业品牌活动上很有前景，所以我们在2006年底的时候决定转型。"就这样，2007年，瑞时正式由传统印刷转型，切入纸质POP道具制作赛道，成功完成转型升级。

瑞时的定位不是印刷加工，而是生产终端销售所需要的一切配套产品。"将印刷品与瓦楞纸板、木板、KT板、雪佛板、金属架、塑料、PVC、PET等材料结合起来，通过结构设计和创意设计，制成各种形状的展示道具（图1），这就是我们的产品。"罗喜荣介绍道。

凭借"研发设计＋加工＋生产＋仓储物流"的全产业链模式，瑞时在一众印刷厂和广告商中脱颖而出。2008年，金融风暴来袭，一些企业倒闭，大量优秀人才流入市场。罗喜荣转危为机，一方面补强团队，另一方面将品牌渠道拓展到三四线城市，瑞时迎来了巨大的发展契机。以创新为底色，瑞时不断进行产品的迭代升级，在行业内持续领跑。

图 1　上海瑞时的创意场景展示道具

2011年，瑞时以摆脱被动加工地位的POP产品商身份，入选首届"中国印刷业创新十强"榜。同年，罗喜荣也做出了一个至关重要的决定，那就是投资新厂，落户金山。当罗喜荣决定在金山这片热土上继续书写传奇的时候，他给瑞时的企业名称增加了"创展"两个字，从产品定位来看这代表"创意展示"，从企业定位来看这蕴含"创新发展"。而瑞时也确实如他所愿，展翅腾飞，实现了跨越式发展。

2015年，瑞时正式从闵行工业区整厂搬迁至金山，成为第一家在上海市金山国家级绿色印刷示范园区内投产经营的印刷企业。厂房扩大、设备升级的同时，瑞时也完成了包括管理流程、体系、资质、团队在内的一系列建设，迎来了发展新纪元。

转眼又是一个五年，随着新零售、新消费和个性化定制的潮流驱动，瑞时发展再上新台阶。2017年，凭借组装精致、品质精湛的《娥佩兰小台架组合》作品，瑞时斩获"美国印刷大奖"班尼金奖。2018年，瑞时作为首届中国印刷业创新大会印刷创新项目产融对接路演企业进行了精彩演讲。2020年，疫情下瑞时"危中寻机"，开启了和直播公司的合作业务，在为客户提供终端营销促销服务的同时，其业绩也得到了36%的增长。

"瑞时不会成为航空母舰或者豪华大游轮，它应该是一艘灵活轻便的私人游艇，哪里风景最好就驶向哪里，而那里，航母和游轮可能进不去。"采访中，罗喜荣形象地比喻道。作为业内第一家转型到POP领域的印企，瑞时独辟蹊径，不断攀登，找到了属于自己的最美风景，而它也将坚持初心，在求变中发展，坚定地做中国环保、智能、个性化定制纸质场景式展览、展示的集成提供商。

二、做精做强，在求新中超越

日本松下电器创始人松下幸之助曾说："今后的世界，并不是以武力统治，而是以创意支配。""创意"是瑞时的核心优势之一，不仅体现在产品设计上，也体现在商业模式、科技应用和服务等方面。

在转型进入终端促销物料POP领域后，瑞时形成了以营销策划设计、结构设计制作、生产加工、仓储物流、售后服务为一体的服务格局，为品牌客户提供终端促销产品解决方案。

而在服务客户、升级发展的过程中，瑞时也创造了多个行业第一。比如全国首创全纸质材料替代木板及金属材料；又如引进全国首台用于展览、展示、裸眼3D产品个性化定制的HP Scitex 15500 UV数码印刷机；再如成为全国首家全产业链"一站式"服务商，提供免费设计、免费拆装等。

谈及瑞时不断创新、保持高速增长的"秘籍"，罗喜荣表示有三点：一是定位明确，做精做强；二是品牌合作，强强联合；三是不断拓展应用，扩大服务范围。

由于产品具有精致高效、结构合理、运输方便、节能环保、经济实惠等优势，瑞时赢得了市场广泛的认可与信赖，与联合利华、沃尔玛、资生堂等众多品牌公司成为长期合作伙伴，产品不仅遍布全国，还远销欧洲、北美洲、澳洲、日本、东南亚等国家和地区。

在顺应中国印刷业转型升级需求，为印刷产品持续注入新活力的过程中，绿色环保、创意印刷、高端定制，也成为瑞时独具代表性的设计语言。

2020年，瑞时团队创作的新材料、新工艺在第八届中国国际全印展上联袂亮相，大放异彩，其中由100%纸质100%可回收的竖瓦楞纸板制成的圆形桌椅（图2），轻盈稳固，灵活方便，可在多场景使用，赢得一众好评。

图2　环保材料制成的圆形桌椅

而今，瑞时更是紧跟时代潮流，融入互联网思维和用户逻辑，进行企业平台化建设。在"互联网+"方面，打造线上个性化定制平台，在线提供设计、3D打样、交互等服务；在"印刷+"方面，提供全品牌一站式服务模式，为产业赋能；在"用户+"方面，创新融合，互联共享。瑞时正以全新的姿态，迈向更加辉煌的"十四五"。

在求变中发展，在求新中超越。十多年来，从闵行到金山，从5000平方米的厂房扩大至30000平方米，从单一产品到多元化产品，瑞时的全渠道营销解决方案核心竞争力不断增强，其快速发展的历程证实了罗喜荣的眼光和魄力，也为众多印企的转型创新带来参考价值。

早年间，瑞时就在纸塑分离、环保材料等方面进行了相关研发和准备，随着"禁塑令"的落地实施，其必将迎来新一轮发展契机。据罗喜荣透露，目前瑞时金山扩建项目正在积极筹备中，让我们拭目以待！

（原载于2021年4月9日微信公众号"印刷经理人杂志"）

千鸟互联：印刷包装产业链交易服务平台

可能在很多人眼中，废纸回收是不值一提的生意，但在千鸟互联创始人刘闻波眼里，这却是充满机会的行业。

一、从废纸回收到印刷包装产业

在创办千鸟互联之前，刘闻波已经创办了一家市场估值数亿元的同城货运公司——"1号货的"，在物流领域积累了丰富的货运资源，并在这期间接触到工业废纸回收业务。

做了深度调研后，刘闻波发现，国内废纸回收行业存在废纸回收效率低、回收链条长、从业人员整体素质参差不齐等痛点。废纸的回收链条为：先由"个体小三轮"卖给回收站，回收站再卖给打包站，最后打包站卖给造纸厂。在这一过程中，掺假注水、缺斤短两等问题普遍存在。

于是，刘闻波在2017年底正式创办千鸟互联，快速切入废纸回收行业，并借助在智慧物流体系方面积累的丰富经验与资源，完成了千鸟互联创业初期的快速扩张。

面对废纸回收链条的行业痛点，千鸟互联以完全自营的方式打造了一套从回收到分拣，再到仓储物流的完整运营体系，通过去除中间环节，将前端的印刷包装厂与终端的造纸厂直接对接，为企业提供信息化、标准化、规范化的废纸回收服务。

废纸回收业务的快速增长让刘闻波对印刷包装行业有了更深入的了解：印刷包装行业排名前10的企业所占的市场份额不到5%，大部分企业的年销售额均在1亿元以下，而这些企业的共同特点是极度分散、盈利能力低下，在供应链和生产能力方面远不如大型企业，只能在夹缝中生存。

因此，千鸟互联以废纸回收为切入点，进一步整合中小型印刷包装企业，重塑印刷包装产业链，重新定义行业生产方式，以实现印刷包装行业发展的新突破。

二、"智能云工厂+闭环供应链"双轮驱动，引领印刷包装产业升级

千鸟互联在创办之后，迅速聚拢了华南地区2000多家印刷包装企业，通过"智能云工厂+闭环供应链"双轮驱动的创新模式，引领印刷包装产业升级。

中小型印刷包装企业的订单大多来自中小企业和贸易商，缺乏自己的营销团队，团队成员只负责生产，对外工作等皆由老板一人完成，管理成本较高。同时，因为缺乏信息化支撑，企业管理链条较长，大部分订单都是在贸易商的帮助下层层转包，分发到各中小型印刷包装企业，因产能限制，往往还需要其他同行的协助才能完成。

因此，千鸟互联基于自主研发的"IoT+MES"系统，计划将数万家印刷包装企业的数十万台生产设备连接起来，有效整合印刷包装企业的闲置产能，并通过可视化管控生产流程，形成更加智慧、高效的智能云工厂。

智能云工厂通过对订单进行最小颗粒度的拆解，借助更智能的设备、更快速的反馈、更合理的排期和更高效的生产，可以从源头提高生产效率，缩短生产链条。例如，一个包装订单需要经过印刷、覆膜、开槽、裱、内托、黏合6道工艺才能完成，千鸟互联则通过工艺拆分，利用线上平台连接多个工厂的生产设备，进行统一的分配调度、协同生产，组成新的生产线，可以高效利用印刷包装企业的闲置产能，降低生产成本，形成价格上的竞争优势。

此外，千鸟互联通过自建"前置工厂+智慧物流"系统，构建了更加高效、便捷的供应链体系。

在供应链上，千鸟互联借助物流上的先天优势，完成了印刷包装产业从接单到原纸、废纸、金融的业务闭环，缩短供应链的交易链条，为印刷包装企业提供订单供给、原纸采购、废纸回收和金融支持的全方位服务，最终建立更标准、更规范和更高效的印刷包装供应链，帮助印刷包装企业实现了综

合成本的下降，为企业接单提供了更便利的条件。

通过连接线下与线上，千鸟互联把线下变重、线上变轻，然后轻重结合，通过IT、仓储物流、组织管理、商业服务以及产业链的整合，形成了极强的综合壁垒，大幅度提升生产效率、降低成本，与传统回收企业和其他互联网印刷企业形成了根本性的区别。

千鸟互联不仅能够为印刷包装企业提供更优质、更便捷的服务，还能够以更低的价格、更高效的管控为烟酒、珠宝、家具、灯饰、玩具、食品、化妆品、电子产品、物流快递等数十个需要纸包装的行业提供订单生产的高质量交付。

三、构建产业闭环，创新商业模式

印刷包装产业链的闭环构建，千鸟互联形成了千鸟云印、千鸟原纸、千鸟回收和千鸟金融四大产品矩阵，不仅能够为印刷包装企业降低综合成本，提供更优质的服务，同时也在回收、原纸、包装到金融等服务中，为自身创造了极其丰富的盈利来源。

在印刷包装订单板块上，依托千鸟云印的智能云工厂，承接印刷包装订单，提高包装厂闲置产能利用率，提升供需资源对接的精确度，从而降低印刷包装成本、提升交付效率、满足包装客户多元化需求，实现低价、高效、完美的交付。

在供应链条上，提供信息化、数据化、智能化的管理，构建原纸、废纸的交易闭环，不仅能够为印刷包装厂提供价格透明、收入更高的废纸回收服务；还能同时直达纸厂集中采购原纸、缩短采购的交易流程和周期链条、降低印刷包装企业的原料成本和物流成本，为印刷包装企业提供价格更低、账期更好的原纸供应服务。最后，通过废纸、原纸、订单沉淀大数据，为优质的印刷包装企业提供金融支持。

截至2020年9月，千鸟互联已在广州设立5个前置工厂，拥有累计超过30000平方米的运营中心，拥有上万吨的仓储能力，单月收入已突破5800万元。

快速的发展也让千鸟互联得到了国内众多顶级投资机构的青睐。截至 2020 年 9 月，千鸟互联已获得五轮近亿元的风险投资。

此外，千鸟互联也受到了业界的频频关注，先后斩获了中国 B2B 峰会·2019 年中国 B2B 领域最具成长性企业、铅笔道真榜 2019·影响时代的企业服务公司 TOP20、新京报 2018 年度中国创客 50 强等荣誉。

作为千鸟互联创始人，刘闻波更是受到了广东省长马兴瑞、时任副省长林少春的亲切接见，先后斩获创业黑马"中国三十五岁以下三十五人创业"精英榜单、"青创榜"首届青年创新创业人才榜样——创业英雄青年榜 TOP10 等诸多荣誉。

对于千鸟互联的未来，刘闻波满怀信心，"希望智能云工厂加上闭环供应链能够引领整个行业创新，我相信这种模式能够创造出千亿美金的机会"。希望在印刷包装行业不远的将来，我们可以共同见证千鸟互联实现这样的奇迹！

（2020 年创新十强，原载于 2020 年 5 期《印刷经理人》杂志）

合益包装：打通产业链，向印刷综合服务商转型

在当今人们的生产生活中，纸杯凭借其便宜、卫生、价廉等属性，成为在各种公共场合承载液体的重要工具，越来越受到市场的青睐。

今天故事的主角北京合益包装容器有限公司（以下简称合益包装），就是凭借这样一款小小的纸杯起家，凭借天马行空的创意和对产业需求的深入洞悉，不断开拓进取，打通产业链，由传统印刷包装企业向印刷综合服务商转型，在风起云涌的市场中，走出了一条发展新路径。

一、一款纸杯的创意之旅

合益包装成立于2000年，20年来从纸杯、纸碗起步，逐步发展成为北方地区高档纸容器制品较齐全的生产基地之一。

"不断创新、坚持创新"是合益包装一直坚守的发展理念。在此理念指导下，合益包装从成立之初，便勇于接触不断涌现的"新事物"，不仅为企业提供了充足的养分，使其针对市场发展趋势培养了敏锐的洞察力，为其将创意融入产品之中更奠定了基础。

"其实，许多创意产品的出现都源于对生活的观察。往往不经意间的一个想法，便能够促成一代爆款的诞生。"合益包装经理鲍新春表示。即便是一只小小的纸杯，"合益人"也能够借助天马行空的创意使其千变万化。

提到合益包装的创意纸杯产品，变色杯是一个绕不开的话题。这款纸杯的最大特点便是可以根据注入液体温度的不同，实现颜色的变化。这样一款"神奇"的产品，其灵感竟来源于生活中预防婴幼儿在进食中发生烫伤的试温勺。合益包装将相关温变技术应用于纸杯及饮料包装中，通过感应杯中液

体的温度,从而在纸杯上实现一些特殊图案显现或隐藏。

当然,在纸杯产品的打造过程中,仅有创意是远远不够的,还需要强大的研发能力做支撑。谈到这里,鲍新春自豪的语气中也带有几分苦涩。为了实现纸杯与感应材料间的有机融合,合益包装开始了令人难以想象的攻关之路,并在此期间投入了大量的人力、物力、财力。皇天不负苦心人,历经近一年的不断尝试,相关温变技术终于得以实现,而这款产品也没有辜负所有人的付出,一经推出便引发了热烈的反响,无人不为其独特的变色创意拍案叫绝,所以其立刻成为了当时的爆款产品。

变色杯仅仅是合益包装纸杯探索路上诸多创新产品之一。合益包装的创意纸杯产品还有很多,如贴面杯、双层杯、发泡杯、方形杯、转心杯……就是凭借这样一款款制作精美、功能完善、创意十足的纸杯,合益包装赢得了客户的尊重,并在市场中迅速站稳脚跟,也为其实现未来更宏大的发展目标奠定了基础。

二、向印刷综合服务商转型

一直以来,合益包装都能紧紧把握市场风向,围绕客户需求不断推陈出新。"既然客户会提出相关需求,那市场中就一定蕴藏着商机,而企业要做的便是将其发掘出来。"鲍新春这样的思考方式,让合益包装赢得了更多的发展机会。

2010年,一家合作了近10年的老客户针对冷饮杯盖向合益包装提出了新的需求,希望其能提供一站式的采购体验。就是这么一个看似不经意的需求,让鲍新春从中洞悉到模内贴标杯盖的新商机。自此,合益包装开始了模内标签领域的探索。

通过落实把握线下商超市场、把握终端客户的经营理念,近年来,合益包装在模内标签领域已颇有建树。可在此过程中,鲍新春却发现传统生产模式低下的生产效率不仅极大地增加了企业的生产成本,而且越发不能满足市场对高品质产品的需求。合益包装对传统生产线的自动化改造,已经箭在弦上。

"目前，国内绝大多数企业自动化程度仍处于低水平阶段，许多企业在谈及自动化改造时更是望而却步。这主要源于一种错误观念，认为自动化的改造成本不低，投资巨大，风险性也较高。实际上，对于印刷包装行业而言，普通的工业机器人通过简单的程序处理便可实现人力的替代，以较低的成本就可以实现企业生产效率的提高，收益远高于风险。"

借助敏锐的市场嗅觉，鲍新春发现大多数企业在推动自动化改造时往往都会选择引进国外生产设备，进而导致国内相关市场仍保留有极大的发展空间，而这也为企业接下来的发展开辟了新的道路。合益包装借此机会，开始了包括机械手在内的相关设备的自主研发与业务开拓，由传统印刷包装企业逐步向印刷综合服务商转型。

伴随着一些设备的成功研发，以及产品在自身生产环节的顺利应用，目前合益包装形成了相对完善的"自产自销"模式，借助产品包装、模内标签、机械设备这三大业务，实现了行业上下游的串联协同，以其独特的"一体化"合作模式，基本上完成了全产业链的灵活对接。

为了能进一步发挥自身产品优势与特点，经过鲍新春与其他企业管理者的详尽考察与仔细讨论，在有关部门及政策的支持下，合益包装入驻香河智能机器人特色小镇，并正式更名为"香河合益包装机械有限公司"。接下来，合益包装将充分借助当地科技资源优势，推动各类产品创新研发，提升企业"跨界融合"程度，以此构建企业发展新动力。

未来，合益包装还将进一步提升有关设备的自动化水平，并通过推广实现更大范围的应用。"随着企业二期建设工程的结束以及市场的发展开拓，我们将会更加注重强化机械产品的自动化与智能化水平。除了企业自用之外，我们希望进一步实现产品的完善升级与市场推广，不仅是将其应用于印刷包装领域，而是向更多的领域进行扩展。在完成自身产品质量提升与产品结构优化的同时，不断为企业自身发展开拓更多的可能。"鲍新春讲道。

从纸杯、纸碗的创意打造，到一体化服务的实现；从传统生产线自动化的改造，到为产业链乃至更多行业提供智能化解决方案，合益包装正逐步实现由传统印刷包装企业向印刷综合服务商的转型升级。我们期待，未来合益包装的产业升级之路将更加广阔。

（2020年创新十强，原载于2020年5期《印刷经理人》杂志）

杰锋包装：从纸袋到口罩，一路稳扎稳打，持续向前

一代传奇人物褚时健，大家都不陌生。改革开放前，作为厂长，将糖厂经营得有声有色；50岁后，将濒临倒闭的烟草厂经营到每年利税百亿元的顶级企业；在70多岁的高龄，从头开始创办了著名的褚橙品牌。《褚时健传》的作者周桦说，如果探讨褚橙、烟草的经营，会发现并没有什么高深的理论，无非就是把产品做好，把客户服务好，把人管好，一步一步，遇到问题，解决问题。

在今天这个快节奏的商业社会，人们更多地谈技巧和捷径，很少谈常识。其实，尊重常识，回到本质的东西，就能有所回报。本文的主角江西杰锋印刷包装有限公司（以下简称杰锋包装）的发展历程就颇有这种意味，不好高骛远，没有太大野心，勤恳、真诚地做好手头上的事，细致、耐心地打磨每一个细节，稳扎稳打，走出属于自己的道路。

一、20余年的发展之路，步步踩实

杰锋包装的前身是一家广告公司，从电脑刻字、照片扫描、名片制作发展到形象设计、室内装潢甚至展览设计。其中有些业务，会与印刷包装厂配合，但当时的印刷行业鱼龙混杂，一些小厂的产品质量并不过关，尤其对于后道工艺，杰锋包装董事长谭杰锋不是十分满意。于是1999年，机缘巧合下，他成立了上海杰锋包装有限公司，主做纸袋的后道工序，并在发展的过程中，一点一点向印刷延伸。

杰锋包装主做高端、精品纸袋，当时的自动化水平有限，需要大量依靠手工，劳动力无法削减。而2008年金融危机以后，沿海地区的劳动力、土

地、社会保险等成本不断上升。"当时，上海有500多名员工，但是要分四批到食堂吃饭，因为场地实在有限。"因此，谭杰锋便有了回家乡江西建厂的想法。"江西属于内陆，在当时人工、土地等方面处于'价格洼地'，优势明显。"

2008年，谭杰锋在江西购买了3万余平方米的土地，2009年开始建设，并于2010年正式投产。

随着成本的降低，工艺的完善，杰锋包装呈现蒸蒸日上的趋势。2011年，谭杰锋继续购买了3万余平方米的土地，进一步扩大产能。而这次，他又将事业延伸至无纺布袋领域。

从纸袋到无纺布袋，虽然同是包装领域，但是所涉工艺并不相同，好在谭杰锋是纺织专业出身，对无纺布并不陌生，再加上原有的营销渠道和管理模式，这部分业务便也做得风生水起。

2015年，杰锋包装所有生产业务转移到江西，上海工厂只保留打样业务。

众所周知，包装生产具有淡旺季特点，杰锋包装主要面向日本和欧美市场，4～8月是明显的淡季。2016年，出于将机器与人工充分利用的想法，谭杰锋开拓了童装业务。"因为我们本身生产无纺布，有很多缝纫工，而服装的印花、裁剪、缝制和无纺布基本一致。在淡季可以大量生产服装，进行储备，用来全年销售。"这样很好地稳定了员工队伍，同时也合理地调节了产能。

杰锋包装自成立之初便主做外贸业务，恰逢中国加入世界贸易组织，在时代的顺风车上，杰锋包装的销售收入从1999年的1000多万元发展到2019年的1.6亿元，20年的时间，从单纯的纸袋到无纺布袋再到童装，这个过程虽然并没有大开大合，但其如涓涓细流一般，一直稳步向前。

2019年，杰锋包装上海和江西两个工厂从印刷到印后工序全部更新为全自动设备，并对生产线进行了柔性化改造。"发展至今，江西的人工成本也在上升，劳动力红利基本没有了，所以我们要对传统生产线进行改造，虽然遇到疫情而发展不太顺利，但疫情总会过去。"谭杰锋自信地说道。

二、产品永远超出客户期待

杰锋包装主要承接日化、服装、珠宝等国际高端品牌的纸袋包装业务，其中 90% 以上的产品销往日本市场，因此对质量要求极高。谭杰锋表示："质量是包装企业的立身之本。"而质量管理确实贯穿到杰锋包装生产的每一个环节，从原材料采购的把关到生产工艺的优化，最重要的是全员参与。

包装印刷属于大批量生产，产品检测的质量和效率是相矛盾的，想要提高效率，势必会造成一些检测环节的缺失与细致程度的降低。为了解决这一问题，杰锋包装将产品的质量和员工收益挂钩，实行全员检测，每个环节的生产员工都是质检员，若发现上一环节的质量问题，发现者奖励，被发现者处罚。这样一来，调动了员工积极性。

除了在产品质量上严格把关外，杰锋包装将"用户至上"这一点也做到了极致，不放过客户的每一个要求，对哪怕微乎其微的小问题，都倾尽全力解决。

杰锋包装有一个合作时间很长的高端珠宝客户，该客户的包装是在蓝色纸板上进行压纹，但常常因为工期紧张，干燥不彻底，以及压纹程度之深等问题，导致压纹位置发白，最终所得效果总是不能令人满意。问题虽小，但是解决起来并不容易，反复尝试许久后，杰锋包装专门买来凹版印刷机，先将颜色印在膜上，然后再在纸板上覆膜，这样一来，随便怎么压，效果均十分喜人。"这一问题已经困扰公司多年，做成之后，我们都非常有成就感。"

这样不计一切代价满足客户需求的事情，在杰锋包装还有很多。有一个客户的包装工艺采用的是珠光纸覆膜，客户觉得效果不明显，但也在可接受范围内。这一次，杰锋包装同样是开动脑筋、反复研究，在客户没有要求的情况下，多次雕版、试验，从尺寸到图案，对每个环节进行细抠、改进，在投入了很多资金，失败了五六次后，终于达到理想效果，客户十分满意。

"有些时候，现有的工艺确实突破不了，我们就会另辟蹊径去做这件事，当实现效果后，这些特殊工艺就成了公司的护城河，捍卫了订单。"

三、放不下的口罩业务

今年年初疫情暴发，谭杰锋所在的上海新余商会，向家乡组织捐款，但当地政府表示最需要的不是钱而是防疫物资。于是谭杰锋负责起了口罩采购业务，结果可想而知，即便 5 元一个也求而不得，费了九牛二虎之力购买的 10 万只口罩，却有一半质量不过关。

当时已有印刷包装同行开始转产口罩，谭杰锋考察一番便下定决心入场。无论是口罩制作设备的引进，还是口罩原材料熔喷布的采购，均随着当时的疫情，一波三折，好在最终杰锋包装的口罩业务还是投产了。

投产之初，谭杰锋也没有想好，口罩这条生产线到底能持续多久，因为疫情马上得到了控制，而竞争对手又如雨后春笋般喷涌而出，仅新余当地就新增了 30 多家口罩厂。但现在他已经有了答案："虽然我们做的口罩一直卖得不错，但回头来看，隔行如隔山，两个月前口罩的品质跟今天是不能比的。现在的口罩在质量和标准上已经非常成熟，我们已经舍不得放弃了。"

除了熔喷布外，杰锋包装原有的无纺布也是口罩的原材料，原本只是自给自足，不对外接单，但伴随疫情出现的大量需求，杰锋包装也便开始生产口罩无纺布，在自用与外销双重推动下，生产设备自 3 月初就从未停过。

此外，市场上熔喷布价格也从几万元每吨上涨到七八十万元每吨，杰锋包装便趁势利用自己的技术优势又安装了两条熔喷布生产线。至此，杰锋包装的口罩生产链基本打通。当初匆匆忙忙买来的设备，已经做了完全优化，还建设了两个无尘车间，所有的生产流程已经相当顺畅。而除了口罩的"鼻梁条"需要外部供应外，口罩生产所需要的其他物料，从布料到耳带再到包装，实现全部自产。

即使没有疫情，日本也是一个口罩接受度很高的国家。口罩在日本的大街小巷随处可见，但高端商超却有很高的准入门槛。杰锋包装的口罩不但通过原有的营销渠道成功打入日本市场，还陈列到了高端商超的货架，其品质可见一斑。

最近，杰锋包装更是推出了"清凉的口罩无纺布"，面料表面的木糖醇遇水释放冰爽因子，使面部清凉舒爽……有着这样的创新势头，杰锋包装更加不会放弃口罩业务了。

因为疫情，几乎每行每业都"哀鸿遍野"，杰锋包装在主业上也是如此，4月纸袋订单同比下降95%，5月同比下降90%，6月虽有所回升，但依然同比下降70%。

幸运的是，杰锋包装将副业做了主业。这种"幸运"表面上看，是其无心插柳闯入了新的领域——几年前的无纺布制作，几年后的口罩生产，并在今天最终获利。但若深究，会发现无论在哪个领域，杰锋包装都付出了绝对诚意，没有深谋远虑，但逢山开路、遇水搭桥，就这样走着走着走到了一条他人有些羡慕的道路上。

（2020年创新十强，原载于2020年5期《印刷经理人》杂志）

鼎籍数码：融合互联网实现按需印刷服务再升级

2016 年，辽宁出版集团深化改革"二次创业"，辽宁鼎籍数码科技有限公司（以下简称鼎籍数码）就此成立，肩负起集团数字化转型战略 POD 按需印刷板块市场探索，推动传统出版印刷行业数字化转型升级的重任。

迄今为止，鼎籍数码已发展成为东北地区具有较强影响力的按需印刷及文化创意科技公司，主要从事短版图书按需印刷、个性化定制及文创产品开发等业务。

成立伊始，鼎籍数码便在企业管理、人才梯队建设、市场营销、内容与产品开发等各个方面植入互联网基因，以互联网化思维与 POD 按需印刷新技术结合，探索一种新的生产和经营模式，将自身打造成集内容、产品创新、全方位营销服务于一体的"文化＋科技"按需印刷品牌企业。

公司成立至今，取得了良好的社会效益和经济效益。创办首年即实现盈利，几年来保持着高速健康的发展态势，实现了利润的稳定增长。

作为辽宁出版集团数字化转型项目，鼎籍数码始终未停下创新发展的脚步。2019 年，鼎籍数码创新进程取得多项成果：自主研发一键排版等 5 项软件著作权、建立快速标准的网络报价平台、启动自助排版系统建设项目；凭借互联网＋POD 按需印刷项目成功迈入高新技术企业行列；同年，因其在印刷行业的互联网创新思路和文化领域深度融合，获得辽宁省文化产业项目基金支持，全面提升了科技型企业品牌形象，充分展示了鼎籍数码技术创新及研发能力。

2020 年，鼎籍数码以按需印刷技术为起点，全面拥抱互联网，持续做优做强原有线上业务，B 端客户通过百度、58 等平台实现在线实时接单；C 端客户通过开发个性化定制类文创产品，实现淘宝、京东等平台全覆盖，升级大众文化类消费；同时不断创新思路，充分利用当下火热的粉丝经济红利，通过内容策划、短视频拍摄、网络运营的团队建设和业务拓展，全面实现数字印刷互联网化的再升级。例如，面向高校，打造"云毕业""社会正能量宣传""毕业生职业规划"多元化创新项目，向青年群体传播正确的价值观和舆论导向，肩负起文化企业的社会责任。

一、既有平台持续发力，线上拓客降本增效好处多

疫情期间线下市场受冲击较大，鼎籍数码提前布局互联网推广，线上市场作为补充，充分发挥了互联网的优势。首先，B端市场通过线上无接触服务，有效解决了接单问题；其次，淘宝、京东等面向C端的零售业务，通过持续不断的创意设计开发，丰富的产品线作为支撑，继毕业留念册、画集、书法集、摄影集和散文集等线上个性化定制自出书系列产品之后，又推出研学手册、儿童日记、读书笔记系列儿童教育类文创产品，深受市场追捧，业务持续向好。

二、打通渠道触点链接，做好全链路融合式网络推广

随着抖音、快手等短视频平台的崛起，鼎籍数码在业界率先尝试，通过输出优质视频内容、直播推介产品、抖音和淘宝两位一体，形成矩阵式发声，在扩大企业影响力的同时，提前布局下一个网络热销平台风口，作为对原有线上零售业务的补充，已经实现流量的经济效益转化。

三、解决社会焦点问题，启动互联网"云毕业"项目

鼎籍数码联合抖音平台（北京字节跳动有限公司辽宁分公司）共同举办大型线上毕业季活动，在辽宁省内高校中发起"我们毕业辽""抖出你的版"话题，掀起极具热度的线上毕业活动。到目前为止，已率先在中国医科大学和沈阳理工大学开展直播毕业活动，掀起了毕业生大范围的围观高潮，并在

2020年6月中下旬省内各大高校启动全网直播。在中国医科大学毕业晚会、线上直播援鄂英雄演讲、辽宁交通广播 FM97.5 同步直播，引起了学生、网友及电台听友的广泛共鸣，产生了极高的社会示范效应。

鼎籍数码通过数字印刷技术为校园师生提供不一样的"毕业季"产品。推出毕业留念册、毕业作品集等线上个性化定制自出书系列产品（图1），为校园生活留下深刻而又有意义的记忆，让莘莘学子在疫情中成长并学会担当。

图1　鼎籍数码的"毕业季"系列产品

接下来，鼎籍数码还将加大与抖音平台合作，继续为学生群体提供服务；邀请辽宁省人力资源和社会保障厅、智联招聘等单位，开展云招聘、职业规划、辅导等线上活动，持续提升社会示范效应；将互联网与数字印刷进一步深度融合，在辽宁省的11所校园书店，升级配设云排版、云打印等自助设备，为大学生提供更好的"互联网+数字印刷"线上服务和线下产品。

（2020年创新十强，原载于2020年5期《印刷经理人》杂志）

柏星龙：坚持自主创新，引领包装行业新潮流

对于企业来说，最强大的竞争力，除了突出的核心价值，莫过于能为客户提供一站式全方位的专业综合服务。深圳市柏星龙创意包装股份有限公司（以下简称柏星龙）就是这样一家既拥有业内盛誉的创意与设计，又拥有完善的全服务链、综合实力强大的包装企业。

柏星龙成立于1999年，专注于酒类、食品、茶叶、化妆品包装行业。公司以产品包装创意设计和生产为主导，以品牌文化定位为依据，整合创意品名注册、品牌策划、创意设计、工艺研发与生产物流等优势，提供创意包装产业一站式综合专业管理与特色服务。

一、坚持自主研发，引领包装新潮流

一直以来，柏星龙将坚持自主研发的创新战略作为公司的核心发展战略之一，鼓励员工参与创新，全力打造"工艺研发"这一核心竞争力。多年来为市场解决了众多工艺创新及防伪技术难题，为客户赢得了市场竞争的主动权，提升了企业综合实力。

为了使自主研发的创新战略能够得到更好执行，柏星龙不仅组建了一支科班出身、具有长期研发经验的专业工艺和技术研发团队，更是基于目前的市场需求以及对未来市场趋势的预判，制订了具有针对性的研发计划与目标，并且通过完善的激励措施，激励员工用积极性和创造性寻求最佳包装技术解决方案，真诚为每一位客户提供最优质、最完善的策略包装服务。源源不断的创新技术和独特工艺，使得柏星龙创意设计由设想变为了现实，通过实践丰富了包装的内容和形式，不断引领着包装行业的新潮流。

如果说设计出精美产品是一次成功包装的基础,那么包装工艺的精湛则是成功的保障。在当前竞争高压的环境下,原始传统的包装工艺已无法满足消费者对产品精美的诉求。独特的工艺造就了独特的视觉效应,柏星龙在21年创新的历程中,掌握了激光转移、玻璃珠、光刻纸、纸金泊、堆金、立体烫金等多项新技术,将每一款产品的视觉冲击力和品质感都完美地呈现在消费者面前(图1)。

图 1　柏星龙设计的"黄鹤楼"获 2018 年莫比最佳作品奖

截至 2020 年 7 月,柏星龙已累计获得发明专利、实用新型专利、外观设计专利共 149 项,这是对柏星龙 21 年来不断坚持走自主研发创新之路的肯定与鼓励。这些成果也成为柏星龙发展的强劲推力,增强了其在创意包装领域的核心竞争力,使得柏星龙作为创意包装领域标杆性企业的地位更加稳固。

二、坚守原创理念,打造畅销新产品

伴随着市场的飞速发展,产品同质化的问题也随之出现,如何在同质化日趋严重的当下,保持品牌自身特色,走出独特的品牌道路,是柏星龙一直在思考与探索的。而"新、奇、特"的原创理念,就是柏星龙在行业中不断摸爬滚打总结出来的最大经验。

在创新思想的指引下,柏星龙团队人员于包装设计领域不断探寻新的立意与可能,为包装这个载体赋予更多的价值与意义,致力于打造行业标杆性的包装设计产品。截至 2020 年 7 月，柏星龙已经为国内外客户创作了 3 万款创意设计，为超过 12 家上市企业成功打造近 40 款核心战略产品，并为全国区域领导品牌打造超 1000 款畅销单品，荣获了 70 项国际设计大奖，无形中推动了行业的进步，加速着行业的变革。其中，在第 47 届莫比广告奖（Mobius Awards）中，柏星龙获得了包装设计类的 1 项"最佳作品奖"及 3 项"金奖"（"最佳作品奖"是包装设计类最高荣誉），创下了中国 20 年来的最佳纪录。同时，柏星龙也是第 47 届莫比广告奖包装设计类亚洲唯一获奖企业。

21 年间，柏星龙一直进行着设计风格的多样性研究，"天下没有无用的设计"是柏星龙在探索设计风格时的宗旨。每一款设计的雏形未必完美，但经过团队针对市场的认识以及文化的剖析后，最终打磨出的作品所蕴含的意义必定是丰富而饱满的。在这条探索的道路上，柏星龙团队博采众长、推陈出新，创作出了如水墨青花、幻彩、瓷韵、青铜等风格多变的创新产品，融合着包装与设计，实现文化多样性和审美多元性的真正价值。

三、品牌策略定调，设计思路全线链接市场

宏观的战略视野、时代尖端的设计思维、创新研发的包装工艺，以及对产品精准的市场定位和文化层面的深度剖析，使得柏星龙的创意设计更加契合当下社会的商业化包装。

柏星龙通过对产品、品牌、市场、目标消费群体的深入了解，率先在酒类包装业界导入 PIE（产品形象工程）。在创作过程中，柏星龙团队所面对的不仅仅是酒厂或经销商，他们会将自身还原到市场中来保持创作方向，使创新的思想贯穿于客户的内部管理、企业文化以及整个业务系统，让创新的力量内化于心、外化于行，从而使得产品设计深入人心。

当一个产品确立以后，需要解决的关键问题是如何合理规划品牌架构以及在视觉上确保清晰、统一、协调、平衡地展现品牌文化和形象，有效理顺企业、产品与品牌之间的承接关系。但现实情况是，多品牌运作已经成为一

股热潮，许多企业根本不考虑采用何种品牌架构，而盲目地开发，导致自身产品结构混乱，包装视觉亦是参差不齐，严重削弱了品牌的影响力。

针对这种情况，柏星龙成功导入品牌策略服务，通过品牌策略的引导，针对不同品牌，提出符合其自身特色及市场需求的差异化卖点，从而进行一系列的品牌视觉体系和产品线建议的打造。这一举措有效地解决了产品在包装设计过程中的品牌混乱和品牌文化不一致的问题，将影响包装开发过程中的市场考量、产品定位、品牌延伸、产品形象等重要环节纳入一体化运作，有效结合市场的力量因素，推动品牌形象建设。

柏星龙一直坚持的"新、奇、特"原创理念实际上就是一种体现在设计上的品牌差异化策略。包装形体可以被模仿，但体现在包装上契合品牌个性的产品卖点却是不可复制的，这一点从柏星龙无数的国内外获奖作品及市场影响力作品中得到了充分的体现，也是柏星龙在竞争激烈的创意包装领域不断前进，并最终站在行业前列的最根本保证。

"不积跬步，无以至千里；不积小流，无以成江海"。柏星龙的成功不是偶然，是坚持创新的结果。这种坚持不只是单纯的技术创新，还包括了思想和精神上的创新。柏星龙始终如一地贯彻创新战略，引领包装新潮流，值得每一个在日新月异的市场经济环境下寻求长久生存、长远发展的企业学习。

（2020年创新十强，原载于2020年5期《印刷经理人》杂志）

贤俊龙：用"创新"强化竞争优势

100多年以前，美籍奥地利经济学家约瑟夫·熊彼特在1912年出版的《经济发展概论》中定义：创新是指把一种新的生产要素和生产条件的"新结合"引入生产体系。现在每家企业都具备创新意识，100个企业家，99个都会讲，必须要创新。但是，究竟该如何创新，大部分人都陷入迷惘，束手无策。创新虽然不易，但深圳市贤俊龙彩印有限公司（以下简称贤俊龙）却探索出了一条自己的路径。

一、从书刊到包装，从传统到数字，战略上的转型与创新

贤俊龙成立于1993年，作为香港永太和集团在内地创立的外商独资印刷企业，初期以印制国内外高端书刊画册为主要业务，随着印刷市场竞争的日益激烈，书刊印刷利润越来越低。2000年，贤俊龙开始转型，致力于为中高端客户提供一站式整体包装解决方案。

经过20年的发展，贤俊龙用专业的团队，在华中、华南、西南、华东等区域，通过设厂、省级设点、重点市设办事处等形式，为全国客户提供最便捷、最及时的服务。业务范围涉及电子、化妆品、烟、酒、健康产品等多个领域，合作客户不乏世界500强、国有企业、上市公司等知名企业。

而最近几年，根据技术与市场发展趋势，贤俊龙又早早开始布局数字印刷。2019年，亚洲首台海德堡Primefire106正式落户并投产，这对于贤俊龙的未来发展有着重要的战略意义。

众所周知，Primefire106拥有高印刷精度、丰富的色彩、极高的印刷稳定性等特点，可以满足客户单张起印的需求，符合目前包装印刷趋势。投产之后，在其和另外两台数字印后设备——史丹利蒙Dmax106和长荣LC1060SF

激光模切机的配合之下，贤俊龙通过线下与线上结合的接单模式，开始为客户生产小批量、个性化订单。同时也与传统印刷互相配合，生产色彩要求较高，交货周期较急的打样订单。除了小批量订单之外，Primefire106 还为贤俊龙解决了许多组别多、要求高的大批量订单。

个性化包装是贤俊龙数字印刷的主要订单类型，但个性化包装不仅仅是针对包装的定制化生产，还包括印前的快速响应、对市场需求满意度的反馈，最终实现按需印刷和库存最小化。贤俊龙向来以"品质高、服务好、个性化、速度快"为服务理念，个性化包装需求的增多无疑会给贤俊龙带来新的发展机遇，而贤俊龙也正积极谋求个性化包装更新领域的突破。

二、从硬件到平台，生产上的创新与提高

"工欲善其事，必先利其器。"从淘汰胶片出版，实现电脑直接制版到使用数字无版印刷，贤俊龙一直走在行业前列。为了实现真正的物联网印刷，贤俊龙还自主研发了 360°立体彩色喷墨打印机、机器人表面处理工艺生产线、激光模切雕刻系统等。其中，激光模切雕刻机是贤俊龙与天津长荣共同开发的一款带压线全自动工业量产设备，通过计算机生成刀线文件，然后结合 3D 打印系统，与激光模切并行工作，突破了激光模切行业一直以来悬而不决的压线问题。

随着时代发展，印刷作为传统行业，遭遇诸多瓶颈。例如，在人口红利逐渐消失的当下，如何降低人力成本，提高生产效率？在互联网盛行的大势头下，如何借助互联网更好地提升公司业绩？如何快速满足有个性化印刷需求的小订单客户？这些问题几乎每家印刷企业都会遇到，贤俊龙也不例外。

面对这些瓶颈，贤俊龙积极寻找解决方案。其中，通过与 BOXUNI 博士立方的合作，贤俊龙在智能化生产的道路上迈出了具有历史意义的一步。

BOXUNI 博士立方是深圳海德堡网络科技有限公司基于德国海德堡在印刷行业多年的经验和技术，所研发的互联网印刷协同平台。通过其丰富的标准盒型库、强大的专业盒型设计编辑器、实时 3D 工艺预览及一键分享、智能

印前处理等核心功能，在个性化包装设计及印前处理等核心领域，大大提高了贤俊龙的工作效率，对企业的市场开发、增效降本、智能化建设等方面都具有促进作用。

三、从 ERP 到 MES，管理上的科学与精益

印刷包装行业生产细节复杂，工艺繁多，为此贤俊龙引进多种方法与手段，进行科学有效管理。

早在 2013 年，贤俊龙就投入巨资与用友合作开发了 U9 ERP 系统，通过 6 年来地不断开发和完善，已初见成效，企业内部订单下达后，系统会自动发起生产所需的采购和领料任务，并自动计算出最合理的生产排程，将任务自动分发给相应部门和岗位。生产管理者对任务过程进行动态监督，可最大限度降低人员浪费。

不过，ERP 系统也有不足之处。客户对交货期的苛刻要求、产品改型的频繁发生、订单的不断调整等，都会对生产计划管理产生巨大影响。所以，产品生产不能仅依赖于市场，不能完全以物料分配和库存管理来控制，还要结合实际的作业执行状态。因此，贤俊龙尝试引入 MES 系统来解决 ERP 系统的不足，增强生产过程控制的实时性和灵活性，从而提高生产效率。

贤俊龙 MES 系统分两个阶段进行：第一阶段，完成设备数据采集交互、MES 核心功能建设、基础功能的实施应用，以及以工单为主线完成整个生产制造执行过程的管理；完成系统排产到机台，实现线上排产，实时反馈生产执行情况。第二阶段，完成质量管理功能，完善质量标准、质量计划、质检执行、质量改进的质量体系管理；完成设备管理功能，全面管理设备的维修、点检、保养、备品备件、特种设备等的管理；结合立体库完成 MES 系统建设，对原材料、半成品、成品等生产物料进行精细化批次管理；结合设备自动采集完成版材寿命管理，实现版材寿命提前预警、上下版扫描提醒。

通过 MES 系统，贤俊龙最终实现管理更精细，使生产现场"活"起来。通过对产品生产过程中的质量信息收集，完成了产品生产周期内的质量跟

踪，进而可以对生产的关键质量环节进行监控。除了对单个产品的生产质量信息收集外，MES 还包括质量预警、质量分析、质量报告、原材料质量等质量管理功能模块。

ERP 与 MES 两个系统的相互配合，使贤俊龙以更少的人力，更小的空间，更少的投资和更短的时间，满足客户需求，实现精益生产。

从战略到生产再到管理，贤俊龙并没有大开大合、大破大立，而是于细节中、点滴中，不断改变，持续精进。正所谓"不积跬步无以至千里"，贤俊龙始终将组织机构精简能干、订单生产降本提质、库存管理降损增效，作为日常管理的重点。也正因如此，贤俊龙的抗压能力强，适应能力快，在市场困境中，总是能够转危为机、把握机遇，并在成为世界一流的印刷包装知名品牌企业的道路上一直前进。

（2020 年创新十强，原载于 2020 年 5 期《印刷经理人》杂志）

苏州雅利：超越客户需求，打造高附加值的个性化产品

对于年青一代来说，时尚与个性是其永远的追求，在这样的市场需求下，越来越多的知名品牌开始寻求更具差异化的产品设计。而有时，一枚小小的标签就能引发消费者共鸣，获得营销成功，助力企业树立良好的品牌形象。

苏州雅利印刷有限公司（以下简称苏州雅利）正是"高品质标签"的代名词，经过近20年的发展，已成为江苏省首屈一指乃至全国领先的标签印刷服务商。作为一家不断贴近客户、聆听市场需求的企业，苏州雅利很早便投身到了个性化的潮流中，并从中走出了一条独特的个性化发展之路。

一、为产品赋予更高附加值

因地处江浙地区，苏州雅利借助地域优势，再加上卓越的印刷品质以及良好的服务态度，在2001年成立之初，便赢得了长三角地区广大日化企业，特别是外商企业的青睐。苏州雅利以此为契机，迅速在传统标签印刷市场占据了一席之地。而后，苏州雅利又先后在天津、广州设立了全新的生产工厂，并在苏州成立了独立的设计公司，俨然成为标签印刷企业中的一颗"明星"。

在雅利印刷集团销售副总经理陈杰看来，许多企业成功的原因，从根本上来说，都源于对机遇的把握。

随着时代的发展，市场需求逐渐发生变化。"越来越多的客户开始不只满足于追求产品的视觉化效果，还越发重视标签的功能性。部分客户订单逐渐批量化、定制化，整体需求更加多样化。"对此，苏州雅利开展了详尽的

市场调研工作。从结果看来，广大用户不仅在视觉效果方面变得更为挑剔，对于标签产品的功能性也有了更高的要求。苏州雅利相信，这两点也将是未来标签印刷发展的两大趋势。

事实上，与传统标签相比，能够实现小批量生产的个性化标签产品在美观性和趣味性上更具备优势，一款足够"惊艳"的个性化产品往往能够在第一时间吸引到用户的关注，实现品牌形象的推广，提升企业知名度。除此以外，借助互联网等技术，个性化标签还能实现产品溯源、产品防伪等功能，进一步满足不同客户的多种需求，提高产品附加值，从而实现企业经济效益的提升。基于上述思考，再加上相关数字印刷设备的引进及企业生产能力的提高，苏州雅利很快便开始了其个性化业务的探索。

当然，个性化产品的诞生，自然离不开企业孜孜不倦的探索与研发。"苏州雅利发展至今，其中发挥重要作用的便是我们对于产品的执着。这不仅仅是指产品的印刷品质，我们希望在满足客户产品需求的同时，能够以创新的方式，尽可能提高其附加值，为客户带来更多新的可能。比如，在客户希望的印刷效果之上，通过调整工艺、材料等方式，为客户带来降低产品成本、提升印刷效果等额外效益。"陈杰强调道。

一直以来，苏州雅利都坚持并践行着"做你所思，想你未想"的服务理念以及"超越客户需求"的企业价值观。为此，苏州雅利尝试将定制化、唯一性、可追溯性等新元素与产品进行融合，不断推动客户诞生新的需求。在当下"互联网＋印刷"的发展热潮下，其为许多客户的产品标签都添加了二维码，加强了产品的可追溯性。除了这些方式之外，苏州雅利还通过柔印技术与丝网印刷的有机结合，生产出一种适用于高端产品的特制标签，经过市场检验，该款标签的防伪溯源能力收获了广大客户的一致好评。

通过不断与客户开展相关合作，越来越多各具特色的个性化产品，走进了广大用户的视野，无论是曾在 2015 年引发全网热议、受人追捧的"红色礼盒"系列，还是曾经惊艳亮相、激发广大用户国货情怀的"故宫彩妆"系列，都是苏州雅利把握市场需求，不断求新求变的成果。也正是这份对于产品创新的执着，让苏州雅利赢得了诸如欧莱雅、雅诗兰黛、美宝莲、汉高、强生、高露洁、大宝、德芙、飞利浦、壳牌、百威和西门子等众多国内外全球品牌客户的青睐，并为其进一步发展凝聚了一大批"忠实用户"。

二、深化企业创新服务能力

毋庸置疑，产品的个性化为广大企业带来了可观的收益，但不可否认的是，个性化的实现也对企业自身的创新与服务能力提出了一定的要求。

"作为传统劳动密集型企业，受制于企业自身性质，苏州雅利很难如同其他高新行业一样，实现本质上的改变。"对于广大印刷包装企业来说，创新更多体现在细节的改变上。例如，通过工艺创新，可以使产品展现出更多的印刷效果；通过生产方式上的创新，可以实现生产效率的提升，降低生产成本；通过销售模式上的创新，能够让客户更加清晰地了解产品的设计理念，推动企业业务的扩展。"这些都是很细小的问题，但确实能够为企业发展提供动力，我觉得这些都是创新。"陈杰如是说。

企业想要创新自然离不开技术、人才、工艺等方面的积累。只有充分累积各方资源，才能够为"全方位创新"提供足够的支撑。苏州雅利很清楚这一点，除了积极与赛康、麦安迪等设备供应商开展合作，通过设备引进等方式，提高自身生产硬实力之外，还积极采取其他方法，不断为企业发展积蓄力量。

在原料和工艺方面，苏州雅利主动打破传统企业经营模式以及行业壁垒，通过与众多包材、面材、胶水等相关行业企业实现技术的合作，构建了种类丰富的原料和工艺储备体系；在人才培养方面，苏州雅利一直与其他优秀企业组织各种交流活动，还与上海及湖北等地多所专业院校开展深度合作，通过邀请相关领域专业教师或技术人员进行交流分享，让企业员工更为深入地了解并学习行业相关知识，进一步提升员工的专业技能素养，实现企业生产与服务能力的提升。

对于企业来说，仅仅开展资源的储备是远远不够的，如何将其转化为实际竞争优势，才是企业实现创新发展的核心所在。为了能够生产出更加切合市场需求、满足用户要求的产品，苏州雅利一直以来都坚持主动与客户进行多方面的交流。在陈杰看来，交流的过程不仅仅是在贴近客户、了解客户的实际需求，还能将一些积累到的新技术或者新诞生的产品构想介绍给客户，共同探讨完善相关技术与产品。这样可以在提升自身服务能力的同时，最大限度地将资源积累进行转化，推动企业产品的个性化创新与自身发展。

当下，伴随着社会消费结构和市场需求的不断变化，印刷包装市场发展的不确定性日益上升，产品个性化的需求愈加强烈。为了进一步顺应市场发展趋势，把握客户需求，陈杰表示，未来苏州雅利将从三大方面入手："第一，我们会进一步加强与供应商、行业相关企业的合作，做好技术与资源储备；第二，进一步和客户开展持续化的深入交流，在贴近客户的同时，不断尝试开发新的个性化产品，激发企业创新活力；第三，我们仍将坚持'做你所思，想你未想'的核心理念，不断提升深化企业服务能力，为客户提供更多高附加值的个性化产品。"

（2020年创新十强，原载于2020年5期《印刷经理人》杂志）

新鸿业：合版是技术，更是思维

从最初的27人，到如今拥有在职专岗人员、市场服务第三方人员超过730人，成立20余载的武汉新鸿业印务有限公司（以下简称新鸿业），凭借合版印刷带来的诸多优势快速发展，迅速成长为湖北地区最具规模的商务印刷企业。

一、腾飞的开始

起初，新鸿业的市场定位非常清晰，即以传统商务印刷为主。作为全国众多从事商务印刷企业的一员，新鸿业平平无奇，市场优势也不明显。然而，随着中国经济的不断发展，市场竞争日趋激烈，传统商务印刷生产模式面临严峻挑战。在这一过程中，新鸿业捕捉到互联网快速崛起带来的技术发展红利，对未来发展做出了新的定位，即将印刷业与互联网深度融合。

合版印刷正是印刷业与互联网深度融合的产物。一方面，合版印刷可以依托互联网快速集聚订单，实现规模化生产；另一方面，其共享印版的生产方式也能大大降低生产成本。2011年，新鸿业正式转型做合版印刷，将合版印刷技术、思维与商务印刷结合，建立起"现代大商务印刷"的概念。

任何对新技术转型的尝试，在最开始都不能一帆风顺。合版印刷的关键在于整合业务，将零散的订单进行整合拼版，实现规模化生产。在这种模式下，聚集的订单越多、产品越多，企业的综合效益就越高。然而，刚刚涉足合版印刷的新鸿业并没有足够的业务量去支撑这种模式。而且，合版印刷要求的快交货周期，也让新鸿业应付起来捉襟见肘。

"我们当时下了非常大的决心，哪怕某一款产品订单少，不够拼版，为了保证客户的交货时间，也要调整生产计划完成订单。"新鸿业董事长周谊涛回忆说。凭着这股冲劲，新鸿业持续优化流程，不断提升效率。"刚开始，客户通常在第二天 12 点以后才能收货，到后来就是货等着客户开门。"新鸿业的生产效率与执行力可见一斑。

在电商时代，很多客户对于印刷品的定制属性不甚了解。他们不仅希望较快的交货周期，对于产品的设计与质量也有更高的要求。面对用户的种种"无理"要求，新鸿业会做好沟通工作，提前备好相关生产原料，通过标准化的生产流程和供应链协作，保证每个环节都没有闪失，从而实现高效率、高品质的出货。

比如，新鸿业推出的设计包月服务，可以解决客户很多设计方面的问题。再如，新鸿业会长期备货性价比高的特种纸，让高端用户能够在最短的时间内拿到叠加有多种工艺的特种纸画册及各类特种纸高端产品。总之，在客户想要的时间给到他们想要的产品。将客户体验做到极致，是新鸿业持之以恒的追求目标。

随着业务逐渐步入正轨，订单交期与质量做到了双极致，新鸿业在业界也获得了极好的口碑，但周谊涛显然并不满足于此。通过技术创新，为客户提供更具竞争力的产品，也成为新鸿业未来努力的新方向。

名片与画册是新鸿业的两大主力产品，其通过不断创新，将上光油普通名片升级为荧光名片，这在当时属于全国首创，同时也消除了名片一直以来存在的过底、粘花、蹭脏的缺陷。与此同时，新鸿业又推出多款艺术纸单页名片及花式折页，全面使用 LED-UV 技术印刷画册，确保画册品质遥遥领先。

对于新鸿业来说，这样的创新还有很多。"引领我们的客户将产品升级，让他们轻松赚钱，也会让新鸿业得到更多客户的信任与支持。"周谊涛介绍道。

二、合版是技术，更是思维

合版印刷在为新鸿业带来快速增长的同时，也带来了诸多争议。有人认为，合版印刷价格低、质量差，不仅搞乱了市场，而且害人害己。而在周谊涛看来，合版印刷是一种技术，更是一种思维。

一方面，合版印刷这一商业模式让印刷从加工产业变成了产品化的产业；另一方面，合版印刷全新的生产模式带来了效率上的提升，能够为客户提供更具性价比的产品。在周谊涛看来，合版是印刷标准化的一种生产模式，是大量订单聚合的必然结果，是当下最符合互联网发展趋势的经营模式。而新鸿业今天成绩的取得，也验证了这一论调。

不可否认，在合版印刷发展早期，很多企业都伴有"低价格、低质量、偷纸、偷数"等不当竞争行为，但新鸿业在生产中始终坚持效率与品质兼顾。"我们一直把提高服务质量和以客户为中心作为企业发展的长期策略，采取正确的解决方案和推动力解决客户之所想、所需、所急。让客户满意甚至惊喜一直是我们践行的宗旨。"周谊涛说道。

在新鸿业眼中，依靠互联网集聚订单，快速拼版高效印刷，为客户提供"互联网+印刷+快捷整体解决方案"，同时将传统印刷转型升级为印刷快速消费品产业；以产品智能制造为主线，依托生产共享平台，使印刷产品由加工类初始产品转变为生活消费类产品，实现产业链多元化经营，整合资源，从而加快信息化与工业化深度融合，是对新鸿业发展模式最好的诠释。

"我们的经营策略就是做最擅长的产品，而不是做客户所需要的全部产品。根据我们现有的人才及设备优势，通过合理生产管理，达到稳定的质量与交期；专注于终端市场的开发与经营，有效地挖掘大客户资源，这就是我们的优势体现。"周谊涛总结说。

三、立足长远，注重人才培养

随着企业的发展，新鸿业的规模不断扩大，人才需求也进一步增加。在周谊涛看来，一个优秀的印刷企业应该具备如下元素，即始终围绕公司战略实施的管理团队、吸引专业人才加盟和长期留存的生态系统、可持续性发展的核心技术、激励向上的文化制度。因此，新鸿业在人才建设方面也是收获颇丰。

据统计，新鸿业现有在职专岗员工330人，平均年龄为35岁，大专学历以上员工占比达到28%。近年来，新鸿业紧紧围绕生产经营这一中心，突出新形势下人才队伍建设工作的主导地位，坚持高素质人才队伍、专业技术人才队伍"两支队伍"一起抓，使企业的人才队伍规模、素质和结构逐步适应发展需要，人才队伍的建设也取得了一定的成绩。

新鸿业在中高层管理干部储备培养上秉承"优者上、庸者下"的选人用人原则，通过自我推荐、民主提议和绩效考评选拔出能力突出、员工拥护的干部队伍。现大部分管理员工均是一批原基层岗位的技术骨干，通过内外部专业知识培训、内部管理制度学习、实操演练、在岗委培等机制一步步走上了管理岗位，有效降低了企业干部选拔任用风险，为企业持续健康发展注入了强劲动力。

在所有吸引人才的生态系统中，后勤保障是其中重要一环。新鸿业拥有一支专业的行政后勤团队，他们为员工的吃住行提供了"管家式"服务，为企业的和谐稳定和快速发展保驾护航。有人说食堂是一面镜子，能反映出企业的综合管理水平。新鸿业的食堂不仅解决员工的温饱问题，而且会考虑到员工的身体健康，精心制作菜谱，为大家提供一天工作所需的各种营养，甚至为了满足员工的各种口味和日益提高的饮食需求，不断加强学习与现代化的管理，立志打造制造型企业的"五星级"食堂，为企业筑巢引凤提供强有力的支撑。

同时，新鸿业常年聘请了一批专业的管理顾问和技术专家，他们充当着"企业医生"的角色，为企业发展不断出谋划策。

此外，新鸿业也与武汉大学、北京印刷学院、荆楚理工学院、武汉信息传播职业技术学院等高等院校合作，建立了长效、稳定的校企合作机制，每年招聘若干应届毕业生进入企业实习，通过边培训边实践，逐步培养其专业技术和管理能力。实习期结束时，经评估优秀的人员可直接成为企业的正式员工，他们有效地缓解了印刷专业人才紧缺问题，同时进一步优化了企业的人才结构，为企业持续健康发展提供了强有力的人才保障。有着如此强大的人才队伍，也让企业未来充满着无限可能。

随着业务的不断扩展，新鸿业于2019年7月正式迁入武汉临空港经济开发区新工业园。在新园区，新鸿业有了更多的空间去优化原有生产流程，提升设备的自动化、智能化水平，其规模化生产的优势也将得到有效释放。未来，新鸿业将持续以合版印刷技术为核心，更加着眼于企业的经营质量，打造企业的品牌口碑，夯实企业可持续发展能力，续写新的辉煌篇章。

（2020年创新十强，原载于2020年5期《印刷经理人》杂志）

美浓集团：创新驱动，勇立潮头

浙江美浓世纪集团有限公司（以下简称美浓集团）是一家创建于1993年、中港合资的高科技包装企业。集团总部位于浙江省杭州市城西科创大走廊起点——紫金港科技城。二十多年来，美浓集团深耕纸包装行业，以杭州余杭经济技术开发区、萧山临江工业园、湖州吴兴经济开发区三大制造基地，构建了一条集纸张加工、电化铝、环保油墨生产、烟标印刷、彩盒生产为一体的产业链条，成为国内领先的纸包装整体方案解决商。

创新是美浓发展的第一动力。20多年来，美浓集团高度重视技术创新，步履不停，在行业里创造了数个第一，拥有浙江省省级企业技术中心、省级高新技术企业研究开发中心、省级企业研究院，是国家印刷示范企业、全国纸盒包装与防伪印刷技术标准化试验与推广基地、浙江省高新技术企业、浙江省绿色企业，其创新先锋、勇立潮头的形象深入行业。

一、深耕印刷主业，创新驱动增长

创业伊始，美浓集团便将"创新"作为企业发展的核心驱动力，敢为人先，砥砺奋进。从1993年美浓集团的前身美浓丝网成立，到1995年成功推出第一款丝印磨砂"大红鹰"烟标扬名业内，美浓集团坚持深耕烟标印刷主业不动摇，创新驱动增长，在较短时间内由传统印刷企业发展成长为集设计策划、材料科技、包装印刷为一体的国内领先"纸包装整体方案解决商"。

烟标印刷是美浓集团的主营业务。为满足中国烟草日益增强的设计策划需求，美浓集团2001年在行业内率先成立了设计策划公司。该公司依托杭州、上海、深圳三大创意中心，拥有近70人的设计策划团队，是业界颇具影响力的综合性设计策划机构，烟标设计处于行业领跑地位，设计开发了利群

（红利）、黄金叶（天叶）等烟标。凭借一流的创意水准，美浓设计攒下了良好的口碑和声誉，服务于中国烟草各大品牌。设计创新已成为美浓集团开辟市场的核心软实力，以及蓬勃发展的原动力。

美浓技术中心拥有从微纳光学精密制版、纸张、电化铝到油墨、盒型的研发能力，可以为客户提供纸包装最佳表现方式和最快速开发服务。美浓制造则拥有30万平方米生产厂房，完整的烟标印刷加工工艺，卓越的制造团队，300万大箱烟标产能，不仅单体规模华东第一、全国前五，而且智能制造水平行业领先。

凭借设计创新、技术创新，美浓集团印刷规模快速增长。截至目前，美浓集团的业务覆盖云南中烟、浙江中烟、河南中烟等十多家烟草工业公司和玫琳凯、百雀羚等社会知名企业，同时提供品牌全案策划、纸包装创意设计、技术研发、生产制造等增值服务。

二、奖人才重研发，创新凝聚团队

长期以来，美浓集团坚持以人为本不动摇，奖励研发、激励人才，将创新精神融入企业文化，"劳动光荣、匠心宝贵、创造伟大"等理念深入人心。据介绍，美浓集团每年在研发上的投入不低于2500万元。近年来，依托科研优势，利用烟包产品生产的产业链平台，美浓集团积极进行技术研发，取得了"激光定位方位烟盒生产工艺"等13项发明专利、"一种转移亚银光柱纸"等32项实用新型专利，开发了二维码生产营销、印刷智能追溯仓储等多个管理系统，还承担了浙江省重点技术创新专项开发及相关国家、行业标准起草制定工作。这些技术成果中，烟包电化铝冷烫工艺、烫后印工艺和定位烫工艺，先后应用在四川市场"娇子·格调"、福建市场"土楼"、云南市场"云烟·云龙"等烟包产品上，为企业的市场发展提供了助力。

通过技术研发，美浓集团引导从业人员立足本职，钻研技术，务实进取，在生产一线建功立业，同时也培养造就了一批能力强、业务精的印刷业高技能人才。美浓集团认为研发成果不一定都要"高大上"，接地气的小创新也很重要。为激发全体职工投身集团改革创新、全员创新的浓厚氛围，自2016年起，美浓集团在全公司范围内推出"五小"评选活动。"五小"特指"小发明、小改造、小革新、小设计、小建议"，是一项投资额度较小（不高于15万元）、技术含量相对较低、技术突破相对较小的改革创新评选活动。"五小"评选活动已经连续举办了三届，评选出了超过160个项目，且一届比一届成果多。可以说，"五小"活动已在美浓深入人心，并为美浓集团贡献了可观的效益。例如，2017年特等奖"斜走膜"工艺，在利群多个系列产品上进行了推广，电化铝使用量普遍降低一半左右，起到了较好的降本增效作用。2016年特等奖"礼盒封面自动机裱纸工艺"，通过改变封面机包纸工艺、消除误差，在公司全部书型结构礼盒面板（翻盖礼盒）上全面应用，成效显著，产品合格率提升了2%。

三、布局全产业链，创新引领发展

多年来，美浓集团坚持创新发展模式不动摇，持续沿产业链布棋落子。现在的美浓集团早已不再是单纯的印刷加工企业，其触角已涉及印刷产业链的各个环节。1999年，成立浙江亚欣包装材料有限公司，研发生产特种纸张、防伪材料；2002年，成立浙江新华彩色印刷有限公司，拓展社会类纸包装业务；2003年，成立美浓材料科技有限公司，研发生产绿色防伪油墨；2014年，成立浙江翌星包装科技有限公司，提供高端礼盒定制服务；2015年，成立浙江易盒包装科技有限公司，提供信息化增值服务，开辟互联网包装业务；2017年，成立新耀激光科技有限公司，提供微纳印刷新型防伪技术服务……在创新引领下，美浓集团的产业链一步步延伸，服务能力一步步提升，同时也形成了参与市场竞争的产业链优势。

"弄潮儿向潮头立，手把红旗旗不湿！"美浓集团用创新技术推动事业发展、以创新文化激励凝聚人心。热爱创新，也善于创新的美浓人，正用一项项创新成果标记下集团发展和自我成长的轨迹。

（2020年创新十强，原载于2020年5期《印刷经理人》杂志）

第三部分

技术篇

在印刷产业转型升级的纵深阶段，发生在供应商领域的变化，又何尝不猛烈？变化酝酿革新，彰显创新力量。

中国印刷设备、器材制造商，逐步摆脱了产品模仿、跟随策略，开始拿出研发利器，以创新姿态和技术革新者的身份继续征战国内市场，并向国际市场冲击。

从"中国制造"到"中国创造"的实现路径，正从"为中国制造"开始。以自身核心能力为支点，通过为客户伙伴提供价值，帮助客户持续成长，与客户一起实现技术升级、创新突围，是本书不可或缺的"创新叙事"。

印通天下：创新突围，打造商业印刷发展新生态

在商业印刷竞争日益激烈的市场环境下，印通天下印刷科技有限公司（以下简称印通天下）立志为中国商业印刷提供整体解决方案。经过多年努力，如今印通天下已经实现了印刷与互联网的有机融合，业务涵盖印刷销售、印刷生产、办公文旅商城等领域，形成了"印刷＋办公""产品＋服务"的一体化、交互型、一站式服务模式。

印通天下平台总体可分为云平台、孵化器、供应链和实体工厂四大板块。云平台是负责系统开发的网络科技公司和大数据分析的应用公司；孵化器则包含印通商学院、营销管理公司、技术管理公司、产业研究院，主要负责对加入平台的会员企业进行培训、信息、技术和管理的输出，以及产业内相关的各项研发等；供应链包括采购供应链和金融服务；实体工厂主要是指对印通体系内企业起示范作用，能够代表国内在自动化、信息化、智能化方面有所建树的实体印刷企业。

印通天下凭借完备的社群商业模式，从平台对接开始，通过印通商学院、印通咨询和IT系统、印通供应链、印通市场营销、印通工厂托管、印通金融等环节，在实现客户资源、政府资源、社会资源的全方位对接与服务的同时，为印刷企业订单实现深度赋能，从而提升企业经营能力。

与此同时，印通天下还在赋能印刷企业生态架构方面，打造了独特的"大供应系统"。在为印刷企业提供原材料设备、订单等基础服务的同时，以企业孵化器、技术咨询管理、商学院培训、产业研究、金融研究等方面为基础，进一步为企业深入赋能，通过向客户免费开放印刷云系统以及大数据管理的信息化指导，为企业的信息化、自动化建设提供全方位支撑。除了上述

内容，印通天下还会组织客户进行线下实体工厂与示范基地的参观活动，为客户加强与优秀企业间的交流学习创造机会。

随着行业的进一步发展，过去"单打独斗"的经营模式已逐渐被印刷企业所摒弃，整合将是互联网时代、新发展格局下的主流。从单厂到平台，从独立打拼到资源聚集，印通天下致力于打造商业印刷发展新生态。

深圳印智：数字化协同，助力企业持续增长

近年来，印刷行业人工成本过高、利润减少、经营压力大等问题日益凸显。与此同时，印刷企业开展数字化及智能化改造的呼声日趋强烈。深圳印智互联信息技术有限公司（以下简称深圳印智）作为一家专注于为印刷行业资源整合提供互联网信息技术工具的高新技术企业，在为客户提供个性化的产品和服务过程中，进一步加深了对印刷行业智能化转型的理解。

在深圳印智看来，智能化工厂的本质就是实现人机交互。而企业的数字化、自动化改造，则是实现智能化工厂建设的前提。因此，为了能够更好地满足广大客户对智能化转型的需求，深圳印智不断实践，积极探索印刷企业在智能化、数字化、自动化领域的新可能。

发展至今，深圳印智拥有十余项专业印刷软件著作权，旗下产品线包含网络印刷电商平台、印前自动化、印刷ERP系统、包装ERP系统、软包装ERP系统、移动App、微信电商平台、智慧工厂、印管家SaaS平台等多种解决方案，能够帮助客户在通过信息化手段，整合行业内上下游资源，打通印刷企业从网上接单、印前自动化、ERP内部管理、供应链电商平台等全产业链的同时，实现优化印刷行业生态圈，推动印刷行业借助互联网工具产业升级的企业发展目标。

深圳印智为众多行业企业量身定制令其满意的数字化解决方案。例如，在为浙江华人数码科技有限公司（以下简称浙江华人数码）提供的数字化工厂整体规划中（图1），深圳印智首先从内部流程入手，通过"ERP+MES+场内物流"的独特运作模式，在解决生产数据整理难题的同时，实现了车间现场与办公室的无缝透明联结，完成了生产工序、线边仓与内部物流的联通。

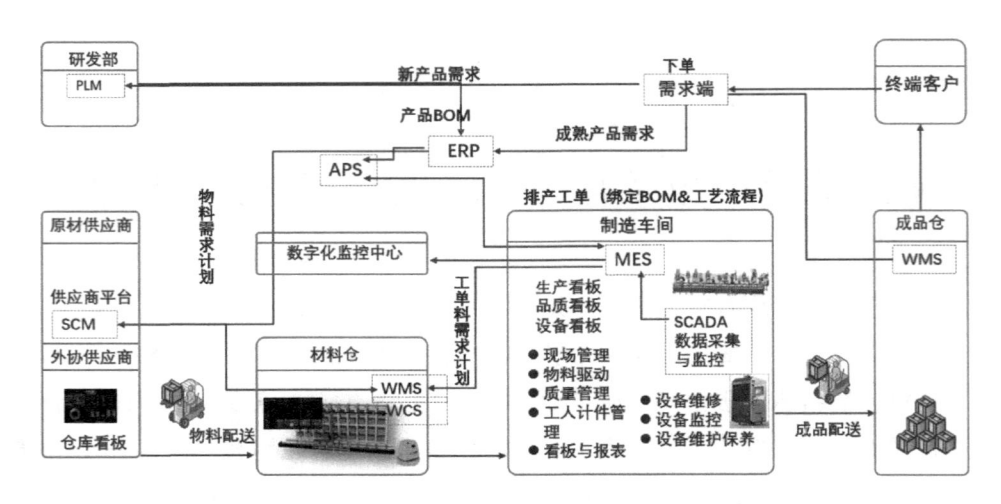

图 1 深圳印智为浙江华人数码设计的数字化工厂整体规划

此外，深圳印智还为浙江华人数码提供了定制化的 APS 系统与 SCADA 系统，可以对各生产环节进行监控，优化生产流程，降低企业运营成本，提高经营效益，并最终通过控制软件及自动化设备的相互协同，实现资金流与车间生产的有机连接，最终实现数字化工厂的打造。

十多年来，深圳印智从印刷企业经营现状出发，顺应行业发展趋势，进而为包装行业、商务印刷行业、标签行业、书刊行业、票据行业、软包装行业等各印刷细分领域的客户，提供更具针对性的定制化智能解决方案，为印刷行业的智能化、数字化发展贡献力量。

浩达机械：技术升级，为折叠纸盒生产带来全新可能

在消费升级的当下，奢侈品包装也不容忽视。高端大气的包装更能提升用户获得奢侈品时的仪式感，给客户带来更卓越的享受，传递出不一般的价值。而随着礼盒包装市场刮起的创新风潮，可折叠礼品盒横空出世，比如LV、圣罗兰等奢侈品在包装设计中也加入了折叠礼盒理念，不仅能够最大限度减少储存空间和运输成本，还能非常有效地保护礼盒结构。

在此背景下，浙江浩达机械股份有限公司（以下简称浩达机械）与浙江大学杨世锡教授的研究团队从"将立体盒的两侧设计成可折叠的活动面"这一独特想法入手，经过长时间、多方位的反复试验，最终成功研发出一款智能化折叠纸盒生产设备——ZDH-700折叠盒侧翼成型机。

ZDH-700折叠盒侧翼成型机又称折叠盒五联板成型机，其最突出的特点便是搭载了独创的五联板侧板伺服拼送装置，创新性地实现了"侧板是两块独立三角形纸板"的推送定位设计，成功减少了80%以上的运输体积。该设备的问世，改变了当前五联板折叠纸盒只能依靠手工从事生产的行业现状，进一步提升了包装成品的精度和美观程度，使产品更具市场竞争力。

浩达机械销售总监林朝梁表示："ZDH-700折叠盒侧翼成型机的定位误差可控制在0.25mm以内，不但精度高，而且速度快，生产速度最高可达每分钟25个，可在保证盒子挺度的前提下，为客户提供更多样的盒型选择。"在伺服传动、光电定位、伺服纠偏、伺服插板等新工艺及技术的辅助下，ZDH-700折叠盒侧翼成型机能够实现生产过程中的精准定位和灵活调整，在确保产品质量与美观的前提下，实现三联板、五联板等折叠纸盒的自动化、

智能化生产。

除了不断提升生产精度及生产速度，ZDH-700 折叠盒侧翼成型机在使用体验方面也进行了诸多创新。作为一种优质且无污染的黏合剂，动物蛋白胶一般需要在 65℃的温度下才能够发挥最佳效果。而为了避免操作人员在生产过程中出现烫伤，浩达机械在该设备中配备了自主研发的"保温隔热神器"——熔胶筒。这种熔胶筒无须一直加热，触摸外壁感受到的温度与室温无异，可有效避免烫伤的发生。另外，熔胶筒的设计还考虑了节能环保等重要因素，其节电率可达 60% 以上。

除了以上这些创新技术之外，ZDH-700 折叠盒侧翼成型机还获得了 3 项发明专利和 5 项实用新型专利。以此看来，ZDH-700 折叠盒成型机确实将浩达机械一贯坚持的"品质"与"创新"的理念展现得淋漓尽致。

精密达：打破壁垒，数字印后系统走上国产"智造"之路

高速喷墨印刷技术作为全球热门印刷技术方向，正处于快速发展阶段。尤其是自2019年以来，高速喷墨印刷设备在国内的装机量呈现"井喷式发展"之态。数字化时代已然到来，在高速喷墨印刷设备应用逐渐走向成熟的同时，如何构建与数字印刷系统相配套的印后系统显得尤为重要。

在2021年China Print展会上，深圳精密达智能机器有限公司（以下简称精密达）基于对数字印后技术十多年的积累，重磅推出国内首台书芯折页生产线Digital FoldLine 180，并连接精密达Digital Robot 2000C胶订生产线，可实现从喷墨印刷到胶订成书的全连线生产，打破了国外垄断，达到了国际先进水平，引起行业高度关注。图1为2021年China Print展会上的精密达展位。

图1 2021年China Print展会上的精密达展位

Digital FoldLine 180，可连线精密达 Digital Robot 2000C 胶订生产线，实现从印刷后的纸卷到成书的全流程生产。整个工艺流程由放卷—折页—裁切—书芯点胶—堆积—胶订—三面切所组成，全程只需两位工作人员即可操控，节省人力物力，全流程高效生产，真正帮助印刷企业实现按需印刷，大大提升企业经济效益。

Digital FoldLine 180 书芯折页生产线的技术创新有以下三点：（1）搭载伺服控制系统，可完美处理纸带速度、张力问题，保证书芯质量；（2）配置全自动纸带纠偏、张力检测系统，能够自动纠偏，工作速度最高可达 180 米 / 分钟；（3）具有定长和追标裁切，以及书帖点胶功能，堆积书芯成型牢固，可实现安全保护及远程监控。

除以上创新点，Digital FoldLine 180 书芯折页生产线最大的亮点是可以与任意品牌的高速喷墨印刷机连线，并根据书芯幅面不同，能实现 6P 和 8P 两种折页方式，纸卷最大宽度达 900mm、纸卷最大直径达 1300mm，可满足个性化、多品种、大批量、宽幅面胶装书快速换版的需求。

从依赖进口到自主生产，我国印后包装设备打破技术壁垒，走上了国产化"智造"之路。精密达 Digital FoldLine 180 书芯折页生产线的出现，将大大提升喷墨印刷整体技术水平，加快喷墨印刷在出版印刷领域的普及应用。

方正喷墨数字印刷解决方案

FOUNDER 方正

方正桀鹰 P5600/P4400
高速黑白/双色喷墨数字印刷机

- 完全自主知识产权
- 高质量、高产能、低使用成本
- 助力打造全新网络数字印刷商业和服务模式
- 按需出版印刷、商业快印、政府文印等市场的优先选择

方正桀鹰 P4400C/P5600C/P6600C
彩色喷墨轮转数字印刷机

- 全新彩色喷墨数字印刷解决方案
- 适配于中短版高品质彩色印刷品的先进生产设备
- 操作便捷，耗材成本低廉，打印品质媲美中高端胶印机
- 按需出版印刷、商业印刷、政府文印、工业说明书、报纸等应用领域的智慧之选

北京北大方正电子有限公司
BEIJING FOUNDER ELECTRONICS CO., LTD.

地址：北京市海淀区上地五街9号方正大厦　邮编：100085
网址：http://www.founder.com.cn/

予尔新蕴　　追梦智能

THZJ
ZHONGDE GROUP
中德集团

中德集团（中德机械集团瑞安印刷机械经营有限公司）成立于2002年，由上海天岑（华威）机械制造有限公司、浙江华岳包装机械有限公司、浙江劲豹机械有限公司、浙江正润机械有限公司联合创办。集团坚持"共创、共当、共享"的原则，长期致力于中国的印后事业，致力于印后纸面整饰（覆膜、上光、数字UV冷烫）、纸面裁切、丝网工艺以及包装纸盒成型等智能化的创新技术，力图振兴中国的民族工业和打造中国的民族品牌。

www.rokintech.com

容健-
卷筒纸袋机专家

ROKIN - EXPERT OF REEL BAG MACHINE

敬请关注我们

RKJD-350/250
全自动尖底纸袋机
Flat Bottom Paper Bag Machine

RKFD220/330/450
全自动方底纸袋机
Square Bottom Paper Bag Machine

浙江容健科技有限公司
ZHEJIANG ROKIN TECHNOLOGY CO.,LTD.

地址：浙江省平阳县滨海新区平海大道21号
电话：0577-5810 8999   蔡先生：139 5893 8588
传真：0577-5810 3899   邮箱：sales@rokintech.com

G-UOWEI
www.guowei.org

中国·国威
Guowei · China

GUOWEI
CUTTING EQUIPMENT
EXPERT
国威裁切设备专家

30
年经验积累
YEARS OF EXPERIENCE ACCUMULATION

Guowei Cutting System
国威裁切系统

Servo Precision High Speed Sheet Cutter
物联网伺服高精度螺旋分纸机

Zhejiang Guowei Intelligent Equipment Co., Ltd.
浙江国威智能设备有限公司

- 浙江平阳郑楼工业园区
- 0577-6378 7777   6378 7776   6378 7779
- 0577-6378 7770   6378 5288
- guowei@guowei.org
- www.guowei.org

- Industrial park, Zhenglou, Pingyang, Zhejiang Province, China.
- +86-577-6378 7777   6378 7778   6378 7779
- +86-577-6378 7770   6378 5288
- guowei@guowei.org
- www.guowei.org

微信公众号
Guowei public wechat number

国威官网
Guowei official website

wwww.cnkoro.com

温州巨凯机械有限公司
WENZHOU KORO MACHINERY CO., LTD.

TB系列纸袋机

Automatic Paper Bag Making Machine Function With Both Top Reinforce Paper Card Pasting And Bottom Reinforce Paper Card Pasting

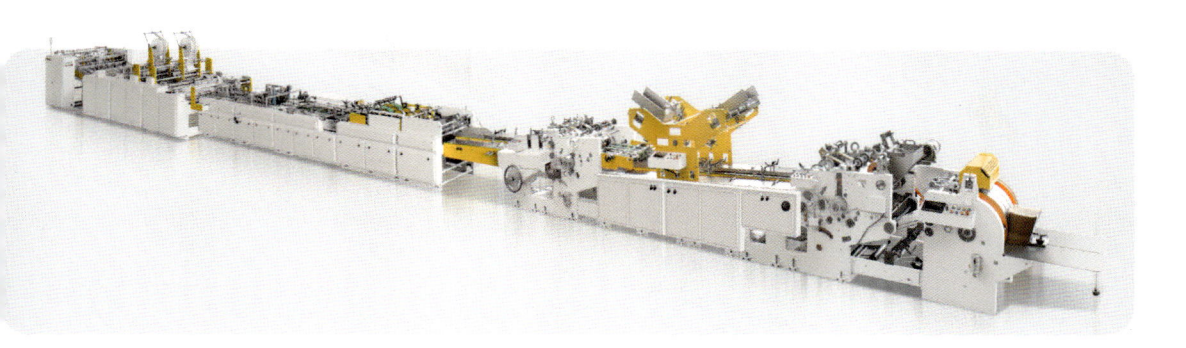

H系列纸袋机

Fully Automatic Sheet Fed Paper Bag Machine With Paper Twisted Handle Inline

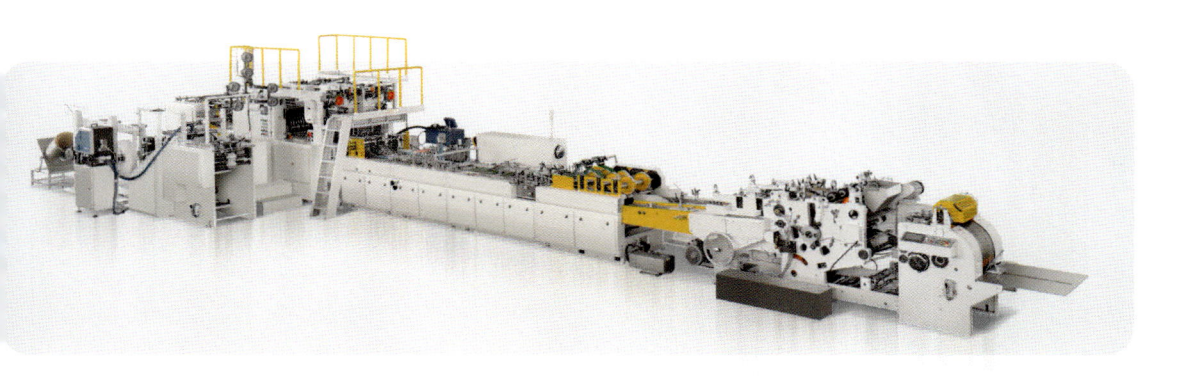

地址：浙江省温州市平阳县海西镇北厂工业区
ADD:Beichang Industrial Area, Haixi, Pingyang, Wenzhou City, Zhejiang Province, China. P.C:325400

KORO 科隆

THE 9th ALL IN PRINT CHINA
第九届中国国际 全印展

中国国际印刷技术及设备器材展
China International Exhibition All about Printing Technology & Equipment

ufi Approved Event

All in Print ®
中国国际全印展

新技术 New Technology
新动能 New Driver
新格局 New Pattern

2022.10.11-15
上海新国际博览中心
SNIEC, Shanghai, China

中国国际全印展 🔍

全印展新媒体矩阵全面上线，
关注我们一起畅聊印刷！

www.allinprint.com

微信

云上全印展
All in Print Cloud
www.allinprint.com

365天全天候云上展览
海纳千家印刷设备及耗材供应商
助您高效采购、精准对接
更多精彩尽在www.allinprint.com